»Was ist der Mensch?«

Aspekte philosophischer Anthropologie

Günther Bien
Hans Jürgen Busch

Schroedel Schulbuchverlag

MATERIALIEN FÜR DEN SEKUNDARBEREICH II

PHILOSOPHIE

»Was ist der Mensch?«
Aspekte philosophischer Anthropologie

herausgegeben von
Günther Bien
Hans Jürgen Busch

ISBN 3-507-**10247**-1

© 1981 Schroedel Schulbuchverlag GmbH, Hannover

Druck   A ^{10} ^{9} ^{8} ^{7} ^{6} / Jahr 1996 95 94 93 92 91

Alle Drucke der Serie A sind im Unterricht parallel verwendbar.
Die letzte Zahl bezeichnet das Jahr dieses Druckes.

Umschlagentwurf: Gerhilde Glebocki
Gesamtherstellung: Konkordia Druck GmbH, Bühl/Baden

Inhaltsverzeichnis

0. Vorbemerkungen

0.1 Zum Konzept des Kurses

Die Aufforderung des Delphischen Gottes »Erkenne dich selbst!« steht geschichtlich am Anfang der europäischen Philosophie. Aber auch in systematischer Hinsicht gilt: In der Frage nach dem Menschen »konzentrieren« sich alle Fragen der Philosophie in »weltbürgerlicher Bedeutung«, wie Kant[1] zu sagen pflegte, d. h. insofern diese nicht nur »ihrem Schulbegriffe nach« an Universitäten und in philosophischen Seminaren als eine Fachwissenschaft unter anderen Fachwissenschaften, sondern als »Weisheits-lehre« betrieben wird. Kant hat diese praktische, den lebendigen und reflektierenden Menschen unmittelbar angehende Bedeutung der Philosophie (wobei »Bedeutung« sowohl die Zweckbestimmung und die Bedeutsamkeit wie auch die definitorische Begriffsbestimmung meint) so expliziert: »Philosophie ... ist ... die Wissenschaft der Beziehung aller Erkenntnis und alles Vernunftgebrauches auf den Endzweck der menschlichen Vernunft, dem, als dem obersten, alle anderen Zwecke subordiniert sind und sich in ihm zur Einheit vereinigen müssen«. Er hat, diesen Gedanken des näheren erläuternd, sämtliche Themen der Philosophie in dieser weltbürgerlichen, auf den Lebenszweck des Menschen bezogenen Bestimmung auf folgende Grundfragen gebracht:
1. Was kann ich wissen?
2. Was soll ich tun?
3. Was darf ich hoffen?
4. Was ist der Mensch?.

Die erste Frage, schreibt Kant, beantwortet die Metaphysik (wir können, neuere Ent-wicklungen berücksichtigend, hinzusetzen: die Wissenschaftstheorie, Erkenntnislehre und Logik); die zweite behandelt nach ihm die Moral (wir können, dem älteren Sinn die-ses Wortes, das die gesamte praktische Philosophie mitumfaßte, entsprechend, ergän-zen: die Staats-, Rechts- und Gesellschaftsphilosophie); die dritte Frage sei Gegenstand der Religion (oder, wie wir dies auf eine philosophische Disziplin beziehend, auch for-mulieren können: der Religionsphilosophie und philosophischen Religionslehre oder der natürlichen Theologie bzw. Metaphysik im engeren Sinne); die vierte Frage, schreibt Kant, sei Gegenstand der Anthropologie. Wichtig ist nun der Zusammenhang, den Kant zwischen diesen vier Fragen herstellt: »Im Grunde könnte man aber alles dieses zur Anthropologie rechnen, weil sich die drei ersten Fragen auf die letzte beziehen«. Diese Rückführbarkeit aller lebenswichtigen Grundfragen auf die nach dem Menschen muß aber offensichtlich nicht in gleicher Weise für die »Philosophie als Wissenschaft nach dem Schulbegriffe« gelten, d. h. für die philosophische Anthropologie im Kontext der wissenschaftlichen Forschung insgesamt in ihren vielfältigen einzelnen Formen von der Biologie, Physiologie, Zoologie, Abstammungslehre bis hin zu den Sprachwissen-schaften, der Religionswissenschaft, Ökonomie, Geschichte, Psychologie und Kunstwis-

---

[1] I. Kant: Logik. Ein Handbuch zu Vorlesungen. Hrsg. von G. B. Jäsche. Königsberg 1800. S. 25; der Text auch in: Kants Werke, Akademie-Ausgabe Bd. IX. Berlin 1923 (Neudruck 1968), S. 24 ff.; Kant, Werke in zwölf Bänden, Theorie-Werkausgabe Suhrkamp, Bd. VI. Schriften zur Metaphysik und Logik. Frankfurt o. J. S. 447 f.

senschaft. Aus dem engen Zusammenhang der philosophischen Anthropologie jedenfalls mit den Ergebnissen der empirischen Einzelforschung, ja aus der wenigstens par-
40 tiellen Abhängigkeit von diesen, aus der engen Verflechtung mit der Interpretation der
Welt überhaupt als eines Reiches von Bedeutsamkeiten (Kolakowski[2]) sowie schließlich
mit den Zwecken, die sich der Mensch ethisch, politisch und gesellschaftlich setzt, ergibt
sich nicht zuletzt auch die besondere Problematik dieser Disziplin. — Es ist sinnreich,
wenn nach Hegel am Anfang der europäischen Philosophie und Reflexion der Satz
45 ›› Das ist der Mensch‹‹ als Antwort des Ödipus auf die berühmte Rätselfrage der Sphinx
erscheint[3]. Mit dieser Antwort ist freilich das Rätsel nicht ein für allemal gelöst: der
Mensch selbst ist und bleibt dem Menschen *das* Rätsel. Daraus folgt: die philoso-
phisch-anthropologische Frage nach dem ››Wesen‹‹ des Menschen bleibt, trotz aller
Erkenntnisfortschritte der einzelwissenschaftlichen Forschung, eine schlechthin und
50 notwendigerweise unbeendbare Aufgabe. Die Problematik dieser Disziplin liegt, abgese-
hen von den genannten Aporien, nämlich auch in ihrer geschichtlich begründeten
Besonderheit und den Bedingungen ihrer Entstehung[4].
Sie ist außerdem begründet in dem nie spannungslosen Verhältnis zwischen dem ihrer
Natur nach unabdingbar abstrakten Charakter aller wissenschaftlichen Konzeptionen
55 sowie schließlich in den unübersteigbaren Schwierigkeiten beim Versuch einer abschlie-
ßenden und wirklich alle Aspekte umfassenden definitorischen Antwort auf die Frage
››Was ist der Mensch?‹‹. Bereits Georges Leroy hat in dem Artikel ››Homme‹‹
(Mensch) der großen französischen Enzyklopädie resignierend feststellen müssen:
››Dieses Wort hat keine präzise Bedeutung, sondern erinnert uns nur an all das, was wir
60 sind; aber was wir sind, kann doch nicht in einer einzigen Definition enthalten sein . . .
Was diese Untersuchung erschweren kann, ist die Tatsache, daß die menschliche Gattung kein Unterscheidungsmerkmal aufweist, an dem man alle Individuen erkennen
könnte‹‹[5]. Die umfassende Frage nach dem Menschen, nach seiner Natur, seiner Stellung in der Welt, seinem Wesen ist noch immer offen und wird es bleiben, wenn man die
65 bisherigen Bemühungen der Philosophie und der Einzelwissenschaften betrachtet.
››Unsere Erforschung des Menschen hat vielerlei Wissen gebracht, aber nicht das Wissen vom Menschen im ganzen‹‹[6]. Es bleibt eben immer die nicht aufzulösende Span-

---

[2] L. Kolakowski: Killing handicapped babies — ein philosophisches Problem. In: Merkur 27 (1973). S.
1094; siehe S. 74—77 (Anhang 1, Z. 18).
[3] ››Die Sphinx stellte die bekannte rätselhafte Frage: wer ist es, der morgens auf vier Beinen geht, mittags
auf zweien und abends auf dreien? Ödip fand das einfache Entzifferungswort, daß es der Mensch sei,
und stürzte die Sphinx vom Felsen (d. h. er überwand damit den Stand des vorgriechischen, voreuropäi-
schen Bewußtseins, G. B.). Die Enträtselung des Symbols liegt in der an und für sich seienden Bedeutung, dem Geist, wie die berühmte griechische Aufschrift dem Menschen zuruft: Erkenne dich selbst!‹‹
(G. W. F. Hegel: Ästhetik. Hrsg. von Fr. Bassenge. Berlin-O. 1955. S. 361 f.)
[4] Vgl. O. Marquard: Zur Geschichte des philosophischen Begriffs ››Anthropologie‹‹ seit dem Ende des
18. Jahrhunderts. In: Collegium Philosophicum. Studien Joachim Ritter zum 60. Geburtstag. Basel/
Stuttgart 1965. S. 209—239. Die These und das Ergebnis der Überlegungen: ›››Anthropologie‹ ist und
nennt sich nicht jede, sondern allein diejenige philosophische Theorie des Menschen, die durch Abkehr
von traditioneller Schulmetaphysik und mathematischer Naturwissenschaft, d. h. durch ›Wende zur
Lebenswelt‹, möglich und durch ›Wende zur Natur‹, d. h. durch Resignation der Geschichtsphilosophie,
fundamental wird‹‹ (S. 222).
[5] G. Leroy: Artikel ››Mensch (Moral)‹‹ in der von Diderot und d'Alembert herausgegebenen großen
Enzyklopädie. Aus dem Französischen übers. von Theodor Lücke. Hrsg. von Manfred Neumann. Verlag Röderberg, Frankfurt/M. 1972. S. 674.
[6] K. Jaspers: Einführung in die Philosophie. München 1953. S. 64.

6

nung zwischen den von anthropologischen Einzelwissenschaften (Medizin, Paläontologie, Ethnologie, Psychologie usf.) aufgestellten *Partial*definitionen und der allein das wissenschaftliche und philosophische Frageinteresse des Menschen befriedigenden und daher immer wieder angestrebten und anzustrebenden *Total*definition. — Diese grundsätzliche, aber heilsame Unabschließbarkeit der anthropologischen Frage wird bis in die Gegenwart von Vertretern verschiedener Wissenschaften und von unterschiedlichen Standpunkten wiederholt bestätigt. So spricht Adam Schaff statt von ››philosophischer Anthropologie‹‹ von ››Philosophie des Menschen‹‹; er hält zudem die Frage nach der Grenzlinie zwischen dieser und den einzelnen Wissenschaften vom Menschen ››in der gegenwärtigen Etappe des Wissens vom Menschen‹‹ für nicht eindeutig entscheidbar und daher für nicht sinnvoll[7]. Otto Friedrich Bollnow weist die ››Frage nach dem abschließenden Bild vom Menschen‹‹ als unangemessen zurück[8]. Der Theologe Wolfhart Pannenberg formuliert pointiert das Problem des Verhältnisses zwischen ››Menschenbildern‹‹ als Ergebnissen wissenschaftlicher Abstraktionen und dem konkreten Menschen: ››Die anthropologischen Wissenschaften mit ihren Bildern vom Menschen erreichen nie den konkreten Menschen‹‹[9]. Schließlich erklärt Arnold Gehlen am Schluß der Einführung seines grundlegenden Buches ››Der Mensch. Seine Natur und seine Stellung in der Welt‹‹[10]: ››Die philosophische Anthropologie hat seit Herder keinen Schritt vorwärts getan, und es ist im Schema dieselbe Auffassung, die ich mit den Mitteln moderner Wissenschaft entwickeln will. Sie braucht auch keinen Schritt vorwärts zu tun, denn dies ist die Wahrheit.‹‹ Wenn das, was zuvor gesagt wurde, stimmt, so dürfen und müssen wir allerdings fragen: Ist dies wirklich *die* Wahrheit oder auch nur *eine* Wahrheit?

Wie immer es um den Status der anthropologischen Fragestellung und Wissenschaft bestellt sein mag, — ein nicht im Gehorsam gegenüber dem Gebote des Gottes ››Erkenne dich selbst!‹‹ kritisch geprüftes Leben ist nicht lebenswert für den Menschen, das war die einhellige Meinung von Sokrates, Platon und Aristoteles, den Vätern der europäischen Philosophie. Ein unverzichtbares Element in dieser Prüfung ist ein begründetes Wissen davon, was der Mensch sei, um dessen Leben es geht.

Bausteine dazu und Hilfen zur Reflexion darüber will der vorliegende Band bieten. Er versteht sich als Angebot in Texten, Fragen und Aufgaben; er ist zwar als Ganzes geplant und in sich strukturiert, ist jedoch auch so angelegt, daß nicht alle Texte überhaupt oder mit gleicher Intensität behandelt werden müssen. Der zugrunde liegende Plan entspricht einerseits dem verschiedentlich in den Curricula einzelner Bundesländer vorgesehenen Arbeitsthema ››Anthropologie als philosophische Reflexion über den Menschen‹‹ bzw. einzelnen empfohlenen Fragestellungen, andererseits wird er nach den Erfahrungen mehrerer Unterrichtsdurchläufe von den Herausgebern für geeignet gehalten, insgesamt oder auch in Teilen in Einführungskursen der Philosophie als Textgrund-

[7] A. Schaff: Marx oder Sartre. Versuch einer Philosophie des Menschen. Fischer-Bücherei 703. Frankfurt/M. 1966. S. 96 f.

[8] O. F. Bollnow: Die philosophische Anthropologie und ihre methodischen Prinzipien. In: Philosophische Anthropologie heute. Hrsg. von Roman Roček und Oskar Schatz. (Becks Schwarze Reihe 8/9). München 1972. S. 33.

[9] Wolfhart Pannenberg: Was ist der Mensch? Die Anthropologie der Gegenwart im Lichte der Theologie. (Kleine Vandenhoeck Reihe 139/140.) Göttingen ³1968. S. 95.

[10] Arnold Gehlen: Der Mensch. Seine Natur und seine Stellung in der Welt. Frankfurt / Bonn ⁷1962. S. 84.

lage zu dienen. Dies bietet sich von der Sache selbst her an: dem besonderen Charakter der philosophischen Anthropologie entsprechend artikulieren die abgedruckten Texte auf knappstem Raum grundlegende Aussagen zu wichtigen anderen philosophischen Disziplinen: zur Klärung des Begriffs der Natur und ihres Verhältnisses zum Men-
110 schen[11], zur philosophischen Ethik[12], zur Politik und Sozialphilosophie[13] sowie zur Sprachphilosophie[14].

Das Textangebot gliedert sich in acht Hauptabschnitte und einen dreifachen »Ausklang«. — Die Kapitelüberschriften und die Motti ermöglichen eine erste Übersicht und gegebenenfalls Wahlentscheidungen; sie sollen neugierig machen, aber nicht zu viel an
115 Erarbeitung und Ergebnissen des Unterrichts vorwegnehmen; eben deswegen wurden auch fast keine neuen Überschriften formuliert, sondern vorwiegend texteigene Titel und Überschriften den Texten vorangestellt.

Es hat natürlich eine besondere Bewandtnis, daß antike Texte, Texte des Aristoteles so umfangreich und pointiert am Anfang stehen: sie stellen ein Programm dar, ein Pro-
120 gramm freilich, das seinen Grund in der Natur der Sache hat. In der Antike sind bereits die wesentlichsten der Alternativen gedacht und formuliert worden, die auch in allen späteren Diskussionen zur Debatte gestanden haben. Um vorweg nur ein Beispiel zu nennen: Bei römischen und griechischen Dichtern findet sich schon der für die neuzeitliche, soweit von Thomas Hobbes bestimmte, Anthropologie und Sozialphilosophie
125 grundlegende Satz ausgesprochen: »Lupus est homo homini. Ein Wolf ist der Mensch dem Menschen« — »Menschen am Abend, solange wir trinken — doch wird es Morgen, wachen verwandelt wir auf, einer dem anderen ein Wolf«[15]. Wir hören bei antiken Philosophen aber auch die Gegenthese, daß der Mensch von Natur dem Menschen, auch dem fremden, befreundet sei: »Von Natur aus findet sich offenbar Freundschaft
130 und Liebe im Erzeuger zum Erzeugten und im Erzeugten zum Erzeuger, nicht nur bei den Menschen, sondern auch bei den Vögeln und überhaupt den meisten Tieren, überhaupt in den Wesen gleicher Abstammung zueinander, und sie ist am stärksten bei den Menschen, weswegen wir auch die Menschenfreunde (philanthropoi) so hoch schätzen. Auch unterwegs in der Fremde kann einer sehen, wie zugehörig jeder Mensch dem
135 Menschen ist und wie befreundet«. Aristoteles hat diese nicht-wölfischen Sätze in seiner »Nikomachischen Ethik«[16] geschrieben und hierin besonders bei den stoischen Philosophen (u. a. etwa bei Cicero) Nachfolge gefunden. Was Hegel von Aristoteles gesagt hat, daß, wenn einer als Lehrer der Menschheit in philosophischen Dingen zu gelten habe, er dies sei, zeigt seine Richtigkeit auch in bezug auf die philosophische Anthropo-
140 logie. Aristoteles hat als einer der ersten systematisch diejenigen Bestimmungen, die

---

[11] Vgl. die Texte der Kap. 1 – 3, 5.4, 6.1, 6.2.1, 6.3, 7.1.
[12] Vgl. die Texte der Kap. 1.3 bis 1.6, 5, 7.2 sowie die drei Anhangstexte.
[13] Kap. 4, 5 und 6
[14] Kap. 1.4. Texte aus Kap. 3, besonders Kap. 7.
[15] Plautus: Asinaria 495; Automedon von Kyzikos: Anthologia Graeca 11, 46.
[16] Nikomachische Ethik VII 1, 1055 a 16 ff.; ähnlich Cicero: »So ergibt sich, daß es von Natur geradezu eine allgemeine Empfehlung gibt, die ein Mensch unter Menschen mitbringt, sodaß ein Mensch den anderen eben deshalb, weil er ein Mensch ist, nicht fremd scheinen darf«. — »Von Natur sind wir veranlagt zu Vereinigung, Gesellschaft und Staatsgemeinschaft«. — »Da kein Mensch sein Leben in vollkommener Einsamkeit verbringen möchte, selbst nicht inmitten einer unbeschränkten Fülle von Genüssen, ist leicht zu erkennen, daß wir zur Verbundenheit und zum geselligen Zusammenleben der Menschen untereinander und zu einer natürlichen Gemeinschaft geschaffen sind« (De finibus bonorum et malorum. Vom höchsten Gut und größten Übel, III 62 ff.)

8

dem Menschen wesentlich und nur ihm allein im Unterschied zu den anderen Lebewesen zukommen, gesammelt und in der gehörigen Ordnung ihres systematischen Zusammenhangs philosophisch begründet[17]. Er hat die Stufen des Organischen unterschieden und die Sonderstellung des Menschen formuliert. Vom Menschen handelt er, seiner zweifachen Natur entsprechend, in zwei deutlich unterschiedenen Zusammenhän- 145 gen, ohne daß er einen Bruch zwischen beiden Betrachtungsweisen annimmt. Als *Naturwesen* thematisieren ihn die biologischen Schriften (Tierkunde. Von den Teilen der Tiere. Über die Zeugung der Tiere); das ganze erste (und dann auch noch das zehnte) Buch der »Tierkunde« ist dem Menschen gewidmet. Die Behandlung des Menschen steht darum am Anfang, weil er seinem Range nach das »Erste lebende Wesen« ist 150 (»Es sind aber die vollendeten Lebewesen die ersten, solcher Art aber sind die lebendgebärenden, und von diesen ist das Erste der Mensch«[18]) sowie vor allem darum, weil man auch sonst — was am Beispiel des Wertes von Münzen verdeutlicht wird — alles immer nach dem abschätzt, was man am besten kennt. »Nun muß uns aber der Mensch von allen Lebewesen das bekannteste sein«[19]. Vom Menschen als einem *sittlichen* und 155 *handelnden* Wesen (»Der Mensch ist das einzige Lebewesen, das zu einem guten Leben bestimmt ist und das in einem genauen Sinn handeln kann«) sprechen die »Ethik« und die »Politik«, die als praktische Philosophie zusammengenommen geradezu »die Philosophie über die menschlichen Angelegenheiten«[20] genannt werden. Aristoteles hat in einer knappen Anaxagoras-Kritik als erster die auch heute noch entscheidende anthro- 160 pologische Alternative formuliert: Hat der Mensch seine Vernunft darum, weil er Hände hat, oder hat er als einziges Lebewesen darum Hände, weil er allein durch Vernunft ausgezeichnet ist?[21] Mit anderen Worten: Sind die anatomischen und physiologischen, d. h. die biologisch-naturalen oder die geistigen und sittlichen Bestimmungen die grundlegenden? Die Antwort auf diese Frage hängt nicht zuletzt davon ab, ob man in irgend- 165 einer, wenn auch noch so abgeleiteten Weise an der von Aristoteles, Pufendorf, Herder, Hegel und Fichte vertretenen Überzeugung von der weisen und dem Menschen fürsorglichen »Haushaltung der Natur« festzuhalten vermag oder nicht. Auf die Aristotelischen Aussagen über den Menschen haben sich — ausdrücklich oder ohne Nennung, in bewußter Anknüpfung oder, ihnen selbst unbemerkt, durch die Tradition dadurch 170 bestimmt, in Zustimmung oder kritischer Absetzung (das letztere ganz deutlich etwa im Falle des Thomas Hobbes) — alle späteren bezogen. Auch aus didaktischen Gründen ist es daher geraten, diese Konzeption sich als Vergleichs- und Bezugsposition immer gegenwärtig zu halten. Nur so ist es auch möglich, zur hinreichenden Erkenntnis dessen zu gelangen, was in der christlichen und modernen Anthropologie Aristoteles (und der 175 ganzen Antike) gegenüber neu ist, etwa die Betonung des menschlichen Willens und die Einsicht in die Geschichtlichkeit des Menschen.

---

[17] Vgl. Theodor Haecker: Tag- und Nachtbücher, 1939—1945. Bibliothek Suhrkamp Bd. 478. Frankfurt/M. 1975. S. 126: »Um die Frage: Was ist der Mensch? zu beantworten, muß man natürlich alles sagen, was er wirklich ist und wirklich hat, und es in der richtigen Ordnung sagen. Aber ein großes Hilfsmittel dazu ist es, herauszufinden, was im Universum *nur* er hat und etwa das Tier oder der Engel nicht. Dazu gehört z. B. der Glaube, das Lachen und die Tränen«.

[18] Über die Zeugung der Lebewesen II 4, 737 b 25 — 27.

[19] Tierkunde I 6, 491 a 20.

[20] Nikomachische Ethik X 10, 1181 b 15; vgl. zur Interpretation: Günther Bien, Die Grundlegung der politischen Philosophie bei Aristoteles, Freiburg/München ²1980, S. 59 ff.: Das Politische als das zum Menschen und seiner Welt Gehörige: »Politik« als »Die praktische Philosophie«.

[21] Vgl. Text 1.1, Z. 46 ff.

0.2 Zur Benutzung des Heftes

Das Heft gliedert sich in drei Teile:
Textmaterial; Informationen und Arbeitsvorschläge; Literaturhinweise und Register.

— *Textmaterial:* Die Texte sind in einem geschlossenen Teil ohne Kommentar abgedruckt.

5 Dabei handelt es sich um 8 Textgruppen (ohne Motti und Ausklang), die jeweils einen Aspekt des Problems thematisieren, eine ausgewählte Fragestellung der Anthropologie bzw. Sicht des Menschen behandeln. Andere Aspekte und Fragestellungen sind denkbar und drängen sich auf (z. B. Menschenbilder: homo faber, homo politicus, homo ludens usw.).

10 Systematische Geschlossenheit wurde nicht angestrebt, sie ist in diesem Zusammenhang auch kaum zu erreichen.
Daher ist es möglich, einzelne Texte oder ganze Textgruppen auszulassen oder umzustellen, aber auch zu ergänzen und auszuweiten (vgl. dazu Arbeitsvorschläge und Literaturhinweise).

15 Bei der Auswahl der Texte wurde darauf geachtet, daß es sich um möglichst problemnahe, in sich geschlossene und aus sich heraus verständliche Texte handelt. Dabei sollten aber weder die vielfältige Sach- und Probleminformation noch der historische (Dokumentations-)Hintergrund und die Problematisierung der Anthropologie selbst zu kurz kommen.

20 — *Informationen und Arbeitsvorschläge:* Die Informationen werden in mehrfacher Hinsicht gegeben:
1. Zu den vorgelegten Texten:
1.1 zum Autor: Biographie und Bibliographie
1.2 zum Kontext
25 1.3 weiterführende Informationen zu Autor, Werk, Problem.

Alle Angaben zielen nicht auf Vollständigkeit ab; zu diesem Zweck können und müssen Biographien, Lexika, Handbücher und dgl. herangezogen werden. Sie sind vielmehr meist bezogen auf den Textauszug und als Arbeits- und Diskussionshilfen gedacht.

30 Informationen zum Kontext sollen der Interpretation nicht vorgreifen, sie aber in Gang setzen und dazu animieren, den größeren Zusammenhang des Textes bzw. anderer Texte des Autors einzubeziehen und in Fortsetzung zu bearbeiten.
Die weiterführenden Informationen sollen Ausweitungen (im Hinblick auf andere Probleme, Texte, Autoren), Alternativen und Vertiefungen gleicher oder ähnlicher
35 Probleme anbieten.
Durch alle diese Angaben soll die Arbeit mit dem Heft möglichst frei und offen gehalten werden (vgl. auch die allgemeinen Literaturhinweise). Natürlich sind diese Informationen auch als Hinweise und Hilfen für Gruppenarbeiten, Referate, Lernzielkontrollen (Klausuren und schriftliche Übungen) und zum Ausbau von Lei-
40 stungskursen gedacht. Weitere Informationen liefern die einschlägigen Lexika, Handbücher, Philosophiegeschichten u. dgl. (s. Literaturverzeichnis).

— *Arbeitsvorschläge:* Zunächst sind einige allgemeine Hinweise zur Textbearbeitung gegeben, die bei allen Texten mehr oder minder vollständig befolgt sein wollen (Einübung von Arbeitstechniken!). Sie sollen das eigene Fragen in Gang setzen und

10

erleichtern. Zusätzliche Fragen und Vorschläge werden sich jedem Kursteilnehmer 45
ohne weiteres aufdrängen.

Die Fragen und Arbeitsvorschläge dienen der Sach- und Inhaltsklärung, der Analyse und Interpretation, der Kritik und Ausweitung. Sie sollen

1. das eigene wie das Vorverständnis der im Text enthaltenen oder mit ihm verbundenen Frage klären und problematisieren und dadurch motivieren; 50

2. der problemorientierten Textarbeit (Analyse, Interpretation, Kritik) dienen (gelegentlich Arbeitsanweisungen zu Gliederungen, Definitionen, tabellarischen und graphischen Darstellungen);

3. das Verständnis des Textes dadurch erleichtern, daß gezielte Fragen den Text aufschlüsseln bzw. auf wesentliche Textstellen zielen; 55

4. zur Diskussion auffordern, anregen, provozieren, nämlich die herausgearbeiteten Thesen und Meinungen des Textes bzw. des Autors in Frage zu stellen, umfassend und ggf. ausweitend (evtl. unter Heranziehen von Vergleichstexten) zu diskutieren, um zu einem eigenen, begründeten Standpunkt zu kommen.

Mögliche Formen: Diskussion, Debatte, Streitgespräch. 60

Nicht alle Fragen und Arbeitsvorschläge müssen bearbeitet werden, einige werden sich schnell erledigen oder gar erübrigen, andere müssen größeren Zeit- und Arbeitsaufwandes wegen ausgeklammert werden. Interesse, Arbeitsprogramm und zur Verfügung stehende Zeit (Grundkurs (2−) 3, Leistungskurs (4−) 6 Stunden) einer Gruppe werden mit entscheiden. 65

— *Literaturhinweise und Register:* Die Literaturliste stellt eine Auswahl von Schriften für eine weiterführende Beschäftigung mit der anthropologischen Frage, mit den genannten und weiteren Einzelkapiteln und -problemen und mit dem Gesamtthema und darüber hinaus mit der Praktischen Philosophie überhaupt dar.

Die Auswahl der Wörterbücher, Lexika, Philosophiegeschichten, Einführungen u. 70
dgl. ist auch zur Benutzung des Heftes als Einführung gedacht: Anthropologie erweckt erfahrungsgemäß in Einführungskursen vor Geschichtsphilosophie, philosophischen Aspekten der Politik und Ethik das meiste Interesse bei den Schülern.

Im *Register* werden Fremdwörter, Eigennamen und Fachbegriffe, soweit nicht aus dem Textzusammenhang zu erarbeiten oder zu erschließen oder in den Informatio- 75
nen bereits gegeben, erläutert.

11

Textmaterial

1. „Der aufrechte Gang"

1.1 *Aristoteles:* Über die Teile der Tiere

[...] An Hals und Kopf schließen sich bei den Geschöpfen die vorderen Gliedmaßen und der Brustkorb an. Der Mensch hat statt der Schenkel und Vorderfüße die sogenannten Arme und Hände. Denn er ist das einzige Geschöpf mit aufrechter Haltung, weil seine Natur und sein Wesen göttlich sind. Die Aufgabe des göttlichen Wesens ist
5 aber Denken und Sinnen. Dies wird erschwert, wenn die Körperlast von oben zu groß wird, weil die Last das Denken und den Allgemeinsinn zu unbeweglich macht. Wird also die Last und das Körperhafte gesteigert, so muß der Leib zur Erde heruntersinken, so daß die Natur zu seiner Sicherung den Vierfüßlern statt der Arme und Hände die Vorderfüße gegeben hat. Die beiden Hinterfüße brauchen ja alle zur Fortbewegung,
10 aber in diesem Falle wurden die Geschöpfe zu Vierfüßlern, weil ihre Seele die Last nicht tragen konnte. Alle Geschöpfe nämlich außer dem Menschen hat die Natur zwerghaft gebaut. Zwerghaft ist, was einen großen Oberkörper hat, während das, was die Last zu tragen und zu bewegen hat, nur klein ist. ›Oben‹ ist der sogenannte Brustkorb vom Kopf bis zum Ausgang der Ausscheidungen. Bei den Menschen nun steht dies zum
15 unteren Körper im rechten Verhältnis, und zwar ist es noch viel kleiner, wenn sie ausgewachsen sind. In der Jugend ist umgekehrt der Oberkörper groß, der Unterkörper klein, weswegen sie auch kriechen und noch nicht gehen können. Ganz zuerst kriechen sie auch nicht, sondern liegen still, weil alle kleinen Kinder Zwergwuchs haben. Im Laufe der Entwicklung wächst dann der Unterkörper bei den Menschen, während bei
20 den Vierfüßlern im Gegenteil der Unterleib zuerst am größten ist und im Laufe der Entwicklung der Oberkörper wächst, das heißt, der Leib vom Gesäß bis zum Kopfe. Daher sind die Fohlen auch gar nicht oder nur wenig in der Höhe den Pferden unterlegen, und wenn sie ganz jung sind, können sie mit dem Hinterschenkel den Kopf berühren, was sie in späterem Alter nicht mehr können.
25 So ist der Bau der Einhufer und der Zweihufer. Die Vielzeher und Ungehörnten haben auch den Zwergwuchs, doch nicht so stark, und daher erfolgt auch das Wachstum des Unterkörpers gegenüber dem Oberkörper im Verhältnis dieser Abschwächung. Auch die Gattung der Vögel und der Fische und überhaupt alle Bluttiere haben, wie gesagt, diesen Zwergwuchs, und daher sind auch alle Geschöpfe unvernünftiger als der
30 Mensch. Denn auch unter den Menschen wieder sind es z. B. die Kinder gegenüber den Männern, und unter den Ausgewachsenen selbst lassen es die zwerghaft Gebauten, wenn sie vielleicht auch sonst ungewöhnliche Kräfte haben, an Verstand jedenfalls fehlen. Der Grund liegt, wie gesagt, darin, daß der Sitz der Seele durch die Masse unbeweglich und körperhaft geworden ist. Wenn die aufwärts steigende Wärme noch geringer
35 und das Erdhafte noch stärker geworden ist, werden die Körper der Geschöpfe noch kleiner, bekommen viele Füße, und am Ende sind sie ohne Füße und ganz und gar am

12

Boden hingestreckt. Noch einen Schritt weiter, und auch der Lebensquell sinkt abwärts, der Bereich um den Kopf wird unbeweglich und unempfindlich, und es ist eine Pflanze entstanden, die das Obere unten und das Untere oben hat. Denn die Wurzeln haben für die Pflanzen die Bedeutung des Mundes und Kopfes, während der Samen am entgegen- 40 gesetzten Ende wächst, nämlich oben am Ende der Zweige.

Damit ist gesagt, warum manche Geschöpfe zweifüßig, manche vierfüßig, manche ohne Füße sind und warum teils Pflanzen, teils Tiere entstehen, endlich warum der Mensch das einzige aufrechte Geschöpf ist. Da er nun aber aufrecht geht, braucht er vorn keinerlei Schenkel, und so hat ihm die Natur dafür Arme und Hände gegeben. 45 Anaxagoras meint, der Mensch sei deswegen das vernünftigste Geschöpf geworden, weil er Hände habe. Sinnvoller jedoch ist es, daß er Hände bekommen habe, weil er das vernünftigste Geschöpf ist. Denn die Hände sind ein Werkzeug, die Natur teilt aber, wie ein verständiger Mensch, jedes Werkzeug nur dem zu, der damit umgehen kann. Es ist ja auch passender, einem Flötenspieler Flöten zu geben, als einen nur deswegen als Flö- 50 tenspieler zu bezeichnen, weil er Flöten besitzt. Sie fügt dem Größeren und Bedeutsame- ren das Geringere an, aber nicht dem Geringeren das Ehrwürdigere und Größere. Wenn es nun so besser ist, die Natur aber immer von allen Möglichkeiten die beste verwirk- licht, dann ist der Mensch nicht deshalb so vernünftig, weil er Hände hat, sondern er hat Hände, weil er das vernünftigste Geschöpf ist. Denn der Vernünftigste kann auch wohl 55 mit den meisten Werkzeugen gut umgehen, und die Hand bedeutet nicht nur ein Werk- zeug, sondern viele, sie ist gleichsam das Werkzeug aller Werkzeuge. Dem Wesen also, das für die meisten Künste aufnahmefähig ist, hat die Natur die Hand verliehen als das Werkzeug mit dem weitestgehenden Gebrauch. Diejenigen aber, die den Bau der Menschen bemängeln und ihn für das bedauernswerteste Geschöpf erklären, weil er 60 ohne Schuhe sei und nackt und ohne Waffe zum Kampf, tun nicht recht daran. Denn die andern Geschöpfe haben alle immer nur ein Hilfsmittel, das sie nicht mit einem an- dern vertauschen können, sondern sie müssen gleichsam gestiefelt und gespornt schlafen und alles tun und können das Wärmekleid um ihren Leib niemals ablegen noch die Waf- fe, die sie nun mal haben, gegen eine andere vertauschen. Dem Menschen dagegen sind 65 viele Hilfsmittel gegeben, und er kann diese noch verändern, er kann sich die Waffe aus- suchen, wie er sie will und wo, da die Hand ihm zur Kralle, zur Schere, zum Horn wird und zum Speer, zum Schwerte und jeder andern Waffe und jedem Werkzeug. Dies alles ist ja die Hand, weil sie es alles ergreifen und halten kann.

Dementsprechend ist von der Natur auch die Gestalt der Hand erdacht worden, un- 70 terteilt und vielgliedrig. In der Gliederung ist ja auch das Zusammenwirken einbegriffen, nicht aber umgekehrt in diesem jenes. Man kann also die Hand wie eines und zwei und vieles benutzen, die Gelenke der Finger sind geschickt für Greifen und Drücken. Ein Finger kann seitwärts gestellt werden, dieser ist kurz und dick und nicht so lang. So wie es kein Greifen ohne Hand gäbe, so auch dann wieder nicht, wenn dieser Finger 75 nicht seitwärts gestellt werden könnte. Denn dieser übt denselben Druck von unten nach oben aus, den die andern von oben nach unten ausüben. Dies ist aber nötig, wenn die Hand wie ein Knoten fest zusammenbinden soll, damit der eine Finger den vielen das Gleichgewicht bietet. So kurz ist er, weil er kräftig sein muß und man von einer größe- ren Länge nichts hätte. Und mit Recht ist der letzte Finger klein und der mittlere lang, 80 wie das mittlere Ruder am Schiff. Denn jedes Ding, das man ergreift, muß gerade in der Mitte rings umfaßt werden bei der Arbeit. Deswegen heißt er [d. Daumen, Hg.] trotz sei- ner Kleinheit ›der Große‹, weil die andern sozusagen unbrauchbar wären ohne ihn. […]

13

Der Mensch hat die größten Füße unter allen Geschöpfen im Vergleich zu seiner
85 Größe, aus gutem Grunde. Denn nur er steht aufrecht, so daß sie, da sie nur zu zweien
die ganze Last des Körpers tragen sollen, Länge und Breite genug haben müssen. Auch
daß die Länge der Zehen und Finger in umgekehrtem Verhältnis zu den Gliedmaßen
steht, hat seinen guten Grund. Denn die Finger sollen fassen und drücken, so daß sie
lang sein müssen, da die Hand mit dem gekrümmten Teile umfassen muß, während die
90 Zehen nur die Sicherheit des Schreitens erhöhen, das man ansehen muß als eine Verrichtung des noch nicht in Zehen gegliederten Teiles des Fußes. [. . .]

1.2. *Aristoteles:* Tierkunde

[. . .] Die Unterschiede der Tiere liegen ebenso in ihrer Lebensweise und ihren Betätigungen und Gewohnheiten, wie in ihren Körperteilen. [. . .]
Unterschiede in Lebensweise, Gewohnheiten und Betätigungen liegen vor, sofern die
einen Wassertiere sind, die andern Landtiere. [. . .]
5 Auch folgende Unterschiede gehören zur Lebensweise und zum Verhalten. Die einen
sind Herdentiere, die andern Einzelgänger, sowohl bei den laufenden, den fliegenden wie
den schwimmenden, andere wechseln und leben bald herdenweise, bald einzeln. Von den
Herdentieren bilden die einen Staaten, während die andern für sich bleiben. Herden bilden unter den Vögeln die Gattung der Tauben, der Kranich und der Schwan; Krumm-
10 klauige bilden niemals Herden. Unter den schwimmenden Tieren bilden viele Gattungen
der Fische Herden, z. B. die sogenannten Zugfische, Thunfische, Pelamyden (Bonitos),
Makrelen. Der Mensch kennt beide Lebensweisen. Einen Staat bilden solche, die ein gemeinsames Arbeitsziel haben, was ja nicht bei allen Herdentieren der Fall ist. Dazu gehören Mensch, Biene, Wespe, Ameise, Kranich. Diese leben wieder teils unter einem
15 Führer, teils führerlos, z. B. der Kranich und die Gattung der Bienen unter einem Führer, Ameisen und tausend andere ohne Führer. [. . .]
Auch gibt es zahme und wilde Tiere, und zwar sind manche immer zahm, wie
Mensch und Maultier, manche immer wild, wie Panther und Wolf. Andere lassen sich
bald zähmen, wie der Elefant. In etwas anderem Sinne kann man sagen, daß alle
20 gezähmten Arten auch wild vorkommen, wie Pferde, Rinder, Schweine, Menschen,
Schafe, Ziegen, Hunde. [. . .]
Manche Tiere sind sich immer feindlich, andere nur, wenn es so trifft, wie der Mensch
auch. [. . .]
Der Mensch als einziges unter den Geschöpfen kann Pläne machen, und obwohl viele
25 Tiere Gedächtnis und Gelehrigkeit besitzen, so hat doch nur der Mensch die Fähigkeit,
sich zu erinnern. [. . .]
Den größten Unterschied hat der Mensch gegenüber den andern Tieren hinsichtlich
der natürlichen Richtungen des Oben und Unten, da sein Oben und Unten mit dem des
Weltalls übereinstimmt*. Ebenso natürlich liegt bei ihm vorn und hinten, rechts und
30 links. Von den andern Geschöpfen haben die einen diese Richtungen überhaupt nicht an
sich, die andern viel verworrener. Der Kopf sitzt bei allen oben im Vergleich zum eigenen Körper, aber nur beim Menschen ist, wie gesagt, wenn er ausgewachsen ist, dieser
Teil auch im Weltall nach oben gerichtet. [. . .]

---

* Vgl.: Über den Himmel II 2, 284 b6 — 286a 8. Werke des Aristoteles, Bd. II. Übers. v. O. Gigon. Zürich:
Artemis 1950. S. 101 — 105 [Hrsg.].

14

Die Sinne und ihre Werkzeuge, Augen, Nase und Zunge gehen nach derselben Seite, nämlich nach vorn. Das Gehör und sein Werkzeug, die Ohren, ist zwar seitlich ange- 35 bracht, jedoch in derselben Ebene wie die Augen. Die Augen haben beim Menschen unter allen Geschöpfen den geringsten Abstand. Am schärfsten ausgeprägt unter allen Sinnen ist bei ihm der Tastsinn, nächstdem der Geschmack. In den andern steht er hinter vielen zurück.

[. . .] 40

Mit dem Bau und der Entwicklung der Tiere verhält es sich also in der dargelegten Weise. Sie unterscheiden sich in ihren Verrichtungen, ihrer Lebensweise, ihrem Gebaren und ihrer Ernährung. Auch bei den meisten andern Geschöpfen nämlich finden sich Spuren seelischer Gesinnung, deren Abwandlungen nur beim Menschen deutlicher hervortreten. Denn auch für Zahmheit und Wildheit, Sanftmut und Gefährlichkeit, Tapfer- 45 keit und Feigheit, Furchtsamkeit und Frechheit, Entschlossenheit und List, und für Überlegungen der Vernunft gibt es bei vielen von ihnen ein Gegenstück, wie wir es auch für die Körperteile feststellen konnten. Nur im Grade unterscheiden sie sich vom Menschen und der Mensch von den andern Geschöpfen — manches ist beim Menschen, manches bei den Tieren besser entwickelt —, während für anderes wenigstens Entspre- 50 chungen vorliegen. Was nämlich dem Menschen Kunst, Weisheit und Verstand bedeutet, ersetzt manchen Tieren eine Naturanlage ähnlicher Art.

[. . .]

1.3 *Aristoteles:* Über die Teile der Tiere

[. . .] Für alle lebenden und vollkommenen Wesen[1] sind nämlich zwei Theile die nothwendigsten, derjenige, womit sie die Nahrung aufnehmen und derjenige, womit sie die Ausscheidung von sich geben; denn weder sein noch wachsen können sie ohne Nahrung. Die Pflanzen nun (denn auch diese, sagen wir, leben) haben keinen Theil für die unbrauchbare Ausscheidung, denn sie nehmen ja die Nahrung gekocht aus der Erde auf 5 und geben statt deren den Samen und die Früchte von sich. Ein dritter Theil ist bei allen der mitten zwischen diesen befindliche[2], in welchem das Prinzip des Lebens seinen Sitz hat. Die Natur der am Boden haftenden Pflanzen ist nun nicht reich an ungleichartigen Theilen[3], denn zu wenigen Verrichtungen findet auch nur ein Bedürfniß nach wenigen Organen statt. Daher muß man sie für sich nach ihrer Gestalt betrachten. Diejenigen 10 Wesen jedoch, welche außer dem Leben auch noch mit Empfindung begabt sind, haben eine mannigfaltigere Gestalt und unter ihnen einige mehr als andre, und eine noch vielfachere die, bei denen die Natur sie nicht bloß zum Leben, sondern sie auch zu einem g u t e n Leben bildete. Der Art ist aber das Geschlecht der Menschen, denn dieses hat von den uns bekannten lebenden Wesen entweder allein Antheil am Göttlichen, oder 15 doch von allen am meisten. Darum müssen wir einmal um diesetwillen, zum andern

---

[1] Der Zusatz »vollkommen« war nöthig, weil viele niedre Thiere diese beiden Theile nicht besitzen. Vgl. hist. an. I, 2 — de sens. et sensib. I, 2.

[2] Vgl. deutlicher de juvent. et senect. II.; — de respirat. VIII. Es ist bei den Thieren das Herz gemeint, bei den Pflanzen hingegen die Stelle, wo die Samenlappen mit dem Würzelchen und Federchen zusammentreffen (vergleiche die schöne Stelle de juv. et senect. III.).

[3] Uebereinstimmend sein Schüler Theophrast hist. plant. I, 3.

darum, weil die Gestalt seiner äußern Theile[4] am genauesten bekannt ist, von ihm zuerst handeln. Denn zunächst haben die natürlichen Theile einzig und allein bei ihm eine der Natur gemäße Lage[5] und er trägt seinen obersten Theil zu dem obern Theile des All

20 gewendet; denn der Mensch ist das einzige aufrechte lebende Wesen.

1.4. *Aristoteles:* Politik

[...]

Wie man nämlich auch bei anderen Objekten das Zusammengesetzte bis in seine nicht mehr zusammengesetzten Teile zerlegen muß — was die Teile des Ganzen sind —, so müssen wir auch den Staat in seine Bestandteile verfolgen und werden dann auch bezüglich jener Gewalten besser einsehen, wie sie sich voneinander unterscheiden und was

5 sich wissenschaftlich über jede einzelne von ihnen ausmachen läßt.

Die beste Anwendung dieses Verfahrens ist, wie bei anderen Gegenständen so auch hier, daß man die Dinge betrachtet, so wie sie ursprünglich entstehen und sich entwickeln.

Es ist also notwendig, daß sich zuerst diejenigen Individuen verbinden, die ohne ein-

10 ander nicht sein können, also einmal Weibliches und Männliches der Fortpflanzung wegen — und zwar nicht aus Willkür, sondern nach dem auch den anderen Sinnenwesen und den Pflanzen innewohnenden Triebe, ein anderes, ihnen gleiches Wesen zu hinterlassen —, dann zweitens von Natur Herrschendes und Beherrschtes der Erhaltung wegen. Denn was von Natur dank seinem Verstande vorzusehen vermag, ist ein von Natur

15 Herrschendes und von Natur Gebietendes, was dagegen mit den Kräften seines Leibes das so Vorgesehene auszuführen imstande ist, das ist ein Beherrschtes und von Natur Sklavisches, weshalb sich denn die Interessen des Herrn und des Sklaven begegnen. [...]

Aus diesen beiden Gemeinschaften nun entsteht zuerst das Haus. So ist denn die für

20 *das tägliche Zusammenleben bestehende natürliche Gemeinschaft das Haus, oder die Familie;* C h a r o n d a s nennt ihre Glieder Tischgenossen, und der Kreter E p i m e n i d e s nennt sie Herdgenossen.

Dagegen ist die erste Gemeinschaft, die aus mehreren Familien um eines über den Tag hinausreichenden Bedürfnisses willen entsteht, die Dorfgemeinde. [...]

25 Endlich ist die aus mehreren Dorfgemeinden gebildete vollkommene Gesellschaft der Staat [polis], eine Gemeinschaft, die gleichsam das Ziel vollendeter Selbstgenügsamkeit erreicht hat, die um des Lebens willen entstanden ist und um des vollkommenen Lebens willen besteht. Darum ist alles staatliche Gemeinwesen von Natur, wenn anders das gleiche von den er-

30 sten und ursprünglichen menschlichen Vereinen gilt. Denn der Staat verhält sich zu ihnen wie das Ziel [telos]*, nach dem sie streben; das ist aber eben die Natur. Denn die Beschaffenheit, die ein jedes Ding beim Abschluß [telos] seiner Entstehung hat, nennen

---

[4] Seiner ä u ß e r e n Theile. So auch hist. an. I, 6. — Sobald aber von den i n n e r n Theilen die Rede ist, ist der Mensch (weil die Griechen keine menschlichen Leichen secirten) von allen am unbekanntesten (τὰ δ' ἐντός τοὐναντίον ἄγνωστα γάρ ἐστι μάλιστα τὰ τῶν ἀνθρώπων, hist. an. 1, 13, 1.)

[5] Weil es nämlich der Natur der Wärme gemäß ist, aufwärts zu streben.

* telos: Ende, Vollendung, Ziel, Zweck [Hrsg.]

16

wir die Natur des betreffenden Dinges, sei es nun ein Mensch oder ein Pferd oder ein Haus oder was sonst immer. Auch ist der Zweck und das Ziel [telos] das Beste; nun ist aber das Selbstgenügen Ziel [telos] und Bestes. 35

Hieraus erhellt also, daß der Staat zu den von Natur bestehenden Dingen gehört und der Mensch von Natur ein staatliches Wesen ist, und daß jemand, der von Natur und nicht bloß zufällig außerhalb des Staates lebt, entweder schlecht ist oder besser als ein Mensch, wie auch der von Homer als ein Mann »ohne Geschlecht und Gesetz und Herd« gebrandmarkte. Denn er ist gleichzeitig von Natur ein solcher (staatsloser 40 Mensch) und »nach dem Kriege begierig«, indem er isoliert dasteht wie ein Stein im Brett.

Daß aber der Mensch mehr noch als jede Biene und jedes schwarm- oder herdenwei- se lebende Tier ein Vereinswesen ist, liegt amtage. Die Natur macht, wie wir sagen, nichts vergeblich. Nun ist aber einzig der Mensch unter allen animalischen Wesen mit 45 der Sprache begabt. Die Stimme ist das Zeichen für Schmerz und Lust und darum auch den anderen Sinneswesen verliehen, indem ihre Natur so weit gelangt ist, daß sie Schmerz und Lust empfinden und beides einander zu erkennen geben. Das Wort aber oder die Sprache ist dafür da, das Nützliche und das Schädliche und so denn auch das Gerechte und das Ungerechte anzuzeigen. Denn das ist den Menschen vor den anderen 50 Lebewesen eigen, daß sie Sinn haben für Gut und Böse, für Gerecht und Ungerecht und was dem ähnlich ist. Die Gemeinschaftlichkeit dieser Ideen aber begründet die Familie und den Staat.

Darum ist denn auch der Staat der Natur nach früher als die Familie und als der ein- zelne Mensch, weil das Ganze früher sein muß als der Teil. Hebt man das ganze 55 menschliche Kompositum auf, so kann es keinen Fuß und keine Hand mehr geben, au- ßer nur dem Namen nach, wie man etwa auch eine steinerne Hand Hand nennt; denn nach dem Tode ist sie nur mehr eine solche. Ein jedes Ding dankt nämlich die eigentüm- liche Bestimmtheit seiner Art den besonderen Verrichtungen und Vermögen, die es hat, und kann darum, wenn es nicht mehr die betreffende Beschaffenheit hat, auch nicht 60 mehr als dasselbe Ding bezeichnet werden, es sei denn im Sinne bloßer Namensgleich- heit.

Man sieht also, daß der Staat sowohl von Natur besteht, wie auch früher ist als der Einzelne. Denn wenn sich der Einzelne in seiner Isolierung nicht selber genügt, so muß er sich zum Staate ebenso verhalten, wie andere Teile zu dem Ganzen, dem sie angehö- 65 ren.

Wer aber nicht in Gemeinschaft leben kann, oder ihrer, weil er sich selbst genug ist, gar nicht bedarf, ist kein Glied des Staates und demnach entweder ein Tier oder ein Gott. Darum haben denn alle Menschen von Natur in sich den Trieb zu dieser Gemein- schaft, und der Mann, der sie zuerst errichtet hat, ist der Urheber der größten Güter. 70 *Denn wie der Mensch in seiner Vollendung das vornehmste Geschöpf ist, so ist er auch, des Gesetzes und Rechtes ledig, das schlechteste von allen.* Die bewaffnete Unge- rechtigkeit ist am ärgsten, und der Mensch tritt ausgestattet mit den Waffen seiner intel- lektuellen und moralischen Fähigkeiten ins Dasein, Waffen, die, wie sonst keine, so ganz entgegengesetzt gebraucht werden können. Deshalb ist er ohne Moralität das ruchlose- 75 ste und roheste und in bezug auf Geschlechts- und Gaumenlust das allergemeinste Geschöpf. Die Gerechtigkeit aber, der Inbegriff aller Moralität, ist ein staatliches Ding. Denn das Recht ist nichts anderes als die in der staatlichen Gemeinschaft herrschende Ordnung, und eben dieses Recht ist es auch, das über das Gerechte entscheidet.

1.5. *Aristoteles:* Nikomachische Ethik

Was die Glückseligkeit als das letzte Ziel alles menschlichen Handelns, als die letzte Erfüllung und Bestimmung des Menschen ist, das genauer anzugeben* dürfte uns gelingen, wenn wir die eigentümlich menschliche Tätigkeit ins Auge fassen. Wie für einen Flötenspieler, einen Bildhauer oder sonst einen Künstler, und wie überhaupt für alles,
5 was eine Tätigkeit und Verrichtung hat, in der Tätigkeit das Gute und Vollkommene liegt, so ist es wohl auch bei dem Menschen der Fall, wenn anders es eine eigentümlich menschliche Tätigkeit gibt. Sollte nun der Zimmermann und der Schuster bestimmte Tätigkeiten und Verrichtungen haben, der Mensch aber hätte keine und wäre zur Untätigkeit geschaffen? Sollte nicht vielmehr, wie beim Auge, der Hand, dem Fuß und über-
10 haupt jedem Teil eine bestimmte Tätigkeit zutage tritt, so auch beim Menschen neben allen diesen Tätigkeiten noch eine besondere anzunehmen sein? Und welche wäre das wohl? Das Leben offenbar nicht, da dasselbe ja auch den Pflanzen eigen ist. Für uns aber steht das spezifisch Menschliche in Frage. An das Leben der Ernährung und des Wachstums dürfen wir also nicht denken. Hiernach käme ein sinnliches Leben in Be-
15 tracht. Doch auch ein solches ist offenbar dem Pferde, dem Ochsen und allen Sinnenwesen gemeinsam. So bleibt also nur ein nach dem vernunft-begabten Seelenteile tätiges Leben übrig, und hier gibt es einen Teil, der der Vernunft gehorcht, und einen anderen, der sie hat und denkt. Da aber auch das tätige Leben in doppeltem Sinne verstanden wird, so kann es sich hier nur um das aktuell oder wirklich tätige Leben, als das offen-
20 bar wichtigere, handeln.

Wenn aber das eigentümliche Werk und die eigentümliche Verrichtung des Menschen in vernünftiger oder der Vernunft nicht entbehrender Tätigkeit der Seele besteht, und wenn uns die Verrichtung eines Tätigen und die Verrichtung eines tüchtigen Tätigen als der Art nach dieselbe gilt, z. B. das Spiel des Zitherspielers und des guten Zitherspielers,
25 und so überhaupt in allen Fällen, indem wir zu der Verrichtung noch das Merkmal überwiegender Tugend oder Tüchtigkeit hinzusetzen und als die Leistung des Zitherspielers das Spielen, als die Leistung des guten Zitherspielers aber das gute Zitherspiel bezeichnen, wenn, sagen wir, dem so ist, und wir als die eigentümliche Verrichtung des Menschen ein gewisses Leben ansehen, nämlich mit Vernunft verbundene Tätigkeit der Seele
30 und entsprechendes Handeln, als die Verrichtung des guten Menschen aber eben dieses nur mit dem Zusatz: gut und recht — wenn endlich als gut gilt, was der eigentümlichen Tugend oder Tüchtigkeit des Tätigen gemäß ausgeführt wird, so bekommen wir nach alledem das Ergebnis: *das menschliche Gut ist der Tugend gemäße Tätigkeit der Seele,* und gibt es mehrere Tugenden**: *der besten und vollkommensten Tugend gemäße Tätig-*
35 *keit.* Dazu muß aber noch kommen, daß dies ein volles Leben hindurch dauert; denn wie eine Schwalbe und ein Tag noch keinen Sommer macht, so macht auch ein Tag oder eine kurze Zeit noch niemanden glücklich und selig.

Ist aber die Glückseligkeit eine der Tugend gemäße Tätigkeit, so muß dieselbe natürlich der vorzüglichsten Tugend gemäß sein, und das ist wieder die Tugend des Besten in

---

* Zusammenfassung vom Hrsg.

** Hinweis auf die Unterscheidung zwischen dem in Haus, Gesellschaft und Staat *tätigen Leben* (vita activa; umfangsmäßig das Hauptthema der Nikom. Ethik als praktischer Philosophie) als Realisierung der irdisch-menschlichen Tugenden (Gerechtigkeit, Tapferkeit, Besonnenheit usf.) und dem zweckfreien, nur auf die Betrachtung der Wahrheit gerichteten *theoretischen Leben* (vita contemplativa). Vgl. Nikom. Ethik I 3 [Hrsg.].

18

uns. Mag das nun der Verstand oder etwas anderes sein, was da seiner Natur nach als 40
das Herrschende und Leitende auftritt und das wesentlich Gute und Göttliche zu erkennen vermag, sei es selbst auch göttlich oder das Göttlichste in uns: — *immer wird seine
seiner eigentümlichen Tugend gemäße Tätigkeit die vollendete Glückseligkeit sein.*

Daß diese Tätigkeit *theoretischer oder betrachtender Art* ist, haben wir bereits gesagt.
[. . .] 45

Aber das Leben, in dem sich diese Bedingungen erfüllen, ist höher, als es dem Menschen als Menschen zukommt. Denn so kann er nicht leben, insofern er Mensch ist, sondern nur insofern er etwas *Göttliches* in sich hat. So groß aber der Unterschied ist zwischen diesem Göttlichen selbst und dem aus Leib und Seele zusammengesetzten Men-
schenwesen, so groß ist auch der Unterschied zwischen der Tätigkeit, die von diesem 50
Göttlichen ausgeht, und allem sonstigen tugendgemäßen Tun. Ist nun die Vernunft im
Vergleich mit dem Menschen etwas Göttliches, so muß auch das Leben nach der Vernunft im Vergleich mit dem menschlichen Leben göttlich sein.

Man darf aber nicht jener Mahnung Gehör geben, die uns anweist, unser Streben als
Menschen auf Menschliches und als Sterbliche auf Sterbliches zu beschränken, sondern 55
wir sollen, soweit es möglich ist, uns bemühen, unsterblich zu sein, und alles zu dem
Zweck tun, dem Besten, was in uns ist, nachzuleben. Denn wenn es auch klein ist an
Umfang, so ist es doch an Kraft und Wert das bei weitem über alles Hervorragende. Ja,
man darf sagen: dieses Göttliche in uns ist unser wahres Selbst, wenn anders es unser
vornehmster und bester Teil ist. Mithin wäre es umgereimt, wenn einer nicht sein eigenes 60
Leben leben wollte, sondern das eines anderen. Und was wir oben gesagt haben, paßt
auch hierher. Was einem Wesen von Natur eigentümlich ist im Unterschied von anderen, ist auch für dasselbe das Beste und Genußreichste. Also ist dies für den Menschen
das Leben nach der Vernunft, wenn anders die Vernunft am meisten der Mensch ist.
Mithin ist dieses Leben auch das glückseligste. 65

1.6. *Aristoteles:* Eudemische Ethik

[. . .] Bekanntlich sind alle Wesenheiten, nach der Ordnung der Natur, in bestimmtem
Sinn Ursprung (von etwas), weshalb ja auch jede fähig ist, viele mit ihr gleichartige Wesenheiten zu zeugen: so zeugt der Mensch (wieder) Menschen; allgemein gesagt: Lebewesen zeugt Lebewesen und die Pflanze Pflanzen. Überdies aber ist speziell der Mensch
auch noch Ursprung von bestimmten Handlungen, er allein unter den Lebewesen, inso- 5
ferne von keinem anderen gesagt werden könnte, es handle. Ursprünge nun von der Art,
daß sie an der Spitze von Veränderungsvorgängen stehen, heißen Ursprünge im strengen Wortsinn, und mit vollstem Recht sind das jene, deren Wirkung den Charakter des
Nicht-anders-sein-könnens hat, eine Form des Ursprung-seins, die man doch wohl Gott
zuerkennen darf. Bei den unveränderlichen Prinzipien dagegen, z. B. den mathemati- 10
schen, haben wir es nicht mit Ursprüngen im strengen Wortsinn zu tun, obwohl man
dort den Ausdruck analogisch verwendet. Auch im Bereich des Mathematischen ist es
ja so, daß, wenn das Prinzip sich ändert, sogleich alle (aus ihm) sich ergebenden Folgerungen anders werden; es sind aber nicht die Folgerungen selbst, die sich anders machen — durch gegenseitige Aufhebung —, sondern nur dann, wenn man die Hypothesis 15
aufhebt und eben damit den (neuen) Beweisgang einsetzen läßt.

Der Mensch aber ist Ursprung von Veränderungsvorgängen; denn Handlung ist Ver-

19

änderung. Nachdem aber, hier wie sonst, der Ursprung Ursache dessen ist was durch ihn Sein oder Werden empfängt, so muß man sich die Sache so vorstellen wie beim
20 strengen Beweisverfahren.

Wenn nämlich daraus, daß das Dreieck (als Winkelsumme) zwei Rechte hat mit Notwendigkeit folgt, daß die des Vierecks vier Rechte beträgt, so ist klar, daß die Ursache dafür der Satz von der Winkelsumme des Dreiecks ist. Gibt man aber die Möglichkeit zu, daß das Dreieck sich ändert, so muß notwendig sich auch das Viereck ändern: ein
25 Dreieck von drei rechten Winkeln hätte ein Viereck von sechs, eines von vier ein solches von acht zur Folge. Und andererseits: wenn sich das Dreieck nicht ändern kann, sondern das bleibt, was es ist, so muß auch das Viereck bleiben was es ist.

Daß aber das was wir zu zeigen versuchen den Charakter der Notwendigkeit hat, ist aus der Analytik* zu ersehen. Für den Augenblick allerdings ist es nicht möglich, weder
30· die Sache (ganz) zu übergehen noch Exaktes über das bisher Gesagte hinaus vorzutragen.

Wenn es nämlich keine weitere Ursache für den beim Dreieck festgestellten Sachverhalt gibt, so ist dieser Ursprung und Ursache von dem was danach kommt. Daraus folgt: wenn es im Bestand des Wirklichen einiges gibt was die Möglichkeit hat sich so
35 u n d entgegengesetzt zu verhalten, so müssen notwendig auch dessen Ursprünge von solcher Art sein. Was sich nämlich aus Notwendigem ergibt, ist (seinerseits) notwendig. Was dagegen aus jenen erwähnten anderen Ursprüngen stammt, hat die Möglichkeit das Gegenteil zu werden, und das was den Menschen in ihre Verfügung gegeben ist, gehört überwiegend zu dem erwähnten Bereich des So-und-anders und Ursprung von
40 derartigem sind sie selbst. Also: bei allen Handlungen, deren Ursprung und Herr der Mensch ist, besteht offenkundig die Möglichkeit, daß sie geschehen oder daß sie nicht geschehen und hängt deren Geschehen oder Nichtgeschehen von ihm ab — insofern jedenfalls als er Herr über ihr Sein oder Nichtsein ist. Alles Tun aber, dessen Vollzug oder Nichtvollzug von ihm abhängt, für dieses ist er persönlich der Urheber. Und über-
45 all wo er Urheber ist, da hängen die Dinge von ihm ab.

Nachdem aber sowohl Tugend und Minderwertigkeit als auch die entsprechenden Werke Gegenstand teils des Lobes teils des Tadels sind — gelobt nämlich und getadelt wird nicht auf Grund dessen was durch Notwendigkeit, Zufall oder Natur gegeben ist, sondern auf Grund von Dingen, deren Urheber wir persönlich sind, denn überall da wo
50 ein anderer der Urheber ist, da bekommt dieser andere das Lob oder den Tadel — so ist klar, daß sowohl Tugend wie Minderwertigkeit sich auf jenen Bereich beziehen, wo der Mensch selbst Ursprung und Ursache der Handlungen ist. Daher muß man begrifflich fassen, was das für Handlungen sind, deren Urheber und Ursprung der Mensch selber ist. Nun, da stimmen wir alle überein: was willentlich und gemäß der Entscheidung des
55 einzelnen geschieht, davon ist er der Urheber, während er von dem was unwillentlich geschieht, nicht selber Urheber ist. Und alles was er tut weil er sich dafür entschieden hat, das tut er selbstverständlich als willentlich Handelnder. [...]

---

* Hinweis auf die Lehre vom Beweis in den Zweiten Analytiken I 1 u. 4. Übers. v. E. Rolfes. Phil. Bibl. 11. Hamburg: Meiner 1975. Zur Erklärung des Textes vgl. auch den Kommentar v. F. Dirlmeier in: Aristoteles: Eudemische Ethik. Darmstadt 1962. S. 266 ff. [Hrsg.].

20

2. Leiblichkeit des Menschen

Es ist gefährlich, den Menschen zu sehr merken zu lassen, wie sehr er den Tieren gleicht, ohne ihm seine Größe zu zeigen. Es ist auch gefährlich, ihn zu sehr seine Größe fühlen zu lassen, ohne ihm seine Niedrigkeit zu zeigen. Es ist noch gefährlicher, ihn über beides in 5 Unkenntnis zu lassen. Aber es ist sehr vorteilhaft, ihm beides vor Augen zu stellen. — Er soll weder glauben, er sei nur den Tieren oder nur den Engeln ähnlich, noch soll er über beides in Unkenntnis sein, sondern er soll beides wissen. 10
Der Mensch ist weder Engel noch Tier, und das Unglück will es, daß wer einen Engel aus ihm machen will, ein Tier aus ihm macht.

Blaise Pascal

2.1 *Johann Gottfried Herder:* Der Mensch ist zu feineren Trieben, mithin zur Freiheit organisieret

[...] Eben weil der Mensch alles lernen muß, ja, weil es sein Instinkt und Beruf ist, alles wie seinen geraden Gang zu lernen, so lernt er auch nur durch Fallen gehen und kömmt oft nur durch Irren zur Wahrheit, indessen sich das Tier auf seinem vierfüßigen Gang sicher fortträgt; denn die stärker ausgedruckte Proportion seiner Sinne und Triebe sind seine Führer. Der Mensch hat den Königsvorzug, mit hohem Haupt, aufgerichtet weit 5 umher zu schauen, freilich also auch vieles dunkel und falsch zu sehen, oft sogar seine Schritte zu vergessen und erst durch Straucheln erinnert zu werden, auf welcher engen Basis das ganze Kopf- und Herzensgebäude seiner Begriffe und Urteile ruhe; indessen ist und bleibt er seiner hohen Verstandesbestimmung nach, was kein anderes Erdgeschöpf ist, ein Göttersohn, ein König der Erde. 10
Um die Hoheit dieser Bestimmung zu fühlen, lasset uns bedenken, was in den großen Gaben Vernunft und Freiheit liegt und wie viel die Natur gleichsam wagte, da sie dieselben einer so schwachen, vielfach gemischten Erdorganisation, als der Mensch ist, anvertraute. Das Tier ist nur ein gebückter Sklave, wenngleich einige edlere derselben ihr Haupt emporheben oder wenigstens mit vorgerecktem Halse sich nach Freiheit sehnen. 15
Ihre noch nicht zur Vernunft gereifte Seele muß notdürftigen Trieben dienen und in diesem Dienst sich erst zum eignen Gebrauch der Sinne und Neigungen von fern bereiten. Der Mensch ist der erste Freigelassene der Schöpfung: er stehet aufrecht. Die Waage des Guten und Bösen, des Falschen und Wahren hängt in ihm, er kann forschen, er soll wählen. Wie die Natur ihm zwo freie Hände zu Werkzeugen gab und ein überblicken- 20 des Auge, seinen Gang zu leiten, so hat er auch in sich die Macht, nicht nur die Gewichte zu stellen, sondern auch, wenn ich so sagen darf, selbst Gewicht zu sein auf der Waage. Er kann dem trüglichsten Irrtum Schein geben und ein freiwillig Betrogener werden; er kann die Ketten, die ihn seiner Natur entgegen fesseln, mit der Zeit lieben lernen und sie mit mancherlei Blumen bekränzen. Wie es also mit der getäuschten Ver- 25 nunft ging, gehets auch mit der mißbrauchten oder gefesselten Freiheit; sie ist bei den meisten das Verhältnis der Kräfte und Triebe, wie Bequemlichkeit oder Gewohnheit sie

21

festgestellet haben. Selten blickt der Mensch über diese hinaus und kann oft, wenn niedrige Triebe ihn fesseln und abscheuliche Gewohnheiten ihn binden, ärger als ein Tier
30 werden.

Indessen ist er auch seiner Freiheit nach — und selbst im ärgsten Mißbrauch derselben — ein König. Er darf doch wählen, wenn er auch das Schlechteste wählte; er kann über sich gebieten, wenn er sich auch zum Niedrigsten aus eigner Wahl bestimmte. Vor dem Allsehenden, der diese Kräfte in ihn legte, ist freilich sowohl seine Vernunft als Freiheit
35 begrenzt; und sie ist glücklich begrenzt, weil, der die Quelle schuf, auch jeden Ausfluß derselben kennen, vorhersehen und so zu lenken wissen mußte, daß der ausschweifend- ste Bach seinen Händen nimmer entrann; in der Sache selbst aber und in der Natur des Menschen wird dadurch nichts geändert. Er ist und bleibt für sich ein freies Geschöpf, obwohl die allumfassende Güte ihn auch in seinen Torheiten umfasset und diese zu sei-
40 nem und dem allgemeinen Besten lenket. Wie kein getriebenes Geschoß der Atmosphäre entfliehen kann, aber auch, wenn es zurückfällt, nach einen und denselben Naturgeset- zen wirket, so ist der Mensch im Irrtum und in der Wahrheit, im Fallen und Wiederauf- stehen Mensch, zwar ein schwaches Kind, aber doch ein Freigeborner, wenn noch nicht vernünftig, so doch einer bessern Vernunft fähig, wenn noch nicht zur Humanität
45 gebildet, so doch zu ihr bildbar. Der Menschenfresser in Neuseeland und Fénélon, der verworfene Pescherei und Newton sind Geschöpfe einer und derselben Gattung.

Nun scheinet es zwar, daß auf unsrer Erde alle ihre mögliche Verschiedenheit auch im Gebrauch dieser Gaben stattfinden sollte, und es wird ein Stufengang sichtbar vom Menschen, der zunächst ans Tier grenzt, bis zum reinsten Genius im Menschenbilde.
50 [. . .]

2.2 *Georg Wilhelm Friedrich Hegel:* Die wirkliche Seele

[. . .]

Zum menschlichen Ausdruck gehört z. B. die aufrechte Gestalt überhaupt, die Bildung insbesondere der Hand, als des absoluten Werkzeugs, des Mundes, Lachen, Weinen usw. und der über das Ganze ausgegossene geistige Ton, welcher den Körper unmittel-
5 bar als Äußerlichkeit einer höheren Natur kundgibt. Dieser Ton ist eine so leichte, un- bestimmte und unsagbare Modifikation, weil die Gestalt nach ihrer Äußerlichkeit ein Unmittelbares und Natürliches ist und darum nur ein unbestimmtes und ganz unvoll- kommenes *Zeichen* für den Geist sein kann und ihn nicht, wie er für sich selbst als *All- gemeines* ist, vorzustellen vermag. Für das Tier ist die menschliche Gestalt das Höchste,
10 wie der Geist demselben erscheint. Aber für den Geist ist sie nur die *erste* Erscheinung desselben und die *Sprache* sogleich sein vollkommener[er] Ausdruck. Die Gestalt ist zwar seine nächste Existenz, aber zugleich in ihrer physiognomischen und pathognomi- schen Bestimmtheit ein *Zufälliges* für ihn; die Physiognomik, vollends aber die Kranioskopie zu *Wissenschaften* erheben zu wollen, war daher einer der leersten Ein-
15 fälle, noch leerer als eine *signatura rerum*, wenn aus der Gestalt der Pflanzen ihre Heil- kraft erkannt werden sollte.
[. . .]

Die [. . .], mit *Freiheit* geschehenden Verleiblichungen erteilen dem menschlichen Leibe ein so eigentümliches geistiges Gepräge, daß er sich durch dasselbe weit mehr als
20 durch irgendeine bloße Naturbestimmtheit von den Tieren unterscheidet. Nach seiner

22

rein leiblichen Seite ist der Mensch nicht sehr vom Affen unterschieden; aber durch das geistdurchdrungene Ansehen seines Leibes unterscheidet er sich von jenem Tier dermaßen, daß zwischen dessen Erscheinung und der eines Vogels eine geringere Verschiedenheit herrscht als zwischen dem Leibe des Menschen und dem des Affen.

Der geistige Ausdruck fällt aber vornehmlich in das *Gesicht,* weil der Kopf der eigent- 25 liche Sitz des Geistigen ist. In dem mehr oder weniger der Natürlichkeit als solcher angehörenden und deshalb bei den gesitteten Völkern aus Scham bekleideten *übrigen* Leibe offenbart sich das Geistige besonders durch die *Haltung* des Körpers. Diese ist daher, beiläufig gesagt, von den Künstlern der Alten bei ihren Darstellungen ganz besonders beachtet worden, da sie den Geist vorzugsweise in seiner Ergossenheit in die 30 Leiblichkeit zur Anschauung brachten. — Soweit der geistige Ausdruck von den Gesichtsmuskeln hervorgebracht wird, nennt man ihn bekanntlich das *Mienenspiel;* die *Gebärden* im engeren Sinne des Wortes gehen vom übrigen Körper aus. — Die *absolute* Gebärde des Menschen ist die *aufrechte Stellung;* nur *er* zeigt sich derselben fähig, wogegen selbst der Orang-Utan bloß an einem Stocke aufrecht zu stehen vermag. Der 35 Mensch ist nicht von Natur, von Hause aus aufgerichtet; er selber richtet sich durch die Energie seines Willens auf; und obgleich sein Stehen, nachdem es zur Gewohnheit geworden ist, keiner ferneren angestrengten Willenstätigkeit bedarf, so muß dasselbe doch immer von unserem Willen durchdrungen bleiben, wenn wir nicht augenblicklich zusammensinken sollen. — Der Arm und besonders die *Hand* des Menschen sind 40 gleichfalls etwas ihm Eigentümliches; kein Tier hat ein so bewegliches Werkzeug der Tätigkeit nach außen. Die Hand des Menschen, dies *Werkzeug der Werkzeuge,* ist zu einer unendlichen Menge von Willensäußerungen zu dienen geeignet. In der Regel machen wir die Gebärden zunächst mit der Hand, dann mit dem ganzen Arm und dem übrigen Körper. 45
[. . .]

2.3 *Johann Gottlieb Fichte:* Die Person kann sich keinen Leib zuschreiben, ohne ihn zu sehen, als stehend unter dem Einflusse einer Person außer ihr, und ohne ihn dadurch weiter zu bestimmen.

[. . .] Jedes Thier *ist,* was es ist: der Mensch allein ist ursprünglich gar nichts. Was er seyn soll, muss er werden: und da er doch ein Wesen für sich seyn soll, durch sich selbst werden. Die Natur hat alle ihre Werke vollendet, nur von dem Menschen zog sie die Hand ab, und übergab ihn gerade dadurch an sich selbst. Bildsamkeit, als solche, ist der Charakter der Menschheit. Durch die Unmöglichkeit, einer Menschengestalt irgend 5 einen anderen Begriff unterzulegen, als den seiner selbst, wird jeder Mensch innerlich genöthigt, jeden anderen für seines Gleichen zu halten.

Corollaria.

1) Es ist eine bedenkliche Frage an die Philosophie, die sie, meines Wissens, noch nirgends gelöst hat: wie kommen wir dazu auf einige Gegenstände der Sinnenwelt den 10 Begriff der Vernünftigkeit überzutragen, auf andere nicht; welches ist der charakteristische Unterschied beider Klassen?

KANT sagt: handle so, dass die Maxime deines Willens Princip einer allgemeinen Gesetzgebung seyn könne. Aber wer soll denn in das Reich, das durch diese Gesetzge-
15 bung regiert wird, mit gehören, und Antheil an dem Schutze derselben haben? Ich soll gewisse Wesen so behandeln, dass ich wollen kann, dass sie umgekehrt mich nach der gleichen Maxime behandeln. Aber ich handele doch alle Tage auf Thiere und leblose Gegenstände, ohne die aufgegebene Frage auch nur im Ernste aufzuwerfen. Nun sagt man mir: es versteht sich, dass nur von Wesen, die der Vorstellung von Gesetzen fähig
20 sind, also von vernünftigen Wesen, die Rede sey; und ich habe zwar statt des einen unbestimmten Begriffes einen anderen, aber keineswegs eine Antwort auf meine Frage. Denn wie weiss ich denn, welches bestimmte Object ein vernünftiges Wesen sey; ob etwa nur dem weissen Europäer, oder auch dem schwarzen Neger, ob nur dem erwachsenen Menschen, oder auch dem Kinde der Schutz jener Gesetzgebung zukomme, und
25 ob er nicht etwa auch dem treuen Hausthiere zukommen möchte? So lange diese Frage nicht beantwortet ist, hat, bei aller seiner Vortrefflichkeit, jenes Princip keine Anwendbarkeit und Realität.

Die Natur hat diese Frage längst entschieden. Es ist wohl kein Mensch, der bei der ersten Erblickung eines Menschen, ohne weiteres, die Flucht nehme wie vor einem reis
30 senden Thiere, oder Anstalt mache ihn zu tödten und zu verspeisen, wie ein Wild; der nicht vielmehr sogleich auf wechselseitige Mittheilung rechnete. Dies ist so, nicht durch Gewohnheit und Unterricht, sondern durch Natur und Vernunft, und wir haben soeben das Gesetz abgeleitet, nach welchem es so ist.

Nur wolle man ja nicht — welches nur für wenige erinnert wird — glauben, dass der
35 Mensch erst jenes lange und mühsame Raisonnement anzustellen habe, welches wir geführt haben, um sich begreiflich zu machen, dass ein gewisser Körper ausser ihm einem Wesen seines Gleichen angehöre. Jene Anerkennung geschieht entweder gar nicht, oder sie wird in einem Augenblicke vollbracht, ohne dass man sich der Gründe bewusst wird. Nur dem Philosophen kommt es zu, Rechenschaft über dieselben abzu
40 legen.

2) Wir verweilen noch einige Augenblicke bei der uns eröffneten Aussicht.

a. Jedes Thier bewegt sich wenige Stunden nach seiner Geburt, und sucht seine Nahrung in den Brüsten der Mutter. Es wird durch den *thierischen Instinct,* das Gesetz gewisser freier Bewegungen, worauf sich auch das gründet, was man *Kunsttrieb* der
45 Thiere genannt hat, geleitet. Der Mensch hat zwar Pflanzen-Instinct, aber thierischen, in der gegebenen Bedeutung, hat er gar nicht. Er bedarf der freien Hülfe der Menschen, und würde, ohne dieselbe, bald nach seiner Geburt umkommen. Wie er den Leib der Mutter verlassen hat, zieht die Natur die Hand ab von ihm, und wirft ihn gleichsam hin. Plinius und Andere haben darüber sehr gegen sie und ihren Urheber geeifert. Redne
50 risch mag dies seyn, aber philosophisch ist es nicht. Gerade dadurch wird bewiesen, dass der Mensch, als solcher, nicht der Zögling der Natur ist, noch es seyn soll. Ist er ein Thier, so ist er ein äusserst unvollkommenes Thier, und gerade darum ist er kein Thier. Man hat die Sache oft so angesehen, als ob der freie Geist dazu da wäre, das Thier zu pflegen. So ist es nicht. Das Thier ist da, um den freien Geist in der Sinnenwelt
55 zu tragen, und mit ihr zu verbinden.

Durch diese äusserste Hülflosigkeit ist die Menschheit an sich selbst und hier zuvörderst die Gattung an die Gattung gewiesen. Wie der Baum durch das Abwerfen seiner Frucht seine Gattung erhält, so erhält der Mensch, durch Pflege und Erziehung des Hülflosgeborenen, sich selbst, als Gattung. So producirt die Vernunft sich selbst, und so

24

nur ist der Fortschritt derselben zur Vervollkommnung möglich. So werden die Glieder 60
an einander gehängt, und jedes künftige erhält den Geisteserwerb aller vorhergegan-
genen.

b. Der Mensch wird nackt geboren, die Thiere bekleidet. In ihrer Bildung hat die
Natur ihr Werk geendigt, und das Siegel der Vollendung darauf gedrückt; sie hat die fei-
nere Organisation, durch eine rohere Decke vor dem Einflusse der gröberen Materie 65
geschützt. Im Menschen wurde das erste und wichtigste Organ, das des Betastens, das
durch die ganze Haut sich verbreitet, geradezu der Einwirkung derselben bloss gestellt:
nicht aus Nachlässigkeit der Natur, sondern aus Achtung derselben für uns. Jenes
Organ war bestimmt, die Materie unmittelbar zu berühren, um sie auf das Genaueste
unseren Zwecken angemessen zu machen: aber die Natur stellte es uns frei, in welchen 70
Theil des Leibes wir unser Bildungsvermögen vorzüglich verlegen, und welche wir als
blosse Masse betrachten wollten. Wir haben es in die Fingerspitzen gelegt, aus einem
Grunde, der sich bald zeigen wird. Es ist daselbst, weil wir es gewollt haben. Wir hätten
jedem Theile des Leibes dasselbe feine Gefühl geben können, wenn wir es gewollt hätten; das beweisen diejenigen Menschen, die mit den Zehen nähen und schreiben, mit 75
dem Bauche sprechen u. s. f.

c. Jedes Thier hat, wie wir schon oben anmerkten, angeborene Bewegungsfertigkei-
ten. Man denke an den Biber, die Biene u. s. f. Der Mensch hat nichts dergleichen, und
sogar seine Lage, auf dem Rücken, wird dem Kinde gegeben, um den künftigen Gang
vorzubereiten. — Man hat gefragt, ob der Mensch bestimmt sey, auf vier Füssen zu 80
gehen, oder aufrecht? Ich glaube, er ist zu keinem von beiden bestimmt; es ist ihm als
Gattung überlassen worden, seine Bewegungsweise sich selbst zu wählen. Ein menschlicher Leib kann auf vier Füßen laufen; und man hat unter Thieren aufgewachsene Menschen gefunden, die dies mit unglaublicher Schnelligkeit konnten. Die Gattung hat, meines Erachtens, frei sich vom Boden emporgehoben, und sich dadurch das Vermögen 85
erworben, ihr Auge rund um sich herumzuwerfen, um das halbe Universum am Himmel
zu überblicken, indess das Auge des Thieres durch seine Stellung an den Boden gefesselt
ist, welcher seine Nahrung trägt. Durch diese Erhebung hat es der Natur zwei Werkzeuge der Freiheit abgewonnen, die beiden Arme, welche, aller animalischen Verrichtungen erledigt, am Körper hängen, bloss um das Gebot des Willens zu erwarten, und 90
lediglich zur Tauglichkeit für die Zwecke desselben ausgebildet werden. Durch ihren
gewagten Gang, der ein immer fortdauernder Ausdruck ihrer Kühnheit und Geschicklichkeit ist, in Beobachtung des Gleichgewichts, erhält sie ihre Freiheit und Vernunft
stets in der Uebung, bleibt immerfort im Werden, und drückt es aus. Durch diese Stellung versetzt sie ihr Leben in das Reich des Lichts, und flieht immerfort die Erde, die sie 95
mit dem kleinstmöglichsten Theile ihrer selbst berührt. Dem Thiere ist der Boden Bette,
und Tisch; der Mensch erhebt alles das über die Erde.

d. Was den schon gebildeten Menschen am ausdrückendsten charakterisirt, ist das
geistige Auge, und der die innersten Regungen des Herzens abbildende Mund. Ich rede
nicht davon, dass das erstere durch die Muskeln, in denen es befestigt ist, frei herumbe- 100
wegt, und sein Blick dahin, dorthin geworfen werden kann; eine Beweglichkeit, die auch
durch die aufrechte Stellung des Menschen erhöht, aber an sich mechanisch ist. Ich
mache darauf aufmerksam, dass das Auge selbst und an sich dem Menschen nicht bloss
ein todter, leidender Spiegel ist, wie die Fläche des ruhenden Wassers, durch Kunst ver-
fertigte Spiegel, oder das Thierauge. Es ist ein mächtiges Organ, das selbstthätig die 105
Gestalt im Raume umläuft, abreisst, nachbildet; das selbstthätig die Figur, welche aus

dem rohen Marmor hervorgehen, oder auf die Leinwand geworfen werden soll, vorzeichnet, ehe der Meissel, oder der Pinsel berührt ist; das selbstthätig für den willkürlich entworfenen geistigen Begriff ein Bild erschafft. Durch dieses Leben und Weben der
110 Theile unter einander ins Unendliche, wird das, was sie irdisches vom Stoffe an sich hatten, gleichsam abgestreift und ausgeworfen, das Auge verklärt sich selbst zum Lichte, und wird eine sichtbare Seele. — Daher, je mehr geistige Selbstthätigkeit jemand hat, desto geistreicher sein Auge; je weniger, desto mehr bleibt es ihm ein trüber, mit einem Nebelflore überzogener Spiegel.

115 Der Mund, den die Natur zum niedrigsten und selbstigsten Geschäfte, zur Ernährung bestimmte, wird durch Selbstbildung der Ausdruck aller gesellschaftlichen Empfindungen, sowie er das Organ der Mittheilung ist. Wie das Individuum, oder, da hier von festen Theilen die Rede ist, die Race, noch thierischer und selbstsüchtiger ist, drängt er sich hervor; wie sie edler wird, tritt er zurück, unter den Bogen der denkenden Stirn.

120 Alles dies, das ganze ausdrückende Gesicht ist, wie wir aus den Händen der Natur kommen, nichts; es ist eine weiche ineinanderfliessende Masse, in der man höchstens finden kann, was aus ihr werden soll, und nur dadurch, dass man seine eigene Bildung in der Vorstellung darauf überträgt, findet; — und eben durch diesen Mangel an Vollendung ist der Mensch dieser Bildsamkeit fähig.

125 Dieses alles, nicht einzeln, wie es durch den Philosophen zersplittert wird, sondern in seiner überraschenden und in einem Momente aufgefassten Verbindung, in der es sich dem Sinne giebt, ist es, was jeden, der menschliches Angesicht trägt, nöthigt, die menschliche Gestalt überall, sie sey nun bloss angedeutet, und werde erst durch ihn, abermals mit Nothwendigkeit, darauf übertragen, oder sie stehe schon auf einer gewis-
130 sen Stufe der Vollendung, anzuerkennen und zu respectiren. Menschengestalt ist dem Menschen nothwendig heilig.

26

3. Abstammung und natürliche Entwicklung des Menschen

Wie aber Epimetheus doch nicht ganz weise war, hatte er unvermerkt schon alle Kräfte aufgewendet für die unvernünftigen Tiere; übrig also war ihm noch unbegabt das Geschlecht der Menschen, und er war ratlos, was er diesem tun sollte. In dieser Ratlosigkeit nun kommt ihm Prometheus, die Verteilung zu beschauen, und sieht die übrigen Tiere zwar in allen Stücken weislich bedacht, den Menschen aber nackt, unbeschuht, unbedeckt, unbewaffnet, und schon war der bestimmte Tag vorhanden, an welchem auch der Mensch hervorgehen sollte aus der Erde an das Licht.

Platon

3.1 *Karl Rosenkranz:* Psychologie oder die Wissenschaft vom subjektiven Geist

Fast alle Anthropologieen und Psychologieen haben sich sonst bemühet, sogenannte unterscheidende Merkmale des Menschen vom Thier aufzustellen.

Solche Merkmale waren theils negative, theils positive. Negative waren die Vorzüge des Thiers vor dem Menschen, z. B. die Gesichtsschärfe eines Falken, der, von schwindelnder Höhe herab, sichern Flugs, auf eine kleine am Boden kriechende Maus 5 stürzt. — Positive waren die Vorzüge des Menschen vor dem Thier, z. B. seine universelle Lebensfähigkeit und Lebenskraft; er kann in allen Zonen leben, und nur die Ratte, der Hund und das Schwein vermögen unter den Säugern ihn zu begleiten.

Man trieb es in der Jagd nach solchen Merkmalen oft bis zum Lächerlichen. Das Ohrläppchen sollte ausschließliches Eigenthum des Menschen und daher das ihn vom 10 Thier unterscheidendste Merkmal sein; der stärkere Wadenmuskel sollte ihn vom Affen unterscheiden u. s. w.

Die wahre Unterscheidung aber beruht:

1) im Physischen darauf, daß die menschliche Organisation anatomisch und physiologisch die aller Thiere an Vollendung übertrifft; 15

2) in intellectueller Hinsicht darauf, daß das Denken der feste Unterschied des Menschen vom Thier ist. Die Eintheilung der Psychologie hat daher das Werden desselben zu verfolgen. Das Denken ist ihr aber nicht so, wie der Logik, Gegenstand, denn in dieser werden die ewigen Kategorieen, die Selbstbestimmungen des Denkens, an und für sich entwickelt. Die Psychologie aber verfolgt das Denken, wie es aus dem 20 Schlummer der Natürlichkeit bis zur selbstbewußten Klarheit als die Thätigkeit des subjectiven Geistes in den mannigfachsten Modificationen, zuletzt als Grundlage des Willens, sich emporbildet.

In ersterer Beziehung, was das Physische anlangt, hat der Mensch immer dies souveraine Bewußtsein von sich, von seiner Präcedenz vor allen Geschöpfen, gehabt. Die 25 Mythen der Völker machen den Menschen zum Schlußstein der kosmogonischen Entfaltung. — Aus der astrologischen Mystik bildete sich die Vorstellung des Menschen als des Mikrokosmus, der in seine Individualität den Makrokosmus einschließe, alle Momente des elementarischen Daseins, die siderischen Kräfte u. s. f. in sich wiederholend. — Die neuere Naturwissenschaft hat diese ahnungsvolle Anschauung auf das 30

27

Genaueste bestätigt. Alle besonderen Bildungen der organischen Natur und durch sie alle Processe der unorganischen Natur sind im Menschen zur schönsten Harmonie vereinigt.

35 Das Thier übertrifft daher den Menschen wohl in der einseitigen Virtuosität eines Organs, aber nicht in der Totalität der Organe und Vollendung derselben. Die Maus, welche der Falke greift, ist eben in dieser Hinsicht ein höheres Wesen als er, denn ihre Organisation ist eine vollständigere. So ist der Käfer, der am Baume kriecht, ein höheres Wesen, als die Palme, die Eiche in ihrer Majestät. Selbst die primitive Hülf-losigkeit des Menschen bei seiner Geburt ist nicht ein Beweis gegen, sondern für

40 seine Hoheit. Seine Haut ist glatt und bietet eine sehr empfindliche Fläche dar; nur unter den Achselhöhlen und am Unterbauch ist schützendes Haar, wogegen die Thiere mit Schuppen, Dickhäuten, Borsten bewaffnet sind. Der Mensch braucht lange Zeit, bevor er gehen kann; das Thier ist bald, oft sogleich, wie es aus dem Ei oder dem Uterus schlüpft, fertig und Herr seiner Glieder u. s. f. [...]

45 Der Thiergeist ist, wie er[1] sich ausdrückt, nur tellurisch und solarisch, nicht, wie der Menschengeist, cölestisch. [...]

Würde den Thierliebhabern mit ihrer Veneration der Thierweisheit einmal Ernst gemacht, so würden sie selbst wohl davor zurücktreten. Das Thier ist als sich selbst füh-lendes, allerdings der Lust und Unlust, aber nicht der Freude und Trauer fähig,

50 Freude und Trauer sind ein geistiger Affect. [...]

Durch das Denken ist der Mensch in seiner Einzelheit zugleich allgemein. Das Thier hingegen ist in seiner Vereinzelung einzelnes und bleibt es. Wir wenden zu wenig Sorgfalt auf, uns in den eigenthümlichen Zustand des Thieres zu versetzen, wie es ganz in der Gewalt seiner Umgebungen lebt und von sinnlichen Potenzen hin und her gezerrt

55 wird, während wir durch das Denken immer einen Gegenhalt gegen die Erscheinung haben. Den Menschen, der aus der Einheit der Einzelheit und Allgemeinheit herausfällt, beurtheilen wir auch als zum Thier geworden, nennen ihn aber dann auch verächtlich ein Vieh.

Der Mensch geht also in seiner Existenz von der Natur aus, und in der unmittel-

60 baren Einheit mit ihr nennen wir den einzelnen Geist Seele.

Weil aber der Geist an sich von der Natur unterschieden ist, so muß er diesen Unter-schied auch für sich setzen. Das Denken ist schon in der Empfindung der Seele enthal-ten, allein es hat sich darin noch nicht von der Natürlichkeit losgerissen. Das Leben der Seele ist daher das Streben, über sich hinauszugehen. Als Seele träumt der Geist. Er

65 sucht sich allerdings seiner Leiblichkeit einzubilden, aber die Gewohnheit als Product der Gewöhnung ist selbst wieder ein traumhafter Zustand.

Dem Bestimmtsein des Geistes durch die Natur, das wir im ersten Theil der Psycho-logie betrachten werden, steht das Bewußtsein des Geistes gegenüber. Als Bewußt-sein unterscheidet er sich als Subject von allem Andern, was er nicht als Ich und was

70 daher für ihn Object ist. Das Bewußtsein, der Dualismus von Subject und Object, ist die Kluft, welche den Menschen vom Thiere scheidet. [...]

Ein Kind ist schon als Embryo Mensch, aber erst an sich.
[...]

---

1 Gemeint ist: P. SCHEITLIN: Versuch einer vollständigen Thierseelenkunde, 1840. [Hrsg.]

28

3.2 *Charles Darwin:* Die Abstammung des Menschen und die geschlechtliche Zuchtwahl

[...]

Betrachtet man die embryonale Bildung des Menschen — die Homologien, welche er mit den niederen Thieren darbietet, die Rudimente, welche er behalten hat, und die Fälle von Rückschlag, denen er ausgesetzt ist, so können wir uns theilweise in unserer Phantasie den früheren Zustand unserer ehemaligen Urerzeuger construiren und können 5 dieselben annäherungsweise in der zoologischen Reihe an ihren gehörigen Platz bringen. Wir lernen daraus, daß der Mensch von einem behaarten, geschwänzten Vierfüßer abstammt, welcher wahrscheinlich in seiner Lebensweise ein Baumthier und ein Bewohner der alten Welt war. [...]

Sind wir zu dem ebenerwähnten Schluß in Bezug auf den Ursprung des Menschen 10 getrieben worden, so bietet sich die größte Schwierigkeit in dem Punkte dar, daß er einen so hohen Grad intellectueller Kraft und moralischer Anlagen erlangt hat. Aber ein Jeder, welcher das allgemeine Princip der Entwicklung annimmt, muß sehen, daß die geistigen Kräfte der höheren Thiere, welche der Art nach dieselben sind wie die des Menschen, obschon sie dem Grade nach so verschieden sind, doch des Fortschritts 15 fähig sind. So ist der Abstand zwischen den geistigen Kräften eines der höheren Affen und eines Fisches oder zwischen denen einer Ameise und einer Schildlaus ungeheuer. Doch bietet die Entwicklung dieser Kräfte bei Thieren keine specielle Schwierigkeit dar; denn bei unsern domesticirten Thieren sind die geistigen Fähigkeiten sicher variabel, und die Abänderungen werden vererbt. Niemand bezweifelt, daß diese Fähigkeiten für 20 die Thiere im Naturzustande von der größten Bedeutung sind. Daher sind die Bedingungen zu ihrer Entwicklung durch natürliche Zuchtwahl günstig. Dieselbe Folgerung kann auf den Menschen ausgedehnt werden. Der Verstand muß für ihn von äußerster Bedeutung gewesen sein, selbst schon in einer sehr weit zurückliegenden Periode: denn er setzte ihn in den Stand, die Sprache zu erfinden und zu gebrauchen, Waffen, Werkzeuge, 25 Fallen u. s. w. zu verfertigen, durch welche Mittel er, unterstützt durch seine socialen Gewohnheiten, schon vor langer Zeit das herrschendste von allen lebenden Wesen wurde.

Ein großer Schritt in der Entwicklung des Intellects wird geschehen sein, sobald die halb als Kunst, halb als Instinct zu betrachtende Sprache in Gebrauch kam; denn der 30 beständige Gebrauch der Sprache wird auf das Gehirn zurückgewirkt und eine vererbte Wirkung hervorgebracht haben, und diese wieder wird umgekehrt auch wieder auf die Vervollkommnung der Sprache zurückgewirkt haben. Die bedeutende Größe des Gehirns beim Menschen, im Vergleich mit dem der niederen Thiere, im Verhältnis zur Größe seines Körpers kann zum hauptsächlichsten Theile dem zeitigen Gebrauch 35 irgend einer einfachen Form von Sprache zugeschrieben werden. Die Sprache ist ja jene wundervolle Maschinerie, welche allen Arten von Gegenständen und Eigenschaften Zeichen anhängt und welche Gedankenzüge erregt, die aus dem bloßen Eindrucke der Sinne niemals entstanden wären, oder wenn sie entstanden wären, nicht hätten verfolgt werden können. Die höheren intellectuellen Kräfte des Menschen, wie die der Überle- 40 gung, der Abstraction, des Selbstbewußtseins u. s. w. werden wahrscheinlich der fortgesetzten Vervollkommnung und Übung der anderen geistigen Fähigkeiten gefolgt sein. [...]

In Folge dieses geistigen Zustandes kann es der Mensch nicht vermeiden, rückwärts

45 und vorwärts zu schauen und die neuen Eindrücke mit vergangenen zu vergleichen. Nachdem daher irgend eine temporäre Begierde oder Leidenschaft seine socialen Instincte bemeistert hat, wird er darüber reflectieren und den jetzt abgeschwächten Eindruck solcher vergangenen Antriebe mit dem beständig gegenwärtigen socialen Instinct vergleichen; und dann wird er jenes Gefühl von Nichtbefriedigung empfinden, welches 50 alle nicht befriedigten Instincte zurücklassen. In Folge dessen entschließt er sich, für die Zukunft verschieden zu handeln, — und dies ist Gewissen. [...]

Der Glaube an Gott ist häufig nicht bloß als der größte, sondern als der vollständigste aller Unterschiede zwischen dem Menschen und den niederen Thieren vorgebracht worden. Wie wir indessen gesehen haben, ist es unmöglich zu behaupten, daß dieser 55 Glaube beim Menschen angeboren oder instinctiv sei. Andererseits scheint ein Glaube an Alles durchdringende, spirituelle Kräfte allgemein zu sein und scheint eine Folge eines beträchtlichen Fortschritts in der Kraft der Überlegung des Menschen und eines noch größeren Fortschritts in den Fähigkeiten der Einbildung, der Neugierde und des Bewunderns zu sein. [...]

3.3 *Arnold Gehlen:* Grundzüge einer Gesamttheorie vom Menschen: Mängelwesen und Prometheus

[...]

Man hat schon lange bemerkt, daß der Mensch, morphologisch angesehen, sozusagen einen Ausnahmefall darstellt. [...]

1. Er ist ›organisch mittellos‹, ohne natürliche Waffen, ohne Angriffs- oder Schutz-
5 oder Fluchtorgane, mit Sinnen von nicht besonders bedeutender Leistungsfähigkeit, denn jeder unserer Sinne wird von den ›Spezialisten‹ im Tierreich weit übertroffen. Er ist ohne Haarkleid und ohne Anpassung an die Witterung, und auch viele Jahrhunderte Selbstbeobachtung haben ihn nicht belehrt, ob er nun eigentlich Instinkte hat und welche. Man hat dies schon lange bemerkt, und HERDER (1772) sowie KANT (1784) haben
10 darauf hingewiesen. Erst neuerdings aber ist unter Führung des verstorbenen Amsterdamer Anatomen BOLK eine Theorie zur Entwicklung gekommen, die alle besonderen menschlichen Baumerkmale unter dem Gesichtspunkt der ›Primitivität‹ begreift. Man versteht darunter einmal die Tatsache, daß gewisse Organbesonderheiten, wie das lückenlose Gebiß, die fünfgliedrige Hand und andere ›archaisch‹, d. h. entwicklungs-
15 geschichtlich alt sein müssen, daß sie nur als Ausgangspunkte von Spezialisierungen verständlich sind, wie wir sie bei Großaffen (Herausentwicklung des Eckzahnes, Verkürzung des Daumens) finden; sodann die andere, daß weitere Besonderheiten (Haarlosigkeit, Schädelwölbung mit untergesetztem Gebiß, Struktur der Beckenregion usw.) als fixierte, dauerhaft gewordene Foetalzustände zu verstehen sind. Diese ›*Retarda-*
20 *tion*‹, der der Mensch einen sozusagen embryonischen Habitus verdankt, ist ein höchst wertvolles Erklärungsprinzip, weil sie auch andere menschliche Eigenheiten verstehen läßt, vor allem die unverhältnismäßig verlängerte Entwicklungszeit, die lange Hilflosigkeit der Kleinkindphase, die späte Geschlechtsreifung usw. Die Gesamtheit dieser Merkmale faßt man unter dem Begriff der ›Unspezialisiertheit‹ zusammen, und daher
25 stammt die Berechtigung, den Menschen in einen beschreibenden und vergleichenden *Gegensatz* zum Tier zu bringen, vor allem zu seinen nächsten Verwandten, den ja sehr hoch spezialisierten Großaffen. Vergleicht man wissenschaftlich, d. h. undogmatisch, so

wird man erwarten müssen, daß die Vorfahren des Menschen Großaffen von vergleichs-
weise sehr viel mehr ›menschlichem‹ Habitus als die jetzigen gewesen sind und daß diese ganze Entwicklungslinie durch die sonst nirgends vorhandene *Herrschaft* eines Prin- 30
zips bestimmt ist, das sich in viel geringerem Grade auch sonst finden läßt und das unter
verschiedenen Bezeichnungen (BOLKS Retardation, SCHINDEWOLFS Proterogenese)
näherungsweise gefunden ist: eben ein ›Festhalten‹ entwicklungsgeschichtlich alter oder
individualgenetisch früher, jugendlicher bzw. embryonaler Merkmale.

2. Wir sehen weiter, wo wir auch hinblicken, den Menschen über die Erde verbreitet 35
und trotz seiner physischen Mittellosigkeit sich zunehmend die Natur unterwerfen. Es
ist dabei keine ›Umwelt‹, kein Inbegriff natürlicher und urwüchsiger Bedingungen
angebbar, der erfüllt sein muß, damit ›der Mensch‹ leben kann, sondern wir sehen ihn
überall, unter Pol und Äquator, auf dem Wasser und auf dem Lande, in Wald, Sumpf,
Gebirge und Steppe ›sich halten‹. Und zwar lebt er als ›Kulturwesen‹, d. h. von den 40
Resultaten seiner *voraussehenden,* geplanten und gemeinsamen Tätigkeit, die ihm
erlaubt, aus sehr beliebigen Konstellationen von Naturbedingungen durch deren voraus-
sehende und tätige Veränderung sich Techniken und Mittel seiner Existenz zurechtzu-
machen. Man kann daher die ›Kultursphäre‹ jeweils den Inbegriff tätig *veränderter*
urwüchsiger Bedingungen nennen, innerhalb deren der Mensch allein lebt und leben 45
kann. Irgendwelche Techniken der Nahrungsbeschaffung und -zubereitung, irgendwelche Waffen, Organisationsformen gemeinsamer Tätigkeit und Schutzmaßnahmen vor
Feinden, vor der Witterung usw. gehören daher zu den Beständen auch der primitivsten
Kultur, und ›Naturmenschen‹, d. h. kulturlose gibt es überhaupt nicht.

Man muß die Resultate dieser geplanten, verändernden Tätigkeit einschließlich der 50
dazugehörigen Sachmittel, Denk- und Vorstellungsmittel zu den *physischen* Existenzbe-
dingungen des Menschen rechnen, und diese Aussage gilt für kein Tier. Die Bauten der
Biber, die Vogelnester usw. sind niemals voraussehend geplant und gehen aus rein
instinktiven Betätigungen hervor. Den Menschen als *Prometheus* zu bezeichnen, hat
daher einen exakten und guten Sinn. 55

Wenn man bemerkt, daß die Kultursphäre des Menschen in der Tat eine biologische
Bedeutung hat, so liegt es nahe, den für die Zoologie bewährten Begriff der Umwelt
auch hier anzuwenden, wie es meistens geschieht. Aber es besteht doch ein wesentlicher
Unterschied: ohne Zweifel muß man ja die organische Mittellosigkeit des Menschen und
auf der anderen Seite seine kulturschaffende Tätigkeit aufeinander beziehen und als bio- 60
logisch eng sich gegenseitig bedingende Tatsachen fassen. Von einer ›Einpassung‹ des
Menschen in einen dieser Gattung von Natur her zugeordneten speziellen Komplex
natürlicher Lebensbedingungen, wie dies im exakten Begriff der Umwelt gedacht wird,
kann gar keine Rede sein. So wie sich die tierische, organische Spezialisierung und die
ihr jeweils zugeschnittene Umwelt zueinander verhalten, so muß man die Unspeziali- 65
siertheit und morphologische Hilflosigkeit des Menschen in seiner Kultursphäre sehen.
Da diese aber ein Inbegriff urwüchsiger Tatbestände ist, die der Mensch ins Lebensdien-
liche verändert hat, so gibt es von vornherein gar keine natürlichen Grenzbedingungen
menschlicher Lebensfähigkeit, sondern nur technische Grenzbedingungen: nicht in der
Natur, sondern in den Graden der Bereicherung und Verbesserung seiner kulturschaf- 70
fenden Tätigkeit, zuerst der Denkmittel und Sachmittel, liegen die Grenzen menschlicher Ausbreitung.

Der Mensch ist also organisch ›Mängelwesen‹ (HERDER), er wäre in jeder natürlichen Umwelt lebensunfähig, und so muß er sich eine *zweite Natur,* eine künstlich

31

75 bearbeitete und passend gemachte Ersatzwelt, die seiner versagenden organischen Ausstattung entgegenkommt, erst schaffen, und er tut dies überall, wo wir ihn sehen. Er lebt
sozusagen in einer künstlich entgifteten, handlich gemachten und von ihm ins Lebens-
dienliche veränderten Natur, die eben die Kultursphäre ist. Man kann auch sagen, daß
er biologisch zur Naturbeherrschung gezwungen ist.

3.4 *Max Scheler:* Die Stellung des Menschen im Kosmos

[. . .]

Hier aber erhebt sich nun die für unser ganzes Problem entscheidende Frage: Besteht
dann, wenn dem Tiere bereits Intelligenz zukommt, überhaupt noch *mehr* als ein nur
gradueller Unterschied zwischen Mensch und Tier — besteht dann noch ein *Wesensun-*
5 *terschied?* Oder aber gibt es über die bisher behandelten Wesensstufen hinaus noch
etwas ganz anderes im Menschen, ihm spezifisch Zukommendes, was durch Wahl und
Intelligenz überhaupt nicht getroffen und erschöpft ist?

Hier scheiden sich die Wege am schärfsten. Die einen wollen dem Menschen Intelligenz und Wahl vorbehalten und sie dem Tiere absprechen: sie erkennen zwar einen
10 überquantitativen Unterschied, einen Wesensunterschied an, behaupten ihn aber da, wo
nach meiner Ansicht kein Wesensunterschied vorliegt. Die anderen, insbesondere alle
Evolutionisten der DARWIN- und LAMARCKschule, lehnen mit DARWIN, G. SCHWALBE
und auch mit W. KÖHLER einen letzten Unterschied zwischen Mensch und Tier ab, eben
weil das Tier auch bereits Intelligenz besitze; sie hängen damit in irgendeiner Form der
15 großen Einheitslehre vom Menschen an, die ich als Theorie des »homo faber« bezeich-
ne, und kennen selbstverständlich dann auch keinerlei metaphysisches Sein, keine Metaphysik des Menschen, d. h. kein ausgezeichnetes Verhältnis, das der Mensch als solcher
zum Weltgrund besäße.

Was mich betrifft, so weise ich beide Lehren zurück. Ich behaupte: Das Wesen des
20 Menschen und das, was man seine »*Sonderstellung*« nennen kann, steht *hoch* über
dem, was man Intelligenz und Wahlfähigkeit nennt, und würde auch nicht erreicht,
wenn man sich diese Intelligenz und Wahlfähigkeit quantitativ beliebig, ja bis ins
Unendliche gesteigert vorstellte[1]. Aber auch das wäre verfehlt, wenn man sich das Neue,
das den Menschen zum Menschen macht, nur dächte als eine zu den psychischen Stu-
25 fen: Gefühlsdrang, Instinkt, assoziatives Gedächtnis, Intelligenz und Wahl noch hinzu-
kommende neue Wesensstufe *psychischer* und der *Vital*sphäre angehöriger Funktionen
und Fähigkeiten, die zu erkennen also in der Kompetenz der Psychologie und Biologie
läge.

Das neue Prinzip steht *außerhalb* alles dessen, was wir »Leben« im weitesten Sinne
30 nennen können. Das, was den Menschen allein zum »Menschen« macht, ist nicht eine
neue Stufe des Lebens — erst recht nicht nur eine Stufe der *einen* Manifestationsform
dieses Lebens, der »Psyche« —, sondern es ist ein allem und *jedem Leben überhaupt,*
auch dem Leben im Menschen entgegengesetztes Prinzip: eine echte neue Wesenstatsa-
che, die als solche überhaupt nicht auf die »natürliche Lebensevolution« zurückgeführt

---

1 Zwischen einem klugen Schimpansen und EDISON, dieser nur als Techniker genommen, besteht nur ein
— allerdings sehr großer — *gradueller* Unterschied.

32

werden kann, sondern, wenn auf etwas, nur auf den obersten einen Grund der Dinge 35
selbst zurückfällt: auf denselben Grund, dessen *eine* große Manifestation das »Leben«
ist.

Schon die Griechen behaupteten ein solches Prinzip und nannten es »Vernunft«. Wir
wollen lieber ein umfassenderes Wort für jenes X gebrauchen, ein Wort, das wohl den
Begriff »Vernunft« mitumfaßt, aber neben dem *»Ideendenken«* auch eine bestimmte 40
Art der *»Anschauung«*, die von Urphänomenen oder Wesensgehalten, ferner eine
bestimmte Klasse *volitiver* und *emotionaler Akte* wie Güte, Liebe, Reue, Ehrfurcht, geistige Verwunderung, Seligkeit und Verzweiflung, die freie Entscheidung mitumfaßt —:
das Wort »Geist«. Das Aktzentrum aber, in dem Geist innerhalb endlicher Seinssphä-
ren erscheint, bezeichnen wir als »Person«, in scharfem Unterschied zu allen funktio- 45
nellen Lebenszentren, die nach innen betrachtet auch »seelische« Zentren heißen.

Was aber ist nun jener »Geist«, jenes neue und so entscheidende Prinzip? Selten ist
mit einem Worte so viel Unfug getrieben worden — einem Worte, bei dem sich nur
wenige etwas Bestimmtes denken. Stellen wir hier an die Spitze des Geistbegriffes seine
besondere Wissensfunktion, die Art Wissen, die nur er geben kann, dann ist die Grund- 50
bestimmung eines geistigen Wesens, wie immer es psychophysisch beschaffen sei, *seine
existentielle Entbundenheit vom Organischen,* seine Freiheit, Ablösbarkeit — oder doch
die seines Daseinszentrums — von dem Bann, von dem Druck, von der Abhängigkeit
vom *Organischen,* vom *»Leben«* und allem, was zum Leben gehört — also auch von
seiner eigenen triebhaften »Intelligenz«.   55

Ein »geistiges« Wesen ist also nicht mehr trieb- und umweltgebunden, sondern
»umweltfrei« und, wie wir es nennen wollen, *»weltoffen«*: Ein solches Wesen hat
»Welt«. Ein solches Wesen vermag ferner die auch ihm ursprünglich gegebenen
»Widerstands«- und Reaktionszentren seiner Umwelt, die das Tier allein hat und in die
es ekstatisch aufgeht, zu *»Gegenständen«* zu erheben und das *Sosein* dieser Gegenstän- 60
de prinzipiell *selbst* zu erfassen, ohne die Beschränkung, die diese Gegenstandswelt oder
ihre Gegebenheit durch das vitale Triebsystem und die ihm vorgelagerten Sinnesfunktio-
nen und Sinnesorgane erfährt.

Geist ist daher *Sachlichkeit,* Bestimmbarkeit durch das Sosein von Sachen selbst.
Geist »hat« nur ein zu vollendeter Sachlichkeit fähiges Lebewesen. Schärfer gesagt: 65
Nur ein solches Wesen ist »Träger« des Geistes, dessen prinzipieller Verkehr mit der
Wirklichkeit außerhalb seiner wie mit sich selber sich im Verhältnis zum Tiere mit Ein-
schluß seiner Intelligenz dynamisch geradezu *umgekehrt* hat.

Was ist diese »Umkehrung«?

Beim Tiere — ob hoch oder niedriger organisiert — geht jede Handlung, jede Reak- 70
tion, die es vollzieht, auch die »intelligente«, aus von einer physiologischen Zuständigkeit seines Nervensystems, der auf der psychischen Seite Instinkte, Triebimpulse und
sinnliche Wahrnehmungen zugeordnet sind. Was für die Instinkte und Triebe nicht
interessant ist, ist auch nicht gegeben, und was gegeben ist, ist dem Tier gegeben nur als
*Widerstands*zentrum für sein Verlangen und sein Verabscheuen, d. h. für das Tier als 75
biologisches Zentrum. Der Ausgang von der *physiologisch-psychischen Zuständigkeit*
ist also immer der erste Akt des Dramas eines *tierischen Verhaltens* zu seiner Umwelt.
Die Umweltstruktur ist dabei der physiologischen und indirekt morphologischen Eigen-
art des Tieres, ist seiner Trieb- und Sinnesstruktur, die eine strenge funktionelle Einheit
bilden, genau und vollständig »geschlossen« angemessen. Alles, was das Tier merken 80
und fassen kann von seiner Umwelt, liegt in den sicheren Zäunen und *Grenzen seiner*

Umweltstruktur. Der zweite Akt des Dramas des tierischen Verhaltens ist irgendeine Setzung realer Veränderung der Umwelt durch eine Reaktion des Tieres in Richtung auf sein leitendes Triebziel. Der dritte Akt ist die dadurch mitveränderte physiologisch-psy-
85 chische Zuständlichkeit. Der Verlauf des tierischen Verhaltens hat stets die Form:

$$T \rightleftharpoons U$$

Ganz anders ein Wesen, das »*Geist*« hat. Ein solches ist — wenn und soweit es sich seines Geistes sozusagen auch bedient — eines Verhaltens fähig, das eine genau *entge-gengesetzte* Verlaufsform besitzt. Der erste Akt dieses neuen Dramas, des menschlichen
90 Dramas ist: Das Verhalten wird vom *puren Sosein* eines zum *Gegenstand* erhobenen Anschauungs- oder Vorstellungskomplexes »motiviert«, und dies prinzipiell unabhän-gig von der physiologischen und psychischen Zuständlichkeit des menschlichen Orga-nismus, unabhängig von seinen Triebimpulsen und der gerade in ihnen aufleuchtenden, stets modal (optisch oder akustisch usw.) bestimmten sinnlichen Außenseite der
95 Umwelt. Der zweite Akt des Dramas ist *freie*, d. h. vom *Person*zentrum ausgehende Hemmung eines Triebimpulses, bzw. Enthemmung eines zuerst zurückgehaltenen Trieb-impulses (und einer entsprechenden Reaktion). Der dritte Akt ist eine als selbstwertig und endgültig erlebte Veränderung der Gegenständlichkeit einer Sache. Die Form eines solchen Verhaltens ist die der »*Weltoffenheit*«, der prinzipiellen Abschüttelung des
100 Umweltbannes:

$$M \rightleftharpoons W \rightarrow \rightarrow \ldots$$

Dieses Verhalten ist, wo es einmal konstitutionell vorhanden ist, seiner Natur nach unbegrenzt erweiterungsfähig — so weit eben, als die »Welt« vorhandener Sachen reicht.
105 *Der Mensch ist das X, das sich in unbegrenztem Maße »weltoffen« verhalten kann.* Menschenwerdung ist Erhebung zur Weltoffenheit kraft des Geistes.
[...]

Der geistige Akt, wie ihn der Mensch vollziehen kann, ist im Gegensatz zu der einfa-chen Rückmeldung des tierischen Leibschemas und seiner Inhalte wesensgebunden an
110 eine zweite Dimension und Stufe des Reflexaktes. Wir wollen diesen Akt »Sammlung« nennen und ihn und sein Ziel, das Ziel dieses »Sichsammelns«, zusammenfassend »Bewußtsein des geistigen Aktzentrums von sich selbst« oder »*Selbstbewußtsein*« nennen. Das Tier hat Bewußtsein, im Unterschied von der Pflanze, aber es hat kein Selbstbewußtsein, wie schon Leibniz gesehen hat. Es besitzt sich nicht, ist seiner nicht
115 mächtig — und deshalb auch seiner nicht bewußt.

Sammlung, Selbstbewußtsein, und Gegenstandsfähigkeit des ursprünglichen Triebwi-derstandes bilden *eine einzige unzerreißbare Struktur*, die als solche erst dem Menschen eigen ist.

Mit diesem Selbstbewußtwerden, dieser neuen Zurückbeugung und Zentrierung sei-
120 ner Existenz, die der Geist möglich macht, ist auch das *zweite* Wesensmerkmal des Menschen gegeben. Kraft seines Geistes vermag das Wesen, das wir »Mensch« nen-nen, nicht nur die Umwelt in die Dimension des Weltseins zu erweitern und Widerstän-de gegenständlich zu machen, sondern es vermag auch — und das ist das Merkwürdig-ste — *seine eigene physiologische und psychische Beschaffenheit* und jedes einzelne psy-
125 chische Erlebnis, jede einzelne seiner vitalen Funktionen selbst wieder *gegenständlich* zu machen. Nur darum vermag dieses Wesen auch sein Leben frei von sich zu werfen. Das

34

Tier hört und sieht — aber ohne zu wissen, *daß* es hört und sieht. Die Psyche des Tieres funktioniert, lebt — aber das Tier ist kein möglicher Psychologe und Physiologe! Wir müssen an sehr seltene ekstatische Zustände des Menschen denken — bei abebbender Hypnose, bei Einnahme bestimmter Rauschgifte, bei gewissen, den Geist bewußt 130 (d. h. schon mit Hilfe des Geistes) inaktivierenden Techniken z. B. orgiastischer Kulte aller Art —, um uns einigermaßen in den Normalzustand des Tieres hineinzuversetzen. Auch seine Triebimpulse erlebt das Tier nicht als *seine* Triebe, sondern als dynamische Züge und Abstoßungen, die von den *Dingen der Umwelt* selber ausgehen. Sogar der primitive Mensch, der in gewissen seelischen Eigenschaften dem Tiere noch nahe steht, 135 sagt noch nicht »ich verabscheue dieses Ding«, sondern »das Ding ist tabu«. Für das tierische Bewußtsein gibt es *nur* diese von den Umweltgebilden ausgehenden Lockungen und Abstoßungen. Der Affe, der plötzlich hierhin, dann dorthin springt, lebt sozusagen in lauter punktuellen Ekstasen. (Pathologische Ideenflucht des Menschen.) Einen die Triebimpulse und ihren Wechsel überdauernden »Willen«, der Kontinuität im Wandel 140 seiner psychophysischen Zustände bewahren kann, hat das Tier nicht. Ein Tier kommt immer sozusagen woanders an, als es ursprünglich »will«. Es ist tief und richtig, wenn NIETZSCHE sagt »Der Mensch ist das Tier, das *versprechen kann*«.

Vier Wesensstufen sind es, in denen alles Seiende in bezug auf sein Inne- und Selbstsein erscheint. *Anorganische* Gebilde haben ein solches Inne- und Selbstsein überhaupt 145 nicht; sie haben kein Zentrum, das zu ihnen ontisch gehörte, daher auch kein Medium, keine Umwelt. Was wir in dieser Gegenstandswelt als Einheit bezeichnen, bis zu Molekülen, Atomen und Elektronen, ist ausschließlich abhängig von unserer Macht, die Körper realiter oder doch gedanklich zu zerteilen. Jede anorganische Körpereinheit ist es nur *relativ* auf eine bestimmte Gesetzlichkeit ihres Wirkens auf andere Körper. Die 150 unräumlichen, aber die Erscheinung der Ausdehnung in der Zeit setzenden Kraftzentren, die wir den Körperbildern metaphysisch zugrunde zu legen haben, sind Zentren gegenseitig aufeinander wirkender Kräftepunkte, in denen die Kraftlinien eines Feldes zusammenlaufen. Ein Lebewesen dagegen ist stets ein *ontisches* Zentrum und bildet stets selbst »seine« raumzeitliche Einheit und Individualität; sie stammt nicht wie beim 155 anorganischen Gebilde von Gnaden unserer selbst biologisch bedingten Zusammenfassung. Es ist ein X, das *sich selbst* begrenzt; es hat »Individualität« — es zerteilen heißt es vernichten, sein Wesen und Dasein aufheben. Dem Gefühlsdrang der *Pflanze* ist ein Zentrum zu eigen und ein Medium, in das, relativ in seinem Wachstum ungeschlossen, das pflanzliche Lebewesen hineingesetzt ist ohne Rückmeldung seiner verschiedenen 160 Zustände an sein Zentrum; aber ein »Innesein« überhaupt und damit Beseeltheit besitzt die Pflanze. Im *Tiere* ist Empfindung und Bewußtsein und damit verbunden eine zentrale Rückmeldestelle der wechselnden Zustände seines Organismus und eine Modifizierbarkeit seines Zentrums durch diese Rückmeldung vorhanden: es ist sich schon ein zweites Mal gegeben. Der Mensch aber ist es kraft seines Geistes noch ein drittes Mal: 165 im Selbstbewußtsein und in der Vergegenständlichung seiner psychischen Vorgänge und seines sensomotorischen Apparates. Die »Person« im Menschen muß dabei als das Zentrum gedacht werden, das über dem Gegensatz von Organismus und Umwelt erhaben ist.

Ist das nicht, als gäbe es eine Stufenleiter, auf der ein urseiendes Sein sich im Aufbau 170 der Welt immer mehr auf sich selbst zurückbeugt, um auf immer höheren Stufen und in immer neuen Dimensionen sich seiner inne zu werden — um schließlich im Menschen sich selbst *ganz* zu haben und zu erfassen?

35

Aus dieser Seinsstruktur des Menschen — seiner Selbstgegebenheit, seiner Fähigkeit,
175 seine Umwelt und sein ganzes psychisches und physisches Sein und beider Kausalrela-
tion sich zum Gegenstande zu machen — lassen sich eine Reihe *menschlicher Besonderheiten* verständlich machen, von denen ich einige kurz anführe.

Nur der Mensch hat die vollausgeprägte konkrete *Ding- und Substanzkategorie.*
[...]

3.5 *Helmuth Plessner:* Die Stufen des Organischen und der Mensch

1. *Die Positionalität der exzentrischen Form. Das Ich und der Personcharakter*

[...]

In seiner gegen das Umfeld fremder Gegebenheit gerichteten Existenz nimmt das Tier
die Position der Frontalität ein. Vom Umfeld geschieden und zugleich auf es bezogen
5 lebt es, seiner nur als Leib, als Einheit der Sinnesfelder und — im Fall der zentralisti-
schen Organisation — der Aktionsfelder bewußt, im eigenen Körper, dessen natürlicher
Ort die ihm verborgene Mitte seiner Existenz ist. Der Mensch als das lebendige Ding,
das in die Mitte seiner Existenz gestellt ist, weiß diese Mitte, erlebt sie und ist darum
über sie hinaus. Er erlebt die Bindung im absoluten Hier-Jetzt, die Totalkonvergenz des
10 Umfeldes und des eigenen Leibes gegen das Zentrum seiner Position und ist darum
nicht mehr von ihr gebunden. Er erlebt das unmittelbare Anheben seiner Aktionen, die
Impulsivität seiner Regungen und Bewegungen, das radikale Urhebertum seines lebendigen Daseins, das Stehen zwischen Aktion und Aktion, die Wahl ebenso wie die Hinge-
rissenheit in Affekt und Trieb, er weiß sich frei und trotz dieser Freiheit in eine Existenz
15 gebannt, die ihn hemmt und mit der er kämpfen muß. Ist das Leben des Tieres zen-
trisch, so ist das Leben des Menschen, ohne die Zentrierung durchbrechen zu können,
zugleich aus ihr heraus, exzentrisch. Exzentrizität ist die für den Menschen charakteristische Form seiner frontalen Gestelltheit gegen das Umfeld.

Als Ich, das die volle Rückwendung des lebendigen Systems zu sich ermöglicht, steht
20 der Mensch nicht mehr im Hier-Jetzt, sondern „hinter" ihm, hinter sich selbst, ortlos, im
Nichts, geht er im Nichts auf, im raumzeithaften Nirgendwo-Nirgendwann. Ortlos-zeit-
los ermöglicht er das Erlebnis seiner selbst und zugleich das Erlebnis seiner Ort- und
Zeitlosigkeit als des außerhalb seiner selbst Stehens, weil der Mensch ein lebendiges
Ding ist, das nicht mehr nur in sich selber steht, sondern dessen ›Stehen in sich‹ Fun-
25 dament seines Stehens bedeutet. Er ist in seine Grenze gesetzt und deshalb über sie hinaus, die ihn, das lebendige Ding, begrenzt. Er lebt und erlebt nicht nur, sondern er erlebt
sein Erleben. [...]

2. *Außenwelt, Innenwelt, Mitwelt*

Wenn der Charakter des Außersichseins das Tier zum Menschen macht, so ist es, da
30 mit Exzentrizität keine neue Organisationsform ermöglicht wird, klar, daß er körperlich
Tier bleiben muß. Physische Merkmale der menschlichen Natur haben daher nur einen
empirischen Wert. Mensch sein ist an keine bestimmte Gestalt gebunden und könnte

36

daher auch (einer geistreichen Mutmaßung des Paläontologen Dacqué zu gedenken) unter mancherlei Gestalt stattfinden, die mit der uns bekannten nicht übereinstimmt. [...] 35

Ein Anderes besagt die Theorie, daß für das Tier sein sozialer Lebenshorizont und Spielraum in gleicher oder ähnlicher Weise wie für den Menschen als Welt gegeben sei. Diese Annahme ist falsch. Denn wie dem Tier das Umfeld der eigenen Existenz nicht welthaft, d. h. nicht in echter Gegenständlichkeit erscheinen kann — sonst wäre es nicht mehr Tier —, prägt sich ihm auch nicht sein Mitverhältnis welthaft aus. Es kommt 40 ihm als Mitverhältnis nicht zum Bewußtsein, bleibt ihm verborgen. Das Tier steht zwar in dieser Relation drin, aber sie gewinnt für es keinen faßlichen Charakter. Seine Organisationsform ist konzentrisch, nicht exzentrisch, bietet daher nicht die Möglichkeit einer Entfaltung und Erfassung seiner Position im Mitverhältnis.

Wenn also die Philosophie dem Menschen die Mitwelt vorbehält, so heißt das nicht, 45 an den Tatsachen sozialen Lebens im Tierreich vorübergehen und ihre Sonderbedeutung in Abrede stellen. Nur ihre richtige Auswertung und Deutung steht dabei zur Diskussion. Es liegt natürlich nahe, wie von einem tierischen Umfeld auch von einem Mitfeld zu sprechen und die Möglichkeit in's Auge zu fassen, daß das Tier in seinem sozialen Verhalten sich auf eine derartige Mitfeldsphäre bezieht. Aber das ist ein vorschneller 50 Schluß. Die geschlossene Organisationsform des tierischen Lebewesens gestattet die Konstitution eines eigenen Mitfeldes im Unterschied zum Umfeld nicht. Seine Artgenossen, seine »Mittiere« bilden für das Tier keine besonders ausgezeichnete und begrenzte Umgebung. Sie sind mit dem Umfeld als Ganzem verschmolzen und werden daher in ihm sinnentsprechend behandelt. 55 [...]

3. Die anthropologischen Grundgesetze

[...] Die Idee des Paradieses, des Standes der Unschuld, des goldenen Zeitalters, ohne die noch keine menschliche Generation gelebt hat (heute heißt die Idee: Gemeinschaft) ist der Beweis für das, was dem Menschen fehlt, und für das Wissen darum, kraft dessen 60 er über dem Tier steht.

Als exzentrisch organisiertes Wesen muß er sich zu dem, was er schon ist, erst machen. Nur so erfüllt er die ihm mit seiner vitalen Daseinsform aufgezwungene Weise, im Zentrum seiner Positionalität — nicht einfach aufzugehen, wie das Tier, das aus seiner Mitte heraus lebt, auf seine Mitte alles bezieht, sondern zu stehen und so von sei- 65 ner Gestelltheit zugleich zu wissen. Dieser Daseinsmodus des in seiner Gestelltheit Stehens ist nur als Vollzug zum Zentrum der Gestelltheit aus möglich. Eine derartige Weise zu sein ist nur als Realisierung durchführbar. Der Mensch lebt nur, indem er ein Leben führt. Mensch sein ist die »Abhebung« des Lebendigseins vom Sein und der Vollzug dieser Abhebung, kraft dessen die Schicht der Lebendigkeit als quasi selbstän- 70 dige Sphäre erscheint, die bei Pflanze und Tier unselbständiges Moment des Seins, seine Eigenschaft bleibt (auch da noch, wo sie die organisierende, konstituierende Form für einen Seinstypus des Lebens bildet, nämlich für das Tier). Infolgedessen lebt der Mensch weder einfach das zu Ende, was er ist, er lebt sich nicht aus (das Wort in seiner Unmittelbarkeit radikal verstanden), noch macht er sich nur zu dem, was er ist. Seine Existenz 75 ist von der Art, daß sie zwar diese Unterscheidung an ihr erzwingt, zugleich aber über sie hinaus liegt. Für die Philosophie erklärt sich diese »Querlage« des Menschen aus der exzentrischen Positionsform, aber damit ist ihr nicht geholfen. Wer in ihr ist, steht in

37

dem Aspekt einer absoluten Antinomie: sich zu dem erst machen zu müssen, was er
80 schon ist, das Leben zu führen, welches er lebt.

In sehr verschiedener Form und Wertbetonung ist dieses Grundgesetz der eigenen
Existenz den Menschen zum Bewußtsein gekommen, immer aber mischt sich in das
Wissen darum der Schmerz um die unerreichbare Natürlichkeit der anderen Lebewesen.
Ihre Instinktsicherheit ist seiner Freiheit und Voraussicht verloren gegangen. Sie existie-
85 ren direkt, ohne von sich und den Dingen zu wissen, sie sehen nicht ihre Nacktheit —
und der himmlische Vater ernähret sie doch. Dem Menschen dagegen ist mit dem Wissen die Direktheit verloren gegangen, er sieht seine Nacktheit, schämt sich seiner Blöße
und muß daher auf Umwegen über künstliche Dinge leben.

Diese Ansicht, oft auch in mythischer Form geprägt, gibt einer tiefen Erkenntnis
90 Ausdruck. Weil dem Menschen durch seinen Existenztyp aufgezwungen ist, das Leben
zu führen, welches er lebt, d. h. zu machen, was er ist — eben weil er nur ist, wenn er
vollzieht — braucht er ein Komplement nichtnatürlicher, nichtgewachsener Art. Darum
ist er von Natur, aus Gründen seiner Existenzform künstlich. Als exzentrisches
Wesen nicht im Gleichgewicht, ortlos, zeitlos im Nichts stehend, konstitutiv heimatlos,
95 muß er »etwas werden« und sich das Gleichgewicht — schaffen. Und er schafft es nur
mit Hülfe der außernatürlichen Dinge, die aus seinem Schaffen entspringen, wenn die
Ergebnisse dieses schöpferischen Machens ein eigenes Gewicht bekommen. Anders ausgedrückt: er schafft es nur, wenn die Ergebnisse seines Tuns sich von dieser ihrer Herkunft kraft eigenen inneren Gewichtes loslösen, auf Grund dessen der Mensch anerken-
100 nen muß, daß nicht er ihr Urheber gewesen ist, sondern sie nur bei Gelegenheit seines Tuns verwirklicht worden sind. [...]

3.6 *Frederik Jacobus Johannes Buytendijk:* Der Wesensunterschied von Mensch und Tier

[...]

Ausgangspunkt des Versuches zur Auffindung des Wesensunterschiedes von Mensch
und Tier war die Beobachtung der einfachen Tatsache, daß alle Tiere in Bau und Funktionen im wesentlichen nur Eigenschaften zeigen, welche auf Selbst- und Arterhaltung
5 bezogen sind. Die rein biologische Deutung des tierischen Verhaltens ist uneinge-
schränkt beizubehalten in bezug auf die tierische Wahrnehmung, die Intentionalität der
Handlungen, die Formen ihrer Abläufe. Auch die Weise des Lernens sowie was und wie
rasch etwas gelernt werden kann, ist vom natürlichen Leben der Tiere bestimmt. Der
den Tieren innewohnende Drang nach Selbst- und Arterhaltung erscheint in den ver-
10 schiedenen Affekten und ist der Grund für die Bildung der sensorischen und motori-
schen Umwelt, der »Merk- und Wirkungswelt«. Die Beziehung von Tier und Umgebung ist eine *notwendige* und zweckmäßige. Die Umwelt ist dem Tiere wie ein *Organ*
(»das Eigne«) gegeben, nicht wie ein ihm gegenüberstehendes Objekt (»das Andre«).
Wenn der *Ernst der Bestimmtheit* alles Notwendigen in der Natur sich auch in der Tier-
15 welt kundgibt, so ist die Natur doch leise durchwebt von einer spielerischen *Unbe-
stimmtheit,* welche nicht *ernst* zu nehmen ist und welche einen rein demonstrativen
Seinswert *bedeutet.* Dieser resoniert ganz schwach im Tier, das — wenn es auch nicht
lachen kann — doch eine Freude am Dasein bildhaft zeigt und hier und da sich so verhält, als wendete es sich den *Sachen* ohne Drang und Zweck zu.
20 Dieses ernste Verhalten der Tiere, diese notwendige und zweckmäßige *Einbettung* in

38

eine Umwelt, dieses »organische Kennen«, diese Beziehung zu den Sachen wie zu den Organen, diese Aufschließung der Umweltorgane durch die »Gefühle«, die Affekte, vereinigen sich zu einem Gesamtbild, dessen Wesenszüge uns das tierische Tun im einzelnen verstehbar machen.

Sehen wir aber den Menschen und seine Tätigkeit an, so sehen wir auf unser eigenes 25 Dasein wie auf die Geschichte der Menschheit.

[...] Man bemerkt, wie im Menschen das Wesen des Organischen, der demonstrative Seinswert, das Tragen des Reichtums in voller Pracht erscheint. Bei ihm duftet die entfaltete Blume, welche in der Tier- und Pflanzenwelt nur als schüchterne Knospe erscheint, in ihm *erwacht* die Natur aus ihrem Schlummer, in seinen Zügen wird das 30 Freudelachen lebendig, welches schon das *Bild* der Natur zu zeigen vermag. Wenn auch der Mensch seine Wesenszüge hier und da in der Natur gespiegelt sieht und die Natur den Sinn des Menschenlebens bildhaft in sich trägt, so ist es doch erst das Bewußtsein des Reichtums, des »Habens von dem Anderen«, nicht nur des »Eigenen«, das Menschwerdung bedeutet. Der Mensch in diesem Sinn ist das erwachte Tier, das Tier, 35 das sich die Augen ausgerieben hat und verwundert um sich sieht, weil es das »Andere« erblickt, weil es eine »Welt« sich gegenüber hat, die ihm gegeben wurde wie eine unerklärliche, unverursachte Gabe. Die Welt ist für ihn ein gegebener Reichtum, den er nur benennen, nicht erklären oder begreifen, nicht subjektiv erfassen, sondern nur als das »Andere« anzeigen kann. Erst durch diese Spaltung von Subjekt und Objekt, eben 40 durch dieses *Entdecken* des Daseins der Welt, ist das Auftreten der typisch menschlichen Eigenschaften *möglich*, wie: Kultur, Sprache, Kunst, Wissenschaft, Religion — das »Lachen« und »echte Intelligenz«.

Eine phänomenologische Untersuchung der Ausdrucksbewegungen der Intelligenz hat uns gelehrt, daß das »*Haben von etwas*« ihr wesentliches So-sein bestimmt. Der 45 Mensch *hat* im intelligenten Akt das »Andere«, bei ihm ist also das *Haben* nicht nur bildhaft erscheinend, sondern auch wirklich vorhanden. Das Tier »hat« nichts als das Notwendige: seine Umwelt, d. h. es ist arm. Der Mensch hat mehr als er braucht: seine Welt, d. h. er ist reich.

Wenn auch *formal* Menschen- und Tierpsyche gleich sind, der Unterschied ist im *Inhalt* 50 gelegen.

Wie war nun dieses Erwachen, dieses »die Augen ausreiben«, diese Scheidung von Subjekt und Objekt möglich? Die Frage nach dem historischen Werdegang des Menschen ist eine ganz andere. Wie lange das »Erwachen« gedauert hat, über wie viele Generationen und wo auf der Erde die Menschwerdung stattfand, auch wie die Körper- 55 formen dieser erwachenden Menschen aussahen, wird vielleicht die Paläontologie uns lehren können.

Das »Wie« des Prozesses der Menschwerdung, besonders die Ursache der Scheidung von Subjekt und Objekt, vermag uns nur die Schau im Erlebnis dieser Scheidung bei uns selbst zu offenbaren, und dann sehen wir, daß es die Schwungkraft der Liebe ist, die in 60 ihren mannigfaltigen Erscheinungsformen diese Scheidung bewirkt und damit zum Grund des Menschenreichtums, des Menschenwesens führt.

Nur durch die Liebe *hat* der Mensch die Welt der Sinne, der Wahrheit und der Werte; nur in der liebenden Hingabe erwirbt sie sich jeder Mensch von neuem. Die »Liebe« macht sehend, der Affekt blind. Die Liebe, welche dem Erdreich in seinem Schlaf das 65 lächelnde Antlitz verleiht, wird im Menschen zum Lebenstätigkeitsprinzip.

Im Tier offenbart sich als Grundprinzip seines Daseins eine Geschlossenheit, welche von der Natur versorgt wird wie das Kind von der Mutter. Umgekehrt drängt sich das Tier nach seiner versorgenden Umgebung, mit ihr verbunden durch die Affektionen, die

70 Berührungen.

Im Menschen öffnet sich die Geschlossenheit des vitalen Kreises. Seine Existenz ist nicht wesensmäßig begrenzt wie der Kreis, und die Trilogie der Liebe, Freude und Freiheit gibt seiner Existenz einen neuen Sinn.

[...]

4. Mensch und Gott

Was ist der Mensch, daß du seiner gedenkst, und des Menschen Kind, daß du dich seiner annimmst?
Du hast ihn wenig niedriger gemacht denn Gott, und mit Ehre und Schmuck hast du ihn gekrönt.
Du hast ihn zum Herrn gemacht über deiner Hände Werk; alles hast du unter seine Füße getan;

Psalm 8,5-7

4.1 *Giovanni Pico della Mirandola:* Abhandlung über die Würde des Menschen

[...] Man fragte einmal den Sarazenen Abdalas, was ihm auf dieser Welt, die doch gleichsam eine Schaubühne wäre, denn am bewunderungswürdigsten vorgekommen wäre. Darauf antwortete jener, nichts scheine ihm bewunderungswürdiger zu sein als der Mensch. Dieser Meinung kann man auch noch den Ausspruch des Merkurius hinzufügen: »Ein großes Wunder, o Asklepius, ist der Mensch.« Als ich diese Aussprüche 5 einmal recht überlegte, erschienen mir die traditionell überlieferten Meinungen über die menschliche Natur demgegenüber etwas unzulänglich. So zum Beispiel die Meinung, der Mensch sei ein Bote und Vermittler zwischen den Geschöpfen; er sei ein Freund der Götter; er sei der König der niederen Sinne durch die klare Erforschung seiner Vernunft und durch das Licht seines Verstandes; er sei der Dolmetscher der Natur, er sei ein 10 Ruhepunkt zwischen der bleibenden Ewigkeit und der fließenden Zeit, oder er sei nach Aussagen der Perser das Band, das die Welt zusammenhält, er sei sogar das Hochzeitslied der Welt, er stehe schließlich nach dem Zeugnisse Davids nur wenig unter den Engeln. Das sind wahrlich alles hohe Eigenschaften, aber darin liegt nicht die Hauptsache, nämlich warum gerade der Mensch den Vorzug der höchsten Bewunderung für sich 15 in Anspruch nehmen solle. [...]

Bereits hatte Gott-Vater, der höchste Baumeister, dieses irdische Haus der Gottheit, das wir jetzt sehen, diesen Tempel des Erhabensten, nach den Gesetzen einer verborgenen Weisheit errichtet. Das überirdische Gefilde hatte er mit Geistern geschmückt, die ätherischen Sphären hatte er mit ewigen Seelen belebt, die materiellen und fruchtbaren 20 Teile der unteren Welt hatte er mit einer bunten Schar von Tieren angefüllt. Aber als er dieses Werk vollendet hatte, da wünschte der Baumeister, es möge jemand da sein, der die Vernunft eines so hohen Werkes nachdenklich erwäge, seine Schönheit liebe, seine Größe bewundere. [...]

Daher beschloß denn der höchste Künstler, daß derjenige, dem etwas Eigenes nicht 25 mehr gegeben werden konnte, das als Gemeinbesitz haben sollte, was den Einzelwesen ein Eigenbesitz gewesen war. Daher ließ sich Gott den Menschen gefallen als ein Geschöpf, das kein deutlich unterscheidbares Bild besitzt, stellte ihn in die Mitte der Welt und sprach zu ihm: »Wir haben dir keinen bestimmten Wohnsitz, noch ein eigenes Gesicht, noch irgendeine besondere Gabe verliehen, o Adam, damit du jeden beliebigen 30 Wohnsitz, jedes beliebige Gesicht und alle Gaben, die du dir sicher wünschst, auch nach deinem Willen und nach deiner eigenen Meinung haben und besitzen mögest. Den übrigen Wesen ist ihre Natur durch die von uns vorgeschriebenen Gesetze bestimmt und

41

wird dadurch in Schranken gehalten. Du bist durch keinerlei unüberwindliche Schran-
35 ken gehemmt, sondern du sollst nach deinem eigenen freien Willen, in dessen Hand ich dein Geschick gelegt habe, sogar jene Natur dir selbst vorherbestimmen. Ich habe dich in die Mitte der Welt gesetzt, damit du von dort bequem um dich schaust, was es alles in dieser Welt gibt.

Wir haben dich weder als einen Himmlischen noch als einen Irdischen, weder als
40 einen Sterblichen noch einen Unsterblichen geschaffen, damit du als dein eigener, vollkommen frei und ehrenhalber schaltender Bildhauer und Dichter dir selbst die Form bestimmst, in der du zu leben wünschst. Es steht dir frei, in die Unterwelt des Viehes zu entarten. Es steht dir ebenso frei, in die höhere Welt des Göttlichen dich durch den Entschluß deines eigenen Geistes zu erheben.‹‹

45 Müssen wir darin nicht zugleich die höchste Freigebigkeit Gott-Vaters und das höchste Glück des Menschen bewundern? Des Menschen, dem es gegeben ist, das zu haben, was er wünscht, und das zu sein, was er will. Denn die Tiere, sobald sie geboren werden, tragen vom Mutterleibe an das mit sich, was sie später besitzen werden, wie Lucilius sagt. Die höchsten Geister aber sind von Anfang an oder bald darauf das gewesen, was
50 sie in alle Ewigkeiten sein werden. In den Menschen aber hat der Vater gleich bei seiner Geburt die Samen aller Möglichkeiten und die Lebenskeime jeder Art hineingelegt. Welche er selbst davon pflegen wird, diejenigen werden heranwachsen und werden in ihm ihre Früchte bringen. Wenn er nur die des Wachsens pflegt, wird er nicht mehr denn eine Pflanze sein. Pflegt er nur die sinnlichen Keime, wird er gleich dem Tiere stumpf
55 werden. Bei der Pflege der rationalen wird er als ein himmlisches Wesen hervorgehen. Bei der Pflege der intellektualen wird er ein Engel und Gottes Sohn sein. Und wenn er mit dem Lose keines Geschöpfes zufrieden sich in den Mittelpunkt seiner Ganzheit zurückziehen wird, dann wird er zu *einem* Geist mit Gott gebildet werden, in der einsamen Dunkelheit des Vaters, der über alles erhaben ist, wird er auch vor allen den Vor-
60 rang haben. Wer möchte nicht dies unser Chamäleon bewundern? Oder wer möchte überhaupt irgend etwas anderes mehr bewundern?

Nicht ohne Grund hat daher der Athener Asklepius gesagt, der Mensch werde auf Grund seiner ständig die Haut wechselnden und sich selbst umwandelnden Natur mit dem Geheimnis des Proteus bezeichnet. [...] Wenn du daher einen Menschen siehst,
65 der ganz dem Bauche ergeben ist und gleichsam auf der Erde kriecht, so wisse, es ist ein Strauch, nicht ein Mensch, was du da siehst. Wenn du einen andern siehst, in die Phantasie verstrickt, durch eitle Gaukelbilder erblindet, durch Sinneseindrücke bezaubert und durch ihre Verlockungen gleichsam gefesselt, es ist ein Tier, kein Mensch, was du da siehst. Wenn du aber einen erblickst, der nach der richtigen Art der Philosophen
70 alles betrachtet, diesen sollst du verehren, denn er ist ein himmlisches und kein irdisches Wesen. Wenn du aber einen reinen Betrachter triffst, der nichts mehr von seinem Körper weiß, der sich ganz in das Innere des Geistes entfernt hat, dieser ist fürwahr kein irdisches noch ein himmlisches Wesen, dieser ist noch etwas Erhabeneres, nämlich ein Gott mit menschlichem Fleische umkleidet. [...]

4.2 *Ludwig Feuerbach:* Das Wesen des Menschen allgemein

Die Religion beruht auf dem *wesentlichen Unterschiede* des Menschen vom Tiere — die Tiere haben *keine* Religion. Die älteren kritiklosen Zoographen legten wohl dem Elefan-

42

ten unter andern löblichen Eigenschaften auch die Tugend der Religiosität bei; allein die Religion der Elefanten gehört in das Reich der Fabeln. Cuvier, einer der größten Kenner der Tierwelt, stellt, gestützt auf eigne Beobachtungen, den Elefanten auf keine höhere Geistesstufe als den Hund.

Was ist aber dieser wesentliche Unterschied des Menschen vom Tiere? Die einfachste und allgemeinste, auch populärste Antwort auf diese Frage ist: *das Bewußtsein* — aber Bewußtsein im strengen Sinne; denn Bewußtsein im Sinne des Selbstgefühls, der sinnlichen Unterscheidungskraft, der Wahrnehmung der äußern Dinge nach bestimmten sinnfälligen Merkmalen, solches Bewußtsein kann den Tieren nicht abgesprochen werden. Bewußtsein im strengsten Sinne ist nur da, wo einem Wesen seine *Gattung*, seine *Wesenheit* Gegenstand ist. Das Tier ist wohl sich als Individuum — darum hat es Selbstgefühl —, aber nicht als Gattung Gegenstand — darum mangelt ihm *das* Bewußtsein, welches seinen Namen vom *Wissen* ableitet. Wo Bewußtsein, da ist Fähigkeit zur Wissenschaft. Die Wissenschaft ist das *Bewußtsein der Gattungen.* [...]

Das Tier hat daher nur ein einfaches, der Mensch ein zweifaches Leben: Bei dem Tiere ist das innere Leben eins mit dem äußern — der Mensch hat ein inneres *und* äußeres Leben. Das innere Leben des Menschen ist das Leben im Verhältnis zu seiner Gattung, seinem allgemeinen Wesen. Der Mensch denkt, d. h. er konversiert, er spricht *mit sich selbst.* Das Tier kann keine Gattungsfunktion verrichten ohne ein anderes Individuum außer ihm; der Mensch aber kann die Gattungsfunktion des Denkens, des Sprechens — denn Denken, Sprechen sind wahre *Gattungsfunktionen* — ohne einen anderen verrichten. Der Mensch ist sich selbst zugleich Ich und Du; er kann sich selbst die Stelle des andern vertreten, eben deswegen, weil ihm seine Gattung, sein *Wesen*, nicht nur seine Individualität Gegenstand ist.

Die Religion im allgemeinen, als *identisch* mit dem *Wesen* des Menschen, ist identisch mit dem *Selbstbewußtsein,* mit dem Bewußtsein des Menschen von seinem *Wesen.* Aber die Religion ist, allgemein ausgedrückt, Bewußtsein des Unendlichen; sie ist also und kann nichts andres sein als das Bewußtsein des Menschen von *seinem*, und zwar nicht endlichen, beschränkten, sondern *unendlichen* Wesen. [...]

Aber was ist denn das Wesen des Menschen, dessen er sich bewußt ist, oder was konstituiert die Gattung, die eigentliche Menschheit im Menschen? *Die Vernunft, der Wille, das Herz.* Zu einem vollkommenen Menschen gehört die Kraft des Denkens, die Kraft des Willens, die Kraft des Herzens. Die Kraft des Denkens ist das Licht der Erkenntnis, die Kraft des Willens die Energie des Charakters, die Kraft des Herzens die Liebe. Vernunft, Liebe, Willenskraft sind *Vollkommenheiten,* die Vollkommenheiten des menschlichen Wesens, ja *absolute Wesensvollkommenheiten.* Wollen, Lieben, Denken sind die *höchsten Kräfte,* sind das *absolute Wesen* des Menschen qua talis, als Menschen, und der *Grund* seines Daseins. Der Mensch ist, um zu denken, um zu lieben, um zu wollen. Was aber der Endzweck, ist auch der wahre Grund und Ursprung eines Wesens. Aber was ist der Zweck der Vernunft? Die Vernunft. Der Liebe? Die Liebe. Des Willens? Die Willensfreiheit. Wir denken, um zu denken, lieben, um zu lieben, wollen, um zu wollen, d. h. frei zu sein. *Wahres* Wesen ist denkendes, liebendes, wollendes Wesen. Wahr, vollkommen, göttlich ist nur, was *um seiner selbst willen* ist. Aber so ist die Liebe, so die Vernunft, so der Wille. Die göttliche Dreieinigkeit *im* Menschen *über* dem individuellen Menschen ist die Einheit von Vernunft, Liebe, Wille. Vernunft (in ihren sinnlichen Formen: Einbildungskraft, Phantasie, Vorstellung, Meinung), Wille, Liebe oder Herz sind keine Kräfte, welche der Mensch *hat* — denn er ist nichts ohne sie, er ist, was er ist, nur

50 durch sie —, sie sind, als die sein Wesen, welches er weder *hat,* noch *macht,* konstituierenden Kräfte, Elemente oder Prinzipien, die ihn *beseelenden, bestimmenden, beherrschenden Mächte — göttliche, absolute Mächte,* denen er keinen Widerstand entgegensetzen kann.

[...]

5. Mensch als zoon politikon

Eine Gesellschaft Stachelschweine drängte sich an einem kalten Wintertage recht nahe zusammen, um durch die gegenseitige Wärme sich vor dem Erfrieren zu schützen. Jedoch bald empfanden sie die gegenseitigen Stacheln; welches sie dann wieder von einander entfernte. Wann nun das Bedürfnis der Erwärmung sie wieder näher zusammenbrachte, wiederholte sich jenes zweite Übel; so daß sie zwischen beiden Leiden hin- und hergeworfen wurden, bis sie eine mäßige Entfernung von einander herausgefunden hatten, in der sie es am besten aushalten konnten. —

Arthur Schopenhauer

Keep your distance!

Engl. Redensart

5.1 *August Ludwig Schlözer:* Verhältnis des Menschen zum Menschen

Zwei oder merere erwachsne vollbürtige Menschen, begegnen sich zum erstenmal. Was werden, was dürfen, sie mit einander anfangen?

I. Quid *facient*? Sie werden sich balgen (HOBBES). Sie werden kalt, one Notiznemung, vor einander vorüber gehen (ROUSSEAU). Sie werden sich auf der Stelle freundlich zusammengesellen (PUFENDORF). — Man sollte doch wol das letzte glauben. Fast 5 im ganzen TierReiche »similis simili gaudet«. Der Mensch wird sich nicht verläugnen können, daß der andre Mensch ein Wesen seiner Art sei: folglich wird er ihn, d. i. sich selbst in seinem andern Ich, lieben; er wird sich bei dessen Schmerz und Lust interessiren; und sein unausbleibliches Gefül wird seyn, quod tibi *vis* aut *non vis* fieri, alteri *feceris* aut *ne feceris*. 10

Anmerk. Diese Grundsätze oder Annamen von Geselligkeit und Sympathie, bestätigen auch viele Nachrichten von Wilden, die, so lange sie nicht gereizt waren, fremden Menschen mit zuvorkommender Güte begegnet sind.

II. Quid *faciant*? Von Recht und Pflicht weiß der UrMensch noch nichts, und ist folglich keiner Zurechnung fähig: er handelt bloß nach Trieben, die aber, so lange sie nicht 15 durch Not und Irrtum verdorben werden, ihn nie aus dem Gleise des Rechts, das er künftig erkennen wird, füren werden.

Du aber, bereits gebildeter Mensch, was sind deine Rechte und Pflichten über und gegen diesen, selbst noch ungebildeten, oder gar schon durch dich gemisbildeten, UrMenschen? [...] 20

5.2.1 *Thomas Hobbes:* Vom Zustand der Menschen außerhalb der bürgerlichen Gesellschaft

[...]

2. Die meisten, welche über den Staat geschrieben haben, setzen voraus oder erbitten oder fordern von uns den Glauben, daß der Mensch von Natur ein zur Gesellschaft

geeignetes Wesen sei*, also das, was die Griechen ζῷον πολιτικόν nennen. Auf dieser
5 Grundlage errichten sie ihre Lehre von der bürgerlichen Gesellschaft, als ob zur Erhaltung des Friedens und zur Regierung des menschlichen Geschlechts nichts weiter nötig
wäre, als daß die Menschen sich auf gewisse Verträge und Bedingungen einigten, die sie
selbst dann Gesetze nennen. Dieses Axiom ist jedoch trotz seiner weitverbreiteten Gel-
tung falsch; es ist ein Irrtum, der aus einer allzu oberflächlichen Betrachtung der
10 menschlichen Natur herrührt. Denn untersucht man genauer die Gründe, warum die
Menschen zusammenkommen und sich gegenseitig an ihrer Gesellschaft erfreuen, so
findet man leicht, daß dies nicht naturnotwendig, sondern nur zufälligerweise geschieht.
[. . .]

5.2.2 *Thomas Hobbes:* Von den Ursachen und der Entstehung des Staates

[. . .]

    5. Aristoteles rechnet zu den Lebewesen, welche er *politische* nennt, nicht bloß die
Menschen, sondern noch viele andere, wie die Ameisen, die Bienen usw., welche zwar
der Vernunft entbehren, vermöge derer sie Verträge schließen und einer Regierung sich
5 unterwerfen könnten, aber doch, indem sie in allem übereinstimmen, d. h. dasselbe
begehren oder verabscheuen, ihre Handlungen so auf ein gemeinsames Ziel richten, daß
ihre Verbindung keinem Aufruhr ausgesetzt ist. Indes sind ihre Verbindungen keine
Staaten, und deshalb können diese Tiere keine politischen genannt werden; denn ihre
Regierung beruht nur auf der Übereinstimmung, auf vielen auf einen Gegenstand
10 gerichteten Willen, aber es herrscht bei ihnen nicht (wie es im Staate nötig ist) *ein* Wille.
Es ist richtig, daß bei diesen bloß in sinnlichen Empfindungen und Begehrungen lebenden Geschöpfen die Übereinstimmung der Gemüter so beständig ist, daß sie nichts weiter als ihr natürliches Begehren brauchen, um diese Übereinstimmung und damit den

---

* Da, wie wir sehen, die Gesellschaft unter Menschen schon wirklich besteht, da niemand außerhalb der
Gesellschaft lebt und jeder Umgang und Unterhaltung sucht, so kann es als erstaunliche Torheit
erscheinen, wenn ein Schriftsteller gleich am Anfang seiner Staatslehre den Lesern den anstoßerregenden
Satz entgegenstellt, daß der Mensch keineswegs von Natur zur Gesellschaft geeignet sei. Ich sage daher
deutlicher, daß allerdings dem Menschen von Natur oder soweit er Mensch ist, d. h. von seiner Geburt an
fortdauernde Einsamkeit unerträglich ist; denn die Kinder bedürfen zum bloßen Leben und die Erwachsenen zum angenehmen Leben der Hilfe anderer. Ich bestreite daher nicht, daß die Menschen unter dem
Zwang ihrer Natur einander aufsuchen; aber die bürgerlichen Gesellschaften sind nicht bloße Zusam-
menkünfte, sondern Bündnisse, zu deren Abschluß Treue und Verträge notwendig sind. Die Bedeutung
dieser wird von Kindern und Unwissenden, ihr Nutzen aber von denen, welche die Nachteile der fehlen-
den Gesellschaft noch nicht selbst erfahren haben, nicht gekannt. Deshalb können jene diese Gesellschaft
nicht eingehen, weil sie nicht wissen, was sie bedeutet, und diese kümmern sich nicht darum, weil sie ihren
Nutzen nicht kennen. Also sind offenbar alle Menschen (da alle als Kinder geboren werden) zur Gesellschaft von Natur unfähig, und sehr viele (vielleicht die meisten) bleiben entweder aus Schwachsinnigkeit
oder aus Mangel an Erziehung ihr ganzes Leben lang dazu unfähig. Dennoch haben sowohl jene Kinder
wie diese Erwachsenen die Menschennatur, und deshalb wird der Mensch nicht von Natur, sondern
durch Zucht zur Gesellschaft geeignet. Ja selbst wenn der Mensch von Natur bestimmt wäre, nach der
Gesellschaft zu verlangen, so folgte doch nicht, daß er von Natur zur Eingehung der Gesellschaft auch
geeignet sei; denn das Verlangen und die Fähigkeit sind verschiedene Dinge. Auch diejenigen verlangen
nämlich nach der Gesellschaft, die ihres Stolzes wegen sich dennoch gleichen Bedingungen nicht unterwerfen mögen, ohne welche eine Gesellschaft nicht bestehen kann.

46

Frieden sich zu erhalten. Allein bei den Menschen verhält es sich anders. Unter diesen besteht *erstens* ein Wettstreit um Ehre und Würden, der bei den Tieren fehlt; deshalb 15 herrscht bei den Menschen Haß und Neid und der daraus entstehende Aufruhr und Krieg, der bei jenen nicht ist. *Zweitens* ist das natürliche Begehren der Bienen und ähnlicher Geschöpfe gleichartig und treibt zu dem gemeinsamen Besten, welches bei ihnen von dem Besten des einzelnen nicht verschieden ist. Dem Menschen gilt aber beinahe nichts als ein Gut, wodurch der Besitzer nicht einen Vorzug und Vorrang vor den ande- 20 ren und ihrem Besitz hat. *Drittens* bemerken die vernunftlosen Tiere keinen Fehler in der Verwaltung ihrer Gemeinwesen oder glauben wenigstens nicht, einen solchen zu bemerken; aber unter der Menge von Menschen sind sehr viele, die meinen, klüger als die andern zu sein, und deshalb nach Neuerungen verlangen. Die verschiedenen Neuerer betreiben dies auf verschiedenen Wegen, und daraus entsteht Spaltung und Bürgerkrieg. 25 *Viertens* können die vernunftlosen Tiere zwar einen gewissen Gebrauch von ihrer Stimme machen, um einander sich ihre Begierden kenntlich zu machen, aber es geht ihnen die Kunst der Sprache ab, derer man notwendig bedarf, um die Leidenschaften zu erregen, und durch die dem Menschen ein Gut als besser und ein Übel als schlimmer dargestellt werden kann, als es wirklich ist. Die Zunge des Menschen aber ist gleichsam die 30 Trompete des Krieges und Aufruhrs, und von Perikles erzählt man, daß er einmal durch seine Volksreden gedonnert, Blitze geschleudert und ganz Griechenland in Verwirrung gebracht habe. *Fünftens* unterscheiden die Tiere nicht zwischen Unrecht und Schaden; deshalb beschuldigen sie die Genossen nicht des Unrechts, wenn es ihnen selbst gut geht. Bei den Menschen sind aber dem Staate diejenigen am beschwerlichsten, welche 35 am wenigsten zu arbeiten brauchen, denn sie pflegen erst dann über öffentliche Ämter zu streiten, wenn sie in dem Kampfe gegen Hunger und Kälte Sieger geblieben sind. *Endlich* ist die Übereinstimmung jener vernunftlosen Tiere eine natürliche, die der Menschen beruht aber nur auf Vertrag, d. h. sie ist eine künstliche. Es kann deshalb nicht wundernehmen, wenn die Menschen zu dem friedlichen Leben noch etwas anderes brau- 40 chen. Die bloße Übereinstimmung oder das Übereinkommen zu einer Verbindung ohne Begründung einer gemeinsamen *Macht*, welche die einzelnen durch Furcht vor Strafe leitet, genügt daher nicht für die Sicherheit, welche zur Übung der natürlichen Gerechtigkeit nötig ist.

[...] 45

5.3 *Samuel von Pufendorf:* Es ist der Menschen Natur nicht gemäß, ohne Gesetze zu leben

[...]

§. V.	Beweiß-Gründe / daß dergleichen Freyheit denen Menschen nicht können gestattet werden; Und zwar erstlich / weil es ihrer Würde entgegen gewesen.
§. VI.	Zweytens / weil es ihre Boßheit nicht zugelassen.
§. VII.	Drittens / weil sie so gar veränderlich und ungleich gesinnet seynd; Und 5
§. IIX.	Vierdtens / die Gesetze ein Mittel sind / ihrer Schwachheit und Natürlichem Elende auffzuhelffen.

§. V.

Warumb aber GOTT der HERR denen Menschen eine solche Gesetz-ohnmäßige Freyheit nicht gestatten wollen / und warumb sich dieselbe für sie gar nicht schicke / dessen 10

47

geben sich sehr viele Ursachen an / die alle auß deß Menschen Ursprünglichen oder nachher erst erlangeten Beschaffenheit / von selbst gleichsam herauß fliessen. Es erforderte die Würde und Vortrefflichkeit deß Menschen / dardurch er alle andere Creaturen übertrifft / daß sein Thun und Laßen nach einer gewissen Richtschnur angestellet würde 15 / als ohne welche keine Ordnung / kein Wohlstand und keine Schönheit seyn oder erdacht werden kan. Es gereichet zur größesten Würde deß Menschen / daß er eine unsterbliche Seele hat / welche mit dem Liechte deß Verstandes / und mit dem Vermögen alle Sachen wohl zu unterscheiden / und das Gute zu erwehlen / ja mit einer vortrefflichen Geschicklichkeit / alle Künste und Wissenschafft / zu erforschen / begabet 20 ist. Dannenhero er auch von dem Heyden gepriesen worden / daß er sey

Das reineste Geschöpff / mit hohem Geist geziehret /
Dem über alles Vieh / das Regiment gebühret.

SOLINUS nennet ihn ein Geschöpff / welches die Natur wegen seines empfindlichen Urtheils und Fähigkeit deß Verstandes allen andern für gesetzet. Ferner / daß die Seele 25 deß Menschen / von dem Schöpffer zu einem viel edlern Zwecke bestimmet sey / ohn daß sie dem schwachen Leibe gleichsam nur zum Saltze dienen / und ihn für dero Fäulung bewahren solle / solches kan man auch deutlich daher abnehmen / weil sie vornehmlich mit dergleichen Vermögenheiten außgerüstet ist / welche sehr wenig oder gar nichts zur Erhaltung des Leibes thun / und er sich ohne dieselben also folglich mit einem 30 weit wenigern / wohl hätte behelffen und hinbringen können. Denn das Haupt-Werck einer Seelen bestehet sonderlich darinnen / daß sie für den Dienst GOTTES / und für dasjenige / das zum Geselligen und Bürgerlich gutem Leben dienet / Sorge trage. Und dahin gehöret hauptsächlich / daß man auß dem Bekandten etwas noch Unbekandtes schliesse / und was sich zusammen schicket oder nicht schicket / beurtheile; Daß man 35 von eintzelnen Dingen durch Absonderung allgemeine Idéen mache / daß man gewisse Zeichen erfinde / mittelst deren man andern seine Gedancken und Gemüths-Meynung offenbahren könne. Daß man die Zahlen / Gewichte und Maaß verstehe / und dieselbe unter einander zu vergleichen wisse; Daß man eine Erkäntniß guter Ordnung habe / und dieselbe allezeit fleißig behaupte; Daß man die Gemüths-Neigungen erwecken / wie 40 auch dieselben wieder stillen und mäßigen könne; Daß man sich viele Dinge ins Gedächtniß eindrücke / und bey Gelegenheit wieder zum Vorschein bringe; Daß man seine Seele in sich selbst eingehen / und ihre eigene Außsprüche ihr wohl Bedencken / und sie in allem Thun und Lassen zur Übung bringen lasse; Worauß die rechte Macht und Herrschafft deß Gewissens entstehet. Gleichwie es nun aller dieser Dinge nicht 45 bedurfft hätte / wenn der Mensch ohne Gesetz / wie das tumme Vieh / und ohne Geselligkeit leben sollen; Also würde es gewiß die größeste Schande seyn / wenn er solche ansehnliche Gaben / darmit ihn der Schöpffer außgerüstet / und darzu er ihm für allen andern Creaturen eine Fähigkeit gegeben / ohne sich dadurch zu erbauen / verachten / und sie unordentlicher und liederlicher Weise verschwenden wollte. Denn es ist nicht 50 umbsonst / oder für die lange Weile geschehen / daß er ihm ein Gemüthe gegeben hat / das Ordnung und Wohlstand verstehet / und sich darzu anzuschicken / vermögend ist, sondern es erfordert seine Schuldigkeit /daß er die verliehene Kräffte dergestalt anwende / damit deß Schöpfers Ehre / und der Menschen Glückseeligkeit dardurch befördert werde.
55 [. . .]

48

§. VI.

Es waren aber auch noch andere Ursachen / warumb es sich thun liesse / daß der Mensch eine so große Freyheit bekäme / als die unvernünfftigen Thiere / und unter denenselben nicht die geringste / daß in jenen eine weit grössere Boßheit ist / als in diesen. Niemand / der die Gemüths-Beschaffenheit und Neigungen derer Menschen recht einsiehet / wird es sich befrembden lassen / daß man sie so gar böse machet. Denn was das tumme Viehe sonderlich empfindlich machen kan / das ist Hunger und Geilheit; Und zwar werden sie von der Letztern nur zu gewissen Zeiten im Jahre gereitzet; auch nicht etwan auß einem vergeblichen Kützel und Wohllust / sondern nur umb ihr Geschlechte fortzupflanzen; Und wenn dieser Zweck erhalten ist / so höret die Begierde von selbst wieder bey ihnen auff.

[. . .] Allein bey denen Menschen ist es ganz anders; Dieselben erhitzet die geile Brunst nicht nur zu gewissen Zeiten / sondern gar zum öfftern / und weit mehr als zur Erhaltung des Geschlechtes von nöthen war. Was ferner die Speisen anbelanget / so ist eine Bestie deßfals leicht zu vergnügen / indem ihnen die Natur dieselbe allerwegen im guten Vorrathe verschaffet / und sie darzu keiner Würtze oder künstlichen Zubereitung bedürffen. Wenn nun der Wanst vergnüget ist / so hat sich eine Bestie weiter umb nichts zu bekümmern; sie werden auch nicht bald böse / und thun so leicht niemand Schaden / wo man sie nur mit frieden lässet / und nicht selbst zum Zorne reitzet. Allein dem Menschen ist es gantz anders / der will nicht allein den Bauch voll haben / sondern er ist darbey verleckert / und nimmet offt ein mehrers zu sich / als die Natur vertragen kan. Kleider brauchen die Thiere nicht / und hat sie der Schöpffer sonst genugsam versehen / allein der Mensch kömmet nackend in die Welt / und mißbrauchet die Kleider / die ihm nur zur Nothdurfft dienen solten / indem er daher Gelegenheit nimmet / seine Eitelkeit und Stoltz an Tag zu legen. Über diß findet sich bey denen Menschen ein großer Wust von allerhand *Affect*en und Begierden / darvon wie unvernünfftigen Thiere nichts wissen. Zum Exempel / Geld und Ehrgeitz / eiteler Sinn sich über andere Dinge zu erheben / Neid und Abgunst / Wettstreit derer klugen Geistern; Aberglauben / ängstliche Sorge fürs Zukünfftige / allerhand Curiosität / und was dergleichen mehr seyn mag / so die Menschen immerzu verunruhiget / die Bestien hingegen im geringsten nicht empfinden. [. . .]

Und der Redner LIBANIUS schreibet: Ist nicht der Mensch dem Namen nach / ein sehr freundlich und sanfftmüthiges Thier / allein in der That und nach seinen Wercken sehr wild und unbändig: Denn wo hat man wohl gehöret / daß Löwen gegen einander zu Felde gezogen / oder daß auch die grausamste Bestien / von einerley Arth Kriege miteinander geführet haben. Was wissen sie von Mein-Eyd / von Brechung derer Pacten: Wo ist bey ihnen eine solche Untreu / ein so grosser Geitz / eine so grosse Begierde nach Gold und Silber: Wo siehet man bey ihnen ein solch Fressen und Sauffen / als wie bey denen Menschen? Was wissen die Thiere von Ehebruch? Wenn man nun also bedencket / woher doch die meisten Strittigkeiten und Kriege unter denen Menschen entstehen / so wird es sich weisen / daß sie mehrentheils von solchen Ursachen herrühren / die die unvernünfftigen Thiere nicht wissen / auch sie zu wissen nicht einmahl fähig seynd. Und würde es denn nothwendig bey solch einem wilden Zustande und Mannigfaltigkeit derer bösen *Affect*en in dem Menschlichen Leben schlecht hergehen / wenn ein Recht und Gesetz vorhanden wäre / dardurch man sie einiger maßen könte im Zaume halten: Man stelle sich eine Heerde reissender Wölffe / grimmiger Löwen und rasender Hunde für / die sich miteinander reissen und beissen / und gedencke denn / daß wenn die Gesetze

49

thäten / es gewiß in der Welt also außsehen / und ein Mensch deß andern Löwe / Wolff und Hund / ja noch wohl was schlimmeres seyn würde / indem kein Thier ist / das dem
105 Menschen mehr Schaden thun könne oder wolle / als der Mensch selbsten. Es bleibet jetzo nicht gäntzlich nach / sondern thut immer einer dem andern Schaden / wo er nur kan / ohnerachtet so scharffe Gesetze und Straffen verhanden seynd; Wie wolte es nun erst ablauffen / wenn ein jeder alles ohngestraffet thun durffte / wenn auch gar kein Zaum und Band vorhanden wäre / die dem Menschen von innen könten angeleget wer-
110 den. JAMBLICHUS saget: Es kan durchauß nicht seyn / daß die Menschen miteinander leben / und doch wider die Vorschrifft derer Gesetze handeln. Denn auff solche Weise würden sie einander mehr schädlich seyn / als wenn ein jeder sein Thun absonderlich hätte. Dannenhero müssen umb solcher Nothwendigkeit willen / so wohl das Gesetze / als die Gerechtigkeit / Königs-Stelle bey denen Menschen vertreten / und können sie
115 keinesweges von ihnen abseyn / oder ihnen entzogen werden.
§. VII.
Hierzu kömmet noch / daß die Menschen ihrer mancherley und allzuveränderlichen Gemüths-Art noch von denen Bestien / bey deren keinen man dergleichen antrifft / so gar unterschieden seynd: Alle und jede Arten derer unvernünfftigen Thiere haben fast
120 gleiche Neigungen / gleichen Affect und gleiche Begierden. Wenn man eines kennet / so kennet man auch das andere.: Aber bey den Menschen heisset es wohl recht: So viel Köpffe / so viel Sinne. Und einem jeden gefället seine Weise am besten. HORATIUS saget:
So viel der Köpffe seynd / so vielerley gibts Sinne /
125 So vielerley Bemühn
Und der PHILEMON beym STOCHÆO: Weñ man dreyßig tausend Füchse zusammen brächte / so würde man sehen / daß sie alle einerley Natur / und einerley Art zu leben haben. Dahingegen so viele Cörper man bey uns Menschen siehet / so viele Arten zu leben / wird man auch bey denenselben antreffen.
130 Wie auch PLINIUS: Nicht leichte wird man mehr Undanck verdienen / als wenn man sich bemühet / es allen recht zu machen. So gar ein groß Elend ist es mit denen Men- schen / indem sie nicht durchgängig etwan durch einem / sondern durch vielerley / und offt wunderlich untereinander vermischte Begierden umbgetrieben werden. Ja ein Mensch ist nicht allzeit gleich gesinnet / sondern was er jetzo will / das ist ihm ein ander
135 mahl zu wider.
Er schwebt als wie ein Schiff in ungestümmen Wellen /
Es läßt der leichte Sinn sich gar nicht feste stellen /
Bald ist er hie / bald da / ihn hemmen keine Zeiten /
Er kehrt und wendet sich auff dieß und jene Seiten.
140 Hierzu thun noch vieles die so mancherley Bemühungen / Lebens-Arten / Geschäffte und Stände / so von Menschlichen Veranstaltungen herrühren / worbey denn ein jeder / nach derselben verschiedenen Beschaffenheit auch seine Gemüths-Kräffte und Nei- gungen auff unterschiedene Arthen zu Tage kommen lässet. QUINTUS CALABER, der Griechische Poet saget:
145 Der Ursprung ist zwar gleich; Allein in ihren Wercken
Läßt sich der Unterscheid bey männiglich vermercken.
Gleichwie nun / wenn ihrer viele ohne eine Harmonie untereinander schreyen / es eine heßliche und unangenehme Music giebet; Also würde es auch in dem Menschlichen Geschlechte eine große Confusion verursachet haben / wenn die gemeldete so viele Ver-

50

änderungen nicht durch gewisse Gesetze wären in eine Ordnung gebracht worden. Wor- 150
durch denn hinnach denen Menschen eine fürtreffliche Zierde und sonderbahrer Nutzen
zugewachsen ist / indem auß einer so weisen Einrichtung derer mancherley Sinnen und
Begierden nothwendig eine wunderbahre Ordnung und Schönheit entstehen müssen /
dergleichen bey einer durchgängigen Gleichheit derer Menschlichen Neigungen nicht
hätte seyn können. Ja so gar ist / mittelst sothaner guten Ordnung / alles Unheils / so 155
sonst auß der offt ermeldeten Mannigfaltigkeit und Veränderlichkeit entstehen können /
verschwunden / welche fast nicht aussen bleiben können / wenn so eine große Menge
Volcks nur einerley Sinn und Absicht haben / und darbey ohne Gesetze verbleiben sollen. Maßen denn auch auß einem sehr weißen Rath und Bedacht geschehen ist / daß
GOTT die Gesichter derer Menschen so wundersamer Weise voneinander unterschie- 160
den hat. Denn indem die Menschen einander so unterschiedene Pflichten zu entrichten /
und sich gantz auff unterschiedene Art gegen einander zu verhalten haben; So würde es
allerdings eine sehr große Verwirrung geben / wenn alle Menschen einander gantz ähnlich wären / und anderster nicht / als etwa nur durch einige angenommene Merckmahle
zu unterscheiden wären / welche / weil sie von Menschlicher Willkühr herrühren / zu 165
unendlichen Betrügereyen Anlaß geben würden. Wiewohl auch unter dieser mannigfaltigen Veränderung derer Gesichter noch ein ander Geheimniß verborgen lieget / nemlich dieses / daß / da einem immer eines besser gefället / als das andere / solcher ein
jeder sich dasjenige / so ihm am besten gefället / außsuchen / und sein Vergnügen darbey haben könne: 170
§. IIX.
Endlich ist noch die dritte Ursache / dessen / daß Menschen nicht ohne Gesetz bleiben
können / übrig / nemlich ihre besondere Schwachheit und Elend. Ein Thier nimmet in
wenig Tagen dermassen zu / daß es seine Nahrung selbst suchen kan / und hat darzu
anderer Gesellschafft gar nicht vonnöthen. Allein der Mensch hat von seiner Gebuhrt 175
an / eine langwierige Schwachheit zur Gefährtin. Der Redner QUINTILIANUS saget: Wir
Menschen seynd stracks von unserer ersten Ankunft ein hinfälliges Geschöpff. Denn die
unvernänfftigen und wilden Thiere können stracks gehen / und an ihrer Mutter Brüste
selbst anfallen; Wir müssen unsere Kinder heben und tragen / und für der Kälte genau
bewahren; Und gleichwohl geschiehet es doch zum öfftern / daß sie bey der grösten 180
Sorgfalt / und unter derer Eltern Händen / und in derer Armen Schoose dahin sterben.

    Und darumb muß es so nach GOttes Ordnung gehen /
    Daß eines in der Noth dem andern bey soll stehen.
Und was soll man von der Aufferziehung sagen? Wie viele Jahre gehen hin? Was für
eine sorgfältige Anführung gehöret darzu / ehe ein junger Mensch so viel lernet / daß er 185
sich selbst Kost und Kleidung verschaffen kan? Man stelle sich einen Menschen für /
der von einem andern / jedoch ohne allen Gebrauch der Sprache / so weit gebracht worden / daß er zwar gehen können / wohin er gewolt; Allein er hat darbey keine Anweisung gehabt / und gantz nichts gelernet / weiß also im geringsten sonst nichts / als was /
so zu sagen / in seinem eigenen Gehirn gewachsen; Man setze nun weiter / daß ein sol- 190
cher Mensch in einer Einöde ohne aller anderer Leute Hülffe und Gesellschafft auffge-
wachsen: Mein / was für ein elendes Thier wird er doch seyn? Ein stummes und schänd-
liches Vieh / das nichts anders thun kan / als etwan zu seiner Nahrung Kräuter und
Wurzeln außgraben / oder selbst gewachsene Früchte einsammlen / das den Durst auß
dem zu nächst aufstossenden Brunnen / Fluß oder Sumpffe löschen / für Frost und 195
ungestümmen Wetter sich in eine Höhle verkriechen / und den Leib mit Mooß oder

Graß einiger maßen bedecken / die langweilige Zeit mit Müssiggange hinbringen / für jedem Geräusche und Wilden Thiere erschrecken / letztens aber doch durch Hunger / Frost oder wilde Bestien umbkommen und elendiglich verderben muß. Worauß denn

200 nothwendig der Schluß zu fassen / es sey die alleinige und wahrhaffte Ursache dessen / daß der Mensch nicht am allerelendesten unter allen Thieren und lebendigen Geschöpffen lebet / keine andere als diese / daß er seines gleichen umb sich hat / mit welchem er in einer Verbindung und liebreichen Gesellschafft stehet. Es ist nicht gut / daß der Mensch alleine sey; Das war der Außspruch des Großen GOTTES stracks im Anfang

205 der Schöpffung von deß Menschen Zustande; Allein solcher war nicht bloßer Dinges von der Ehe / sondern insgemein von der Gesellschafft mit allen andern Menschen zu verstehen. Gleichwie nun dieses alles wohl unläugbar ist / also war es auch gantz ohnmöglich / daß eine ruhige und beständige Gesellschafft unter denen Menschen ohne Gesetz hätte können gestifftet oder erhalten werden. Wannenhero es sich durchauß

210 nicht schicken wollen / sie ohne dergleichen zu lassen / es wäre denn / daß sie das schändlichste und armseeligste Thier unter allen andern Thieren und Creaturen bleiben sollen. Übrigens kan man hierbey auch noch wohl deß PLUTARCHI Worte anzeigen / darinnen er lehret / daß eine gantz ohnumbschränckte Freyheit denen Menschen gar nicht anständig sey. Diejenigen allein schreibet er / seynd würdig für frey geachtet zu

215 werden / die der Vernunfft Folge leisten. Denn allein diese leben / wie sie wollen / die der Vernunft Folge leisten. Denn allein diese leben / wie sie wollen / die gelernet haben / was man wollen solle. Im Gegentheil ist es eine sehr schlechte und Unedle Freyheit / worauß die blinden und unvernünfftigen *Passio*nen und Thaten entstehen / und pfleget gemeiniglich viele Reue darauff zu folgen. Es bleibet zum Beschluß also darbey / daß

220 man sich von der Natürlichen Freyheit derer Menschen / wie sie ihnen wahrhafftig / und nicht etwan durch eine blosse Einbildung / zukömmet / keine andere Gedancken machen dürffe und könne / als daß sie allezeit mit den Banden der gesunden Vernunfft und deß Natürlichen Gesetzes verknüpffet seyn müste.

5.4 *Immanuel Kant:* Ideen zu einer allgemeinen Geschichte in weltbürgerlicher Absicht

Vierter Satz

Das Mittel, dessen sich die Natur bedient, die Entwickelung aller ihrer Anlagen zu Stande zu bringen, ist der Antagonism derselben in der Gesellschaft, so fern dieser doch am Ende die Ursache einer ge-

5 setzmäßigen Ordnung derselben wird. Ich verstehe hier unter dem Antagonism die ungesellige Geselligkeit der Menschen; d. i. den Hang derselben, in Gesellschaft zu treten, der doch mit einem durchgängigen Widerstande, welcher diese Gesellschaft beständig zu trennen droht, verbunden ist. Hierzu liegt die Anlage offenbar in der menschlichen Natur. Der Mensch hat eine Neigung, sich zu vergesellschaf-

10 ten; weil er in einem solchen Zustande sich mehr als Mensch, d. i. die Entwickelung seiner Naturanlagen, fühlt. Er hat aber auch einen großen Hang, sich zu vereinzelnen (isolieren); weil er in sich zugleich die ungesellige Eigenschaft antrifft, alles bloß nach seinem Sinne richten zu wollen, und daher allerwärts Widerstand erwartet, so wie er von sich selbst weiß, daß er seiner Seits zum Widerstande gegen andere geneigt ist.

15 Dieser Widerstand ist es nun, welcher alle Kräfte des Menschen erweckt, ihn dahin

52

bringt, seinen Hang zur Faulheit zu überwinden, und, getrieben durch Ehrsucht, Herrschsucht oder Habsucht, | sich einen Rang unter seinen Mitgenossen zu verschaffen, die er nicht wohl leiden, von denen er aber auch nicht lassen kann. Da geschehen nun die ersten wahren Schritte aus der Rohigkeit zur Kultur, die eigentlich in dem gesellschaftlichen Wert des Menschen besteht; da werden alle Talente nach und nach 20 entwickelt, der Geschmack gebildet, und selbst durch fortgesetzte Aufklärung der Anfang zur Gründung einer Denkungsart gemacht, welche die grobe Naturanlage zur sittlichen Unterscheidung mit der Zeit in bestimmte praktische Prinzipien, und so eine pathologisch-abgedrungene Zusammenstimmung zu einer Gesellschaft endlich in ein moralisches Ganze verwandeln kann. Ohne jene, an sich zwar eben nicht liebens- 25 würdige, Eigenschaften der Ungeselligkeit, woraus der Widerstand entspringt, den jeder bei seinen selbstsüchtigen Anmaßungen notwendig antreffen muß, würden in einem arkadischen Schäferleben, bei vollkommener Eintracht, Genügsamkeit und Wechselliebe, alle Talente auf ewig in ihren Keimen verborgen bleiben: die Menschen, gutartig wie die Schafe, die sie weiden, würden ihrem Dasein kaum einen größeren Wert ver- 30 schaffen, als dieses ihr Hausvieh hat; sie würden das Leere der Schöpfung in Ansehung ihres Zwecks, als vernünftige Natur, nicht ausfüllen. | Dank sei also der Natur für die Unvertragsamkeit, für die mißgünstig wetteifernde Eitelkeit, für die nicht zu befriedigende Begierde zum Haben, oder auch zum | Herrschen! Ohne sie würden alle vortreffliche Naturanlagen in der Menschheit ewig unentwickelt schlummern. Der Mensch will 35 Eintracht; aber die Natur weiß besser, was für seine Gattung gut ist: sie will Zwietracht. Er will gemächlich und vergnügt leben; die Natur will aber, er soll aus der Lässigkeit und untätigen Genügsamkeit hinaus, sich in Arbeit und Mühseligkeiten stürzen, um dagegen auch Mittel auszufinden, sich klüglich wiederum aus den letztern heraus zu ziehen. Die natürlichen Triebfedern dazu, die Quellen der Ungeselligkeit und des durch- 40 gängigen Widerstandes, woraus so viele Übel entspringen, die aber doch auch wieder zur neuen Anspannung der Kräfte, mithin zu mehrerer Entwickelung der Naturanlagen antreiben, verraten also wohl die Anordnung eines weisen Schöpfers; und nicht etwa die Hand eines bösartigen Geistes, der in seine herrliche Anstalt gepfuscht oder sie neidischer Weise verderbt habe. 45

5.5 *Martin Buber:* Individualistische und kollektivistische Anthropologie

[...] Der Individualismus sieht den Menschen nur in der Bezogenheit auf sich selbst, aber der Kollektivismus sieht den *Menschen* überhaupt nicht, er sieht nur die »Gesellschaft«. Dort ist das Antlitz des Menschen verzerrt, hier ist es verdeckt.
Beide Lebensanschauungen — der moderne Individualismus und der moderne Kollektivismus —, wie verschieden auch ihre sonstigen Ursachen sein mögen: im wesentlichen 5 sind sie Ergebnisse oder Äußerungen des gleichen menschlichen Zustands, nur in verschiedenen Stadien. Dieser Zustand ist durch das Zusammenströmen kosmischer und sozialer Heimlosigkeit, Weltangst und Lebensangst, zu einer Daseinsverfassung der Einsamkeit gekennzeichnet, wie es sie in diesem Ausmaß vermutlich noch nie zuvor gegeben hat. Die menschliche Person fühlt sich zugleich als Mensch ausgesetzt von der 10 Natur, wie man ein verleugnetes Kind aussetzt, und als Person isoliert mitten in der tosenden Menschenwelt. Die erste Reaktion des Geistes auf die Erkenntnis der neuen unheimlichen Lage ist der moderne Individualismus, die zweite der moderne Kollektivismus.

53

15 Im Individualismus unterfängt sich die menschliche Person, diese Lage zu bejahen, sie
in eine bejahende Reflexion, einen universalen amor fati zu tauchen; sie will die Trutz-
burg eines Lebenssystems bauen, in dem die Idee erklärt, die Wirklichkeit wie sie ist zu
wollen. Eben als von der Natur ausgesetzt ist der Mensch Individuum in dieser besonderen radikalen Weise, in der kein anderes Wesen in der Welt Individuum ist, und er
20 akzeptiert sein Ausgesetztsein, weil es sein Individuumsein bedeutet. Und ebenso akzeptiert er sein Isoliertsein als Person, weil erst die mit anderen unverbundene Monade sich
als Individuum im äußersten Sinn erfahren und verherrlichen kann. Um sich vor der
Verzweiflung zu retten, mit der ihn seine Vereinsamung bedroht, ergreift der Mensch
den Ausweg, diese zu glorifizieren. Der moderne Individualismus hat im wesentlichen
25 eine imaginäre Grundlage. An diesem seinem Charakter scheitert er; denn die Imagina-
tion reicht nicht zu, die gegebene Situation faktisch zu bewältigen.
Die zweite Reaktion, der Kollektivismus, folgt im wesentlichen auf das Scheitern der
ersten. Die menschliche Person sucht hier ihrem Schicksal der Vereinsamung zu entge-
hen, indem sie sich völlig in eins der massiven modernen Gruppengebilde einbettet. Je
30 massiver, lückenloser und leistungsstärker dieses ist, um so mehr kann sie sich als von
beiden Formen der Heimlosigkeit, der sozialen und der kosmischen, erlöst empfinden.
Es ist offenbar kein Anlaß zur Lebensangst mehr, da man sich doch nur in den ››allgemeinen Willen‹‹ einzufügen und die eigene Verantwortung für das allzu kompliziert
gewordene Dasein in der kollektiven aufgehen zu lassen braucht, die sich als allen Kom-
35 plikationen gewachsen erweist. Und ebenso ist offenbar kein Anlaß zur Weltangst mehr,
da an die Stelle des unheimlich gewordenen Weltalls, mit dem sich sozusagen kein Vertrag mehr machen läßt, die technisierte Natur getreten ist, mit der die Gesellschaft als
solche fertig wird oder fertig zu werden scheint. Das Kollektiv macht sich anheischig,
die totale Sicherung zu liefern. Imaginär ist hier nichts, hier waltet eine dichte Realität,
40 das Allgemeine selber scheint real geworden; aber illusionär ist der moderne Kollektivismus im wesentlichen. Der Anschluß der Person an das zuverlässig funktionierende
››Ganze‹‹, das die Menschenmassen umfaßt, ist vollzogen; aber es ist kein Anschluß
des Menschen an den Menschen. Der Mensch im Kollektiv ist nicht der Mensch mit
dem Menschen. Nicht wird hier die Person von ihrer Vereinsamung befreit, indem sie
45 Lebendem verbunden wird, das fortan mit ihr lebt; die ››Gesamtheit‹‹ mit ihrem
Anspruch an die Gesamtheit eines jeden geht folgerichtig und mit Erfolg darauf aus, alle
Verbindung mit Lebendem zu reduzieren, zu neutralisieren, zu entwerten, zu entheiligen.
Jene zarte Fläche des persönlichen Wesens, die nach Fühlung mit anderem Wesen verlangt, wird fortschreitend abgetötet oder doch unempfindlich gemacht. Die Vereinsa-
50 mung des Menschen wird hier nicht überwunden, sondern übertäubt. Man verdrängt
das Wissen um sie, aber der tatsächliche Stand wirkt unüberwindlich in der Tiefe und
steigert sich insgeheim zu einer Grausamkeit, die mit dem Zersprühen der Illusion in die
Erscheinung treten wird. Der moderne Kollektivismus ist die letzte Schranke, die der
Mensch vor der Begegnung mit sich selbst aufgerichtet hat.
55 [. . .]

54

6. Mensch als ‚homo faber'

Diskussion mit Hanna! — über Technik (laut Hanna) als Kniff, die Welt so einzurichten, daß wir sie nicht erleben müssen. Manie des Technikers, die Schöpfung nutzbar zu machen, weil er sie als Partner nicht aushält, nichts mit ihr anfangen kann; Technik als Kniff, die Welt als Widerstand aus der Welt zu schaffen, beispielsweise durch Tempo zu verdünnen, damit wir sie nicht erleben müssen. (Was Hanna damit meint, weiß ich nicht.) Die Weltlosigkeit des Technikers. (Was Hanna damit meint, weiß ich nicht.)

Max Frisch

6.1 *Georg Wilhelm Friedrich Hegel:* Bestimmung des Menschen

[...]

Als Strafe der Sünde ist ausgesprochen die Arbeit usf.; das ist im allgemeinen eine notwendige Konsequenz. Das Tier arbeitet nicht, nur gezwungen, nicht von Natur; es ißt nicht sein Brot im Schweiß des Angesichts, bringt sein Brot sich nicht selbst hervor: von allen Bedürfnissen, die es hat, findet es unmittelbar in der Natur Befriedigung. Der 5 Mensch findet auch das Material dazu, aber, kann man sagen, das Material ist das wenigste für den Menschen, — die unendliche Vermittlung der Befriedigung seiner Bedürfnisse geschieht nur durch Arbeit. Die Arbeit im Schweiß des Angesichts, die körperliche und die Arbeit des Geistes, bei der es saurer wird als bei jener, ist in unmittelbarem Zusammenhang mit der Erkenntnis des Guten und Bösen. Daß der Mensch sich zu 10 dem machen muß, was er ist, daß er im Schweiße seines Angesichtes sein Brot ißt, hervorbringen muß, was er ist, das gehört zum Wesentlichen, zum Ausgezeichneten des Menschen und hängt notwendig zusammen mit der Erkenntnis des Guten und Bösen. Es wird weiter vorgestellt, auch der Baum des Lebens sei darin gestanden; es ist dies in einfacher, kindlicher Vorstellung gesprochen. Es gibt zwei Güter für die Wünsche der 15 Menschen; das eine ist, in ungestörtem Glück, in der Harmonie mit sich selbst und der äußeren Natur zu leben, und das Tier bleibt in dieser Einheit, der Mensch hat darüber hinauszugehen; der andere Wunsch ist etwa der, ewig zu leben. [...]

6.2.1. *Karl Marx:* Zur Kritik der Nationalökonomie

Das Tier ist unmittelbar eins mit seiner Lebenstätigkeit. Es unterscheidet sich nicht von ihr. Es ist *sie.* Der Mensch macht seine Lebenstätigkeit selbst zum Gegenstand seines Wollens und seines Bewußtseins. Er hat bewußte Lebenstätigkeit. Es ist nicht eine Bestimmtheit, mit der er unmittelbar zusammenfließt: Die bewußte Lebenstätigkeit unterscheidet den Menschen unmittelbar von der tierischen Lebenstätigkeit. Eben nur 5 dadurch ist er ein Gattungswesen. Oder er ist nur ein bewußtes Wesen, d. h. sein eigenes Leben ist ihm Gegenstand, eben weil er ein Gattungswesen ist. Nur darum ist seine Tätigkeit freie Tätigkeit. Die entfremdete Arbeit kehrt das Verhältnis dahin um, daß der Mensch, eben weil er ein bewußtes Wesen ist, seine Lebenstätigkeit, sein *Wesen* nur zu einem Mittel für seine *Existenz* macht. 10

Das praktische Erzeugen einer *gegenständlichen Welt,* die *Bearbeitung* der unorganischen Natur ist die Bewährung des Menschen als eines bewußten Gattungswesens, d. h.

55

eines Wesens, das sich zu der Gattung als seinem eigenen Wesen oder zu sich als Gattungswesen verhält. Zwar produziert auch das Tier. Es baut sich ein Nest, Wohnungen,
15 wie die Biene, Biber, Ameise etc. Allein es produziert nur, was es unmittelbar für sich oder sein Junges bedarf; es produziert einseitig, während der Mensch universell produziert; es produziert nur unter der Herrschaft des unmittelbaren physischen Bedürfnisses, während der Mensch selbst frei vom physischen Bedürfnis produziert und erst wahrhaft produziert in der Freiheit von demselben; es produziert nur sich selbst, wäh-
20 rend der Mensch die ganze Natur reproduziert; sein Produkt gehört unmittelbar zu seinem physischen Leib, während der Mensch frei seinem Produkt gegenübertritt. Das Tier formiert nur nach dem Maß und dem Bedürfnis der species, der es angehört, während der Mensch nach dem Maß jeder species zu produzieren weiß und überall das inhärente Maß dem Gegenstand anzulegen weiß; der Mensch formiert daher auch nach den Ge-
25 setzen der Schönheit.

Eben in der Bearbeitung der gegenständlichen Welt bewährt sich der Mensch daher erst wirklich als ein *Gattungswesen*. Diese Produktion ist sein werktätiges Gattungsleben. Durch sie erscheint die Natur als *sein* Werk und seine Wirklichkeit. Der Gegenstand der Arbeit ist daher die *Vergegenständlichung des Gattungslebens des Menschen.*
30 [...]

Indem aber für den sozialistischen Menschen die *ganze sogenannte Weltgeschichte* nichts anderes ist als die Erzeugung des Menschen durch die menschliche Arbeit, als das Werden der Natur für den Menschen, so hat er also den anschaulichen, unwiderstehlichen Beweis von seiner *Geburt* durch sich selbst, von seinem *Entstehungsprozeß.*
35 [...]

Das Große an der Hegelschen *Phänomenologie* und ihrem Endresultat — der Dialektik der Negativität als dem bewegenden und erzeugenden Prinzip — ist also einmal, daß HEGEL die Selbsterzeugung des Menschen als einen Prozeß faßt, die Vergegenständlichung als Entgegenständlichung, als Entäußerung und als Aufhebung dieser Entäuße-
40 rung; daß er also das Wesen der *Arbeit* faßt und den gegenständlichen Menschen, wahren, weil wirklichen Menschen, als Resultat seiner *eigenen Arbeit* begreift. Das *wirkliche,* tätige Verhalten des Menschen zu sich als Gattungswesen oder die Betätigung seiner als eines wirklichen Gattungswesens, d. h. als menschlichen Wesens, ist nur möglich dadurch, daß er wirklich alle seine *Gattungskräfte* — was wieder nur durch das
45 Gesamtwirken der Menschen möglich ist, nur als Resultat der Geschichte — herausschafft, sich zu ihnen als Gegenständen verhält, was zunächst wieder nur in der Form der Entfremdung möglich ist.

Die Einseitigkeit und die Grenze Hegels werden wir nun ausführlich an dem Schlußkapitel der Phänomenologie, dem absoluten Wissen — ein Kapitel, welches sowohl den
50 zusammengefaßten Geist der Phänomenologie, ihr Verhältnis zur spekulativen Dialektik, als auch das *Bewußtsein* Hegels über beide und ihr wechselseitiges Verhältnis enthält — darstellen.

Vorläufig nehmen wir nur noch das vorweg: HEGEL steht auf dem Standpunkt der modernen Nationalökonomie. Er erfaßt die *Arbeit* als das *Wesen*, als das sich bewäh-
55 rende Wesen des Menschen; er sieht nur die positive Seite der Arbeit, nicht ihre negative. Die Arbeit ist das *Fürsichwerden des Menschen* innerhalb der *Entäußerung* oder als *entäußerter* Mensch. Die Arbeit, welche HEGEL allein kennt und anerkennt, ist die *abstrakt geistige.* [...]

56

6.2.2 *Karl Marx:* Der Arbeitsprozeß oder die Produktion von Gebrauchswerten [...]

Die Arbeit ist zunächst ein Prozeß zwischen Mensch und Natur, ein Prozeß, worin der Mensch seinen Stoffwechsel mit der Natur durch seine eigene Tat vermittelt, regelt und kontrolliert. Er tritt dem Naturstoff selbst als eine Naturmacht gegenüber. Die seiner Leiblichkeit angehörigen Naturkräfte, Arme und Beine, Kopf und Hand, setzt er in 5 Bewegung, um sich den Naturstoff in einer für sein eigenes Leben brauchbaren Form anzueignen. Indem er durch diese Bewegung auf die Natur außer ihm wirkt und sie verändert, verändert er zugleich seine eigene Natur. Er entwickelt die in ihr schlummernden Potenzen und unterwirft das Spiel ihrer Kräfte seiner eigenen Botmäßigkeit. Wir haben es hier nicht mit den ersten tierartig instinktmäßigen Formen der Arbeit zu tun. Dem 10 Zustand, worin der Arbeiter als Verkäufer seiner eigenen Arbeitskraft auf dem Warenmarkt auftritt, ist in urzeitlichem Hintergrund der Zustand entrückt, worin die menschliche Arbeit ihre erste instinktartige Form noch nicht abgestreift hatte. Wir unterstellen die Arbeit in einer Form, worin sie *dem Menschen* ausschließlich angehört. Eine Spinne verrichtet Operationen, die denen des Webers ähneln, und eine Biene beschämt durch 15 den Bau ihrer Wachszellen manchen menschlichen Baumeister. Was aber von vornherein den schlechtesten Baumeister vor der besten Biene auszeichnet, ist, daß er die Zelle in seinem Kopf gebaut hat, bevor er sie in Wachs baut. Am Ende des Arbeitsprozesses kommt ein Resultat heraus, das beim Beginn desselben schon in der *Vorstellung des Arbeiters*, also schon *ideell* vorhanden war. Nicht daß er nur eine Form- 20 veränderung des Natürlichen *bewirkt*; er *verwirklicht* im Natürlichen zugleich *seinen Zweck*, den er *weiß*, der die Art und Weise seines Tuns als Gesetz bestimmt und dem er seinen Willen unterordnen muß. [...]

6.3 *Friedrich Engels:* Anteil der Arbeit an der Menschwerdung des Affen

Die Arbeit ist die Quelle alles Reichtums, sagen die politischen Ökonomen. Sie ist dies — neben der Natur, die ihr den Stoff liefert, den sie in Reichtum verwandelt. Aber sie ist noch unendlich mehr als dies. Sie ist die erste Grundbedingung alles menschlichen Lebens, und zwar in einem solchen Grade, daß wir in gewissem Sinn sagen müssen: Sie hat den Menschen selbst geschaffen. 5

Vor mehreren hunderttausend Jahren, während eines noch nicht fest bestimmbaren Abschnitts jener Erdperiode, die die Geologen die tertiäre nennen, vermutlich gegen deren Ende, lebte irgendwo in der heißen Erdzone — wahrscheinlich auf einem großen, jetzt auf den Grund des Indischen Ozeans versunkenen Festlande — ein Geschlecht menschenähnlicher Affen von besonders hoher Entwicklung. DARWIN hat uns eine annähernde Beschreibung dieser unserer Vorfahren gegeben. Sie waren über und über behaart, hatten Bärte und spitze Ohren, und lebten in Rudeln auf Bäumen. 10

Wohl zunächst durch ihre Lebensweise veranlaßt, die beim Klettern den Händen andre Geschäfte zuweist als den Füßen, fingen diese Affen an, auf ebner Erde sich der Beihülfe der Hände beim Gehen zu entwöhnen und einen mehr und mehr aufrechten 15 Gang anzunehmen. Damit war *der entscheidende Schritt getan für den Übergang vom Affen zum Menschen.*

Alle noch jetzt lebenden menschenähnlichen Affen können aufrecht stehn und sich auf den beiden Füßen allein fortbewegen. Aber nur zur Not und höchst unbehülflich. Ihr

57

20 natürlicher Gang geschieht in halbaufgerichteter Stellung und schließt den Gebrauch der Hände ein. Die meisten stützen die Knöchel der Faust auf den Boden und schwingen den Körper mit eingezogenen Beinen zwischen den langen Armen durch, wie ein Lahmer, der auf Krücken geht. Überhaupt können wir bei den Affen alle Übergangsstufen vom Gehen auf allen vieren bis zum Gang auf den beiden Füßen noch jetzt beob-
25 achten. Aber bei keinem von ihnen ist der letztere mehr als ein Notbehelf geworden.

Wenn der aufrechte Gang bei unsern behaarten Vorfahren zuerst Regel und mit der Zeit eine Notwendigkeit werden sollte, so setzt dies voraus, daß den Händen inzwischen mehr und mehr anderweitige Tätigkeiten zufielen.
[...]

30 Die Verrichtungen, denen unsre Vorfahren im Übergang vom Affen zum Menschen im Lauf vieler Jahrtausende allmählich ihre Hand anpassen lernten, können daher anfangs nur sehr einfache gewesen sein. Die niedrigsten Wilden, selbst diejenigen, bei denen ein Rückfall in einen mehr tierähnlichen Zustand mit gleichzeitiger körperlicher Rückbildung anzunehmen ist, stehn immer noch weit höher als jene Übergangsgeschöp-
35 fe. Bis der erste Kiesel durch Menschenhand zum Messer verarbeitet wurde, darüber mögen Zeiträume verflossen sein, gegen die die uns bekannte geschichtliche Zeit unbedeutend erscheint. Aber der entscheidende Schritt war getan: *Die Hand war frei geworden* und konnte sich nun immer neue Geschicklichkeiten erwerben, und die damit erworbene größere Biegsamkeit vererbte und vermehrte sich von Geschlecht zu
40 Geschlecht.

So ist die Hand nicht nur das Organ der Arbeit, *sie ist auch ihr Produkt.* [...] Die mit der Ausbildung der Hand, mit der Arbeit, beginnende Herrschaft über die Natur erweiterte bei jedem neuen Fortschritt den Gesichtskreis des Menschen. [...]

Arbeit zuerst, nach und dann mit ihr die Sprache — das sind die beiden wesentlich-
45 sten Antriebe, unter deren Einfluß das Gehirn eines Affen in das bei aller Ähnlichkeit weit größere und vollkommnere eines Menschen allmählich übergegangen ist.
[...] Die Arbeit fängt an mit der Verfertigung von Werkzeugen. Und was sind die ältesten Werkzeuge, die wir vorfinden? Die ältesten, nach den vorgefundenen Erbstücken vorgeschichtlicher Menschen und nach der Lebensweise der frühesten geschichtlichen
50 Völker wie der rohesten jetzigen Wilden zu urteilen? Werkzeuge der Jagd und des Fischfangs, erstere zugleich Waffen. Jagd und Fischfang aber setzen den Übergang von der bloßen Pflanzennahrung zum Mitgenuß des Fleisches voraus, und hier haben wir wieder einen wesentlichen Schritt zur Menschwerdung. [...]

Die Fleischkost führte zu zwei neuen Fortschritten von entscheidender Bedeutung:
55 zur Dienstbarmachung des Feuers und zur Zähmung von Tieren. [...] Je mehr die Menschen sich aber vom Tier entfernen, desto mehr nimmt ihre Einwirkung auf die Natur den Charakter vorbedachter, planmäßiger, auf bestimmte, vorher bekannte Ziele gerichteter Handlung an.
[...] Aber alle planmäßige Aktion aller Tiere hat es nicht fertiggebracht, der Erde den
60 Stempel ihres Willens aufzudrücken. Dazu gehörte der Mensch.

Kurz, das Tier *benutzt* die äußere Natur bloß und bringt Änderungen in ihr einfach durch seine Anwesenheit zustande; der Mensch macht sie durch seine Änderungen seinen Zwecken dienstbar, *beherrscht* sie. Und das ist der letzte, wesentliche Unterschied des Menschen von den übrigen Tieren, und es ist wieder die Arbeit, die diesen Unter-
65 schied bewirkt.
[...]

58

7. Vernunft und Sprache

Seine [Friedrich II., Hrsg.] zweite Wahnidee war, daß er in Erfahrung bringen wollte, welche Art Sprache und Sprechweise kleine Kinder nach ihrem Heranwachsen hätten, wenn sie [vorher] mit niemandem sprächen. Und deshalb befahl er den Ammen und Pflegerinnen, sie sollten den Kindern Milch geben, also sie an ihren Brüsten saugen lassen, sie baden und waschen, aber in keiner Weise mit ihnen kosen und zu ihnen sprechen. Er wollte nämlich erforschen, ob sie die hebräische Sprache sprächen, die ja die erste gewesen ist, oder die griechische oder die lateinische oder die arabische oder aber die Sprache ihrer Eltern, von denen sie abstammten. Aber er mühte sich vergebens, weil die Kinder oder vielmehr die Säuglinge alle starben. Denn sie könnten nicht leben ohne das Händeklatschen und Winken, das fröhliche Lächeln und die Koseworte ihrer Ammen und Nährerinnen.

Salimbene

7.1 *Johann Gottfried Herder:* Vom Ursprung der Sprache

[...]

Daß der Mensch den Tieren an Stärke und Sicherheit des Instinkts weit nachstehe, ja daß er das, was wir bei so vielen Tiergattungen angeborne Kunstfähigkeiten und Kunsttriebe nennen, gar nicht habe, ist gesichert; nur so wie die Erklärung dieser Kunsttriebe bisher den meisten und noch zuletzt einem gründlichen Philosophen*** Deutsch-5 lands mißglücket ist, so hat auch die wahre Ursach von der Entbehrung dieser Kunsttriebe in der menschlichen Natur noch nicht ins Licht gesetzt werden können. Mich dünkt, man hat einen Hauptgesichtspunkt verfehlt, aus dem man, wo nicht vollständige Erklärungen, so wenigstens Bemerkungen in der Natur der Tiere machen kann, die, wie ich für einen andern Ort hoffe, die menschliche Seelenlehre sehr aufklären können. Die-10 ser Gesichtspunkt ist *die Sphäre der Tiere.*

Jedes Tier hat seinen Kreis, in den es von der Geburt an gehört, gleich eintritt, in dem es lebenslang bleibet und stirbt. Nun ist es aber sonderbar, daß *je schärfer die Sinne der Tiere, je stärker und sicherer ihre Triebe und je wunderbarer ihre Kunstwerke sind, desto kleiner ist ihr Kreis, desto einartiger ist ihr Kunstwerk.* Ich habe diesem Verhält-15 nisse nachgespüret, und ich finde überall eine wunderbar beobachtete umgekehrte Proportion zwischen der mindern Extension ihrer Bewegungen, Elemente, Nahrung, Erhaltung, Paarung, Erziehung, Gesellschaft und ihren Trieben und Künsten. Die Biene in ihrem Korbe bauet mit der Weisheit, die Egeria ihrem Numa nicht lehren konnte; aber außer diesen Zellen und außer ihrem Bestimmungsgeschäft in diesen Zellen ist sie auch 20 nichts. Die Spinne webet mit der Kunst der Minerva; aber alle ihre Kunst ist auch in diesen engen Spinnraum verwebet; das ist ihre Welt! Wie wundersam ist das Insekt und wie enge der Kreis seiner Würkung!

*** Reimarus, Über die Kunsttriebe der Tiere: s. Betrachtungen drüber in den: Briefen, die neueste Literatur betreffend etc.

59

Gegenteils. *Je vielfacher die Verrichtungen und Bestimmung der Tiere, je zerstreuter*
25 *ihre Aufmerksamkeit auf mehrere Gegenstände, je unsteter ihre Lebensart,* kurz, *je grö-*
ßer und vielfältiger ihre Sphäre ist, desto mehr sehen wir ihre Sinnlichkeit sich verteilen
und schwächen. Ich kann es mir hier nicht in Sinn nehmen, dies große Verhältnis, was
die Kette der lebendigen Wesen durchläuft, mit Beispielen zu sichern; ich überlasse
jedem die Probe oder verweise auf eine andre Gelegenheit und schließe fort:
30 *Nach aller Wahrscheinlichkeit und Analogie lassen sich also alle Kunsttriebe und*
Kunstfähigkeiten aus den Vorstellungskräften der Tiere erklären, ohne daß man blinde
Determinationen annehmen darf (wie auch noch selbst REIMARUS angenommen und die
alle Philosophie verwüsten). Wenn unendlich feine Sinne in einen kleinen Kreis, auf ein
Einerlei eingeschlossen werden und die ganze andre Welt für sie nichts ist: wie müssen
35 sie durchdringen! Wenn Vorstellungskräfte in einen kleinen Kreis eingeschlossen und
mit einer analogen Sinnlichkeit begabt sind, was müssen sie würken! Und wenn endlich
Sinne und Vorstellungen auf *einen* Punkt gerichtet sind, was kann anders als Instinkt
daraus werden? Aus ihnen also erkläret sich die Empfindsamkeit, die Fähigkeiten und
Triebe der Tiere nach ihren Arten und Stufen.
40 Und ich darf also den Satz annehmen: *Die Empfindsamkeiten, Fähigkeiten und*
Kunsttriebe der Tiere nehmen an Stärke und Intensität zu im umgekehrten Verhältnis-
se der Größe und Mannigfaltigkeit ihres Würkungskreises. Nun aber —
Der Mensch hat keine so einförmige und enge Sphäre, wo nur *eine* Arbeit auf ihn
warte: eine Welt von Geschäften und Bestimmungen liegt um ihn.
45 *Seine Sinne und Organisation sind nicht auf eins geschärft:* er hat Sinne für alles und
natürlich also für jedes einzelne schwächere und stumpfere Sinne.
Seine Seelenkräfte sind über die Welt verbreitet; keine Richtung seiner Vorstellungen
auf ein Eins: mithin kein Kunsttrieb, keine Kunstfertigkeit — und, das eine gehört hier
näher her, *keine Tiersprache.*
50 Was ist doch das, was wir, außer der vorher angeführten Lautbarkeit der empfindenden Maschine, bei einigen Gattungen *Tiersprache* nennen, anders als ein Resultat der
Anmerkungen, die ich zusammengereihet? *Ein dunkles sinnliches Einverständnis einer*
Tiergattung untereinander über ihre Bestimmung im Kreise ihrer Würkung.
Je kleiner also die Sphäre der Tiere ist, desto weniger haben sie Sprache nötig. Je
55 schärfer ihre Sinne, je mehr ihre Vorstellungen auf *eins* gerichtet, je ziehender ihre Triebe sind, desto zusammengezogner ist das Einverständnis ihrer etwannigen Schälle, Zeichen, Äußerungen. Es ist lebendiger Mechanismus, herrschender Instinkt, der da spricht
und vernimmt. Wie wenig darf er sprechen, daß er vernommen werde!
Tiere von dem engsten Bezirke sind also sogar gehörlos; sie sind für ihre Welt ganz
60 Gefühl oder Geruch und Gesicht: ganz einförmiges Bild, einförmiger Zug, einförmiges
Geschäfte; sie haben also wenig oder keine Sprache.
Je größer aber der Kreis der Tiere: je unterschiedner ihre Sinne — doch was soll ich
wiederholen? *Mit dem Menschen ändert sich die Szene ganz.* Was soll für seinen Wür-
kungskreis, auch selbst im dürftigsten Zustande, die Sprache des redendsten, am viel-
65 fachsten tönenden Tiers? Was soll für seine zerstreuten Begierden, für seine geteilte Aufmerksamkeit, für seine stumpfer witternden Sinne auch selbst die dunkle Sprache aller
Tiere? Sie ist für ihn weder reich noch deutlich, weder hinreichend an Gegenständen
noch für seine Organe — also durchaus nicht *seine* Sprache; denn was heißt, wenn wir
nicht mit Worten spielen wollen, die eigentümliche Sprache eines Geschöpfs, als die sei-
70 ner Sphäre von Bedürfnissen und Arbeiten, der Organisation seiner Sinne, der Richtung

60

seiner Vorstellungen und der Stärke seiner Begierden angemessen ist? Und welche Tiersprache ist also für den Menschen?

Jedoch es bedarf auch die Frage nicht. *Welche Sprache* (außer der vorigen mechanischen) *hat der Mensch so instinktmäßig als jede Tiergattung die ihrige in und nach ihrer Sphäre?* — Die Antwort ist kurz: *keine!* Und eben diese kurze Antwort entscheidet. 75

Bei jedem Tier ist, wie wir gesehen, seine Sprache eine Äußerung so starker sinnlicher Vorstellungen, daß diese zu Trieben werden; mithin ist Sprache, so wie Sinne und Vorstellungen und Triebe, *angeboren* und dem Tier *unmittelbar natürlich*. Die Biene sumset wie sie sauget; der Vogel singt wie er nistet — aber wie spricht der Mensch von Natur? 80 Gar nicht, so wie er wenig oder nichts durch völligen Instinkt, als Tier, tut. Ich nehme bei einem neugebornen Kinde das Geschrei seiner empfindsamen Maschine aus; sonst ists stumm; es äußert weder Vorstellungen noch Triebe durch Töne, wie doch jedes Tier in seiner Art; bloß unter Tiere gestellet, ists also das verwaisetste Kind der Natur. Nackt und bloß, schwach und dürftig, schüchtern und unbewaffnet; und, was die Summe sei- 85 nes Elendes ausmacht, aller Leiterinnen des Lebens beraubt. Mit einer so zerstreuten, geschwächten Sinnlichkeit, mit so unbestimmten, schlafenden Fähigkeiten, mit so geteilten und ermatteten Trieben geboren, offenbar auf tausend Bedürfnisse verwiesen, zu einem großen Kreise bestimmt — und doch so verwaiset und verlassen, daß es selbst nicht mit einer Sprache begabt ist, seine Mängel zu äußern — Nein! ein solcher 90 Widerspruch ist nicht die Haushaltung der Natur. Es müssen statt der Instinkte andre verborgne Kräfte in ihm schlafen! Stummgeboren; aber —

Doch ich tue keinen Sprung. Ich gebe dem Menschen nicht gleich plötzlich neue Kräfte, keine sprachschaffende Fähigkeit wie eine willkürliche qualitas occulta. Ich suche nur in den vorher bemerkten Lücken und Mängeln weiter. 95

Lücken und Mängel können doch nicht der Charakter seiner Gattung sein: oder die Natur war gegen ihn die härteste Stiefmutter, da sie gegen jedes Insekt die liebreichste Mutter war. Jedem Insekt gab sie, was und wieviel es brauchte: Sinne zu Vorstellungen und Vorstellungen in Triebe gediegen, Organe zur Sprache, soviel es bedorfte, und Organe, diese Sprache zu verstehen. Bei dem Menschen ist alles in dem größten Mißver- 100 hältnis — Sinne und Bedürfnisse, Kräfte und Kreis der Würksamkeit, der auf ihn wartet, seine Organe und seine Sprache. — Es muß uns also ein gewisses Mittelglied fehlen, die so abstehende Glieder der Verhältnis zu berechnen.

Fänden wirs, so wäre nach aller Analogie der Natur *diese Schadloshaltung seine Eigenheit, der Charakter seines Geschlechts,* und alle Vernunft und Billigkeit forderte, 105 diesen Fund für das gelten zu lassen, was er ist, für Naturgabe, ihm so wesentlich als den Tieren der Instinkt.

Ja fänden wir eben *in diesem Charakter die Ursache jener Mängel und eben in der Mitte dieser Mängel,* in der Höhle jener großen Entbehrung von Kunsttrieben, *den Keim zum Ersatze,* so wäre diese Einstimmung ein genetischer Beweis, daß hier die 110 wahre Richtung der Menschheit liege und daß *die Menschengattung über den Tieren nicht an Stufen des Mehr oder Weniger stehe, sondern an Art.*

Und fänden wir in diesem neugefundnen Charakter der Menschheit sogar *den notwendigen genetischen Grund zu Entstehung einer Sprache für diese neue Art Geschöpfe,* wie wir in den Instinkten der Tiere den unmittelbaren Grund zur Sprache für jede 115 Gattung fanden, so sind wir ganz am Ziele. In dem Falle würde die *Sprache dem Men-*

schen so wesentlich, als — er ein Mensch ist. Man siehet, ich entwickle aus keinen willkürlichen oder gesellschaftlichen Kräften, sondern aus der allgemeinen tierischen Ökonomie.

120 Und nun folgt, daß wenn der Mensch Sinne hat, die für einen kleinen Fleck der Erde, für die Arbeit und den Genuß einer Weltspanne den Sinnen des Tiers, das in dieser Spanne lebet, nachstehen an Schärfe, so bekommen sie eben dadurch *Vorzug der Freiheit.* Eben weil sie nicht für einen Punkt sind, so sind sie allgemeinere Sinne der Welt.

Wenn der Mensch Vorstellungskräfte hat, die nicht auf den Bau einer Honigzelle und
125 eines Spinngewebes bezirkt sind und also auch den Kunstfähigkeiten der Tiere in diesem Kreise nachstehen, so bekommen sie eben damit *weitere Aussicht.* Er hat kein einziges Werk, bei dem er also auch unverbesserlich handle; aber er hat freien Raum, sich an vielem zu üben, mithin sich immer zu verbessern. Jeder Gedanke ist nicht ein unmittelbares Werk der Natur, aber eben damit kanns sein eigen Werk werden.

130 Wenn also hiermit der Instinkt wegfallen muß, der bloß aus der Organisation der Sinne und dem Bezirk der Vorstellungen folgte und keine blinde Determination war, so bekommt eben hiermit der Mensch *mehrere Helle.* Da er auf keinen Punkt blind fällt und blind liegenbleibt, so wird er freistehend, kann sich eine Sphäre der Bespiegelung suchen, kann sich in sich bespiegeln. Nicht mehr eine unfehlbare Maschine in den Hän-
135 den der Natur, wird er sich selbst Zweck und Ziel der Bearbeitung.

Man nenne diese ganze Disposition seiner Kräfte, wie man wolle, *Verstand, Vernunft, Besinnung* usw. Wenn man diese Namen nicht für abgesonderte Kräfte oder für bloße Stufenerhöhungen der Tierkräfte annimmt, so gilts mir gleich. Es ist die *ganze Einrichtung aller menschlichen Kräfte; die ganze Haushaltung seiner sinnlichen und
140 erkennenden, seiner erkennenden und wollenden Natur*; oder vielmehr — es ist *die einzige positive Kraft des Denkens,* die, mit einer gewissen *Organisation des Körpers* verbunden, bei den Menschen so *Vernunft* heißt, wie sie bei den Tieren *Kunstfähigkeit* wird, die bei ihm *Freiheit* heißt und bei den Tieren *Instinkt* wird. Der Unterschied ist *nicht in Stufen oder Zugabe von Kräften,* sondern in einer *ganz verschiedenartigen
145 Richtung und Auswickelung aller Kräfte.*

[. . .]

Nach richtigern Begriffen ist die Vernunftmäßigkeit des Menschen, der Charakter seiner Gattung, etwas anders, nämlich *die gänzliche Bestimmung seiner denkenden Kraft im Verhältnis seiner Sinnlichkeit und Triebe.* Und da konnte es, alle vorigen Analogien
150 zu Hülfe genommen, nicht anders ein, als daß —

wenn der Mensch Triebe der Tiere hätte, er das nicht haben könnte, was wir jetzt Vernunft in ihm nennen, denn eben diese Triebe rissen ja seine Kräfte so dunkel auf einen Punkt hin, daß ihm kein freier Besinnungskreis ward. Es mußte sein, daß —

wenn der Mensch Sinne der Tiere, er keine Vernunft hätte; denn eben die starke Reiz-
155 barkeit seiner Sinne, eben die durch sie mächtig andringenden Vorstellungen müßten alle kalte Besonnenheit ersticken. Aber umgekehrt mußte es auch nach eben diesen Verbindungsgesetzen der haushaltenden Natur sein, daß —

wenn tierische Sinnlichkeit und Eingeschlossenheit auf einen Punkt wegfiele, so wurde ein ander Geschöpf, dessen positive Kraft sich in größerm Raume, nach feinerer
160 Organisation, heller, äußerte, das abgetrennt und frei nicht bloß erkennet, will und würkt, sondern auch weiß, daß es erkenne, wolle und würke. Dies Geschöpf ist der Mensch, und diese ganze Disposition seiner Natur wollen wir, um den Verwirrungen mit eignen Vernunftkräften usw. zu entkommen, *Besonnenheit* nennen. Es folgt also nach

62

eben diesen Verbindungsregeln, da alle die Wörter Sinnlichkeit und Instinkt, Phantasie und Vernunft doch nur Bestimmungen einer einzigen Kraft sind, wo Entgegensetzungen 165 einander aufheben, daß —

wenn der Mensch *kein instinktmäßiges Tier* sein sollte, er vermöge der freierwürkenden positiven Kraft seiner Seele ein *besonnenes Geschöpf* sein mußte. — Wenn ich die Kette dieser Schlüsse noch einige Schritte weiter ziehe, so bekomme ich damit vor künftigen Einwendungen einen den Weg sehr kürzenden Vorsprung. 170

Ist nämlich die Vernunft keine abgeteilte, einzelwürkende Kraft, sondern eine seiner Gattung eigne Richtung aller Kräfte, *so muß der Mensch sie im ersten Zustande haben, da er Mensch ist.* [...]

Ich habe auch mit diesem Aufräumen der Begriffe keinen Umweg genommen, sondern wir sind mit einemmal am Ziele! Nämlich: 175

Der Mensch, in den Zustand von Besonnenheit gesetzt, der ihm eigen ist, und diese Besonnenheit (Reflexion) zum erstenmal frei würkend, hat Sprache erfunden. Denn was ist Reflexion? Was ist Sprache?

Diese Besonnenheit ist ihm charakteristisch eigen und seiner Gattung wesentlich: so auch Sprache und eigne Erfindung der Sprache. 180

Erfindung der Sprache ist ihm also so natürlich, als er ein Mensch ist! [...]

7.2 *Immanuel Kant:* Übergang von der sittlichen Vernunfterkenntniß zur philosophischen

Es ist überall nichts in der Welt, ja überhaupt auch außer derselben zu denken möglich, was ohne Einschränkung für gut könnte gehalten werden, als allein ein **guter Wille.** [...]

Der gute Wille ist nicht durch das, was er bewirkt oder ausrichtet, nicht durch seine Tauglichkeit zu Erreichung irgend eines vorgesetzen Zweckes, sondern allein durch das 5 Wollen, d. i. an sich, gut und, für sich selbst betrachtet, ohne Vergleich weit höher zu schätzen als alles, was durch ihn zu Gunsten irgend einer Neigung, ja wenn man will, der Summe aller Neigungen nur immer zu Stande gebracht werden könnte. [...]

Es liegt gleichwohl in dieser Idee von dem absoluten Werthe des bloßen Willens, ohne einigen Nutzen bei Schätzung desselben in Anschlag zu bringen, etwas so 10 Befremdliches, daß unerachtet aller Einstimmung selbst der gemeinen Vernunft mit derselben dennoch ein Verdacht entspringen muß, daß vielleicht bloß hochfliegende Phantasterei ingeheim zum Grunde liege, und die Natur in ihrer Absicht, warum sie unserm Willen Vernunft zur Regiererin beigelegt habe, falsch verstanden sein möge. Daher wollen wir diese Idee aus diesem Gesichtspunkte auf die Prüfung stellen. 15

In den Naturanlagen eines organisirten, d. i. zweckmäßig zum Leben eingerichteten, Wesens nehmen wir es als Grundsatz an, daß kein Werkzeug zu irgend einem Zwecke in demselben angetroffen werde, als was auch zu demselben das schicklichste und ihm am meisten angemessen ist. Wäre nun an einem Wesen, das Vernunft und einen Willen hat, seine Erhaltung, sein Wohlergehen, mit einem Worte seine Glück- 20 seligkeit, der eigentliche Zweck der Natur, so hätte sie ihre Veranstaltung dazu sehr schlecht getroffen, sich die Vernunft des Geschöpfs zur Ausrichterin dieser ihrer Absicht zu ersehen. Denn alle Handlungen, die es in dieser Absicht auszuüben hat, und die ganze Regel seines Verhaltens würden ihm weit genauer durch Instinct vorgezeich-

25 net und jener Zweck weit sicherer dadurch haben erhalten werden können, als es jemals
durch Vernunft geschehen kann, und sollte diese ja obenein dem begünstigten Geschöpf
ertheilt worden sein, so würde sie ihm nur dazu haben dienen müssen, um über die
glückliche Anlage seiner Natur Betrachtungen anzustellen, sie zu bewundern, sich ihrer
zu erfreuen und der wohlthätigen Ursache dafür dankbar zu sein; nicht aber, um sein
30 Begehrungsvermögen jener schwachen und trüglichen Leitung zu unterwerfen und in
der Naturabsicht zu pfuschen; mit einem Worte, sie würde verhütet haben, daß Vernunft nicht in praktischen Gebrauch ausschlüge und die Vermessenheit hätte, mit
ihren schwachen Einsichten ihr selbst den Entwurf der Glückseligkeit und der Mittel
dazu zu gelangen auszudenken; die Natur würde nicht allein die Wahl der Zwecke, son-
35 dern auch der Mittel selbst übernommen und beide mit weiser Vorsorge lediglich dem
Instincte anvertraut haben.

In der That finden wir auch, daß, je mehr eine cultivirte Vernunft sich mit der
Absicht auf den Genuß des Lebens und der Glückseligkeit abgiebt, desto weiter der
Mensch von der wahren Zufriedenheit abkomme, woraus bei vielen und zwar den Ver-
40 suchtesten im Gebrauche derselben, wenn sie nur aufrichtig genug sind, es zu gestehen,
ein gewisser Grad von Misologie, d. i. Haß der Vernunft, entspringt, weil sie nach
dem Überschlage alles Vortheils, den sie, ich will nicht sagen von der Erfindung aller
Künste des gemeinen Luxus sondern sodar von den Wissenschaften (die ihnen am
Ende auch ein Luxus des Verstandes zu sein scheinen) ziehen, dennoch finden, daß sie
45 sich in der That nur mehr Mühseligkeit auf den Hals gezogen, als an Glückseligkeit
gewonnen haben und darüber endlich den gemeinern Schlag der Menschen, welcher der
Leitung des bloßen Naturinstincts näher ist, und der seiner Vernunft nicht viel Einfluß
auf sein Thun und Lassen verstattet, eher beneiden als geringschätzen. Und so weit muß
man gestehen, daß das Urtheil derer, die die ruhmredige Hochpreisungen der Vortheile,
50 die uns die Vernunft in Ansehung der Glückseligkeit und Zufriedenheit des Lebens verschaffen sollte, sehr mäßigen und sogar unter Null herabsetzen, keineswegs
grämisch, oder gegen die Güte der Weltregierung undankbar sei, sondern daß diesen
Urtheilen ingeheim die Idee von einer andern und viel würdigern Absicht ihrer Existenz
zum Grunde liege, zu welcher und nicht der Glückseligkeit die Vernunft ganz eigentlich
55 bestimmt sei, und welcher darum als oberster Bedingung die Privatabsicht des Menschen größtentheils nachstehen muß!

Denn da die Vernunft dazu nicht tauglich genug ist, um den Willen in Ansehung der
Gegenstände desselben und der Befriedigung aller unserer Bedürfnisse (die sie zum Theil
selbst vervielfältigt) sicher zu leiten, als zu welchem Zwecke ein eingepflanzter Natur-
60 instinct viel gewisser geführt haben würde, gleichwohl aber uns Vernunft als praktisches
Vermögen, d. i. als ein solches, das Einfluß auf den Willen haben soll, dennoch zuge-
theilt ist: So muß die wahre Bestimmung derselben sein, einen nicht etwa in anderer
Absicht als Mittel, sondern an sich selbst guten Willen hervorzubringen, wozu
schlechterdings Vernunft nöthig war, wo anders die Natur überall in Austheilung ihrer
65 Anlagen zweckmäßig zu Werke gegangen ist. Dieser Wille darf also zwar nicht das einzige und das ganze, aber er muß doch das höchste Gut und zu allem Übrigen, selbst
allem Verlangen nach Glückseligkeit die Bedingung sein, in welchem Falle es sich mit-
der Weisheit der Natur gar wohl vereinigen läßt, wenn man wahrnimmt, daß die Cultur
der Vernunft, die zur erstern und unbedingten Absicht erforderlich ist, die Erreichung
70 der zweiten, die jederzeit bedingt ist, nämlich der Glückseligkeit, wenigstens in diesem
Leben auf mancherlei Weise einschränke, ja sie selbst unter Nichts herabbringen könne,

64

ohne daß die Natur darin unzweckmäßig verfahre, weil die Vernunft, die ihre höchste praktische Bestimmung in der Gründung eines guten Willens erkennt, bei Erreichung dieser Absicht nur einer Zufriedenheit nach ihrer eigenen Art, nämlich aus der Erfüllung eines Zwecks, den wiederum nur Vernunft bestimmt, fähig ist, sollte dieses auch mit 75 manchem Abbruch, der den Zwecken der Neigung geschieht, verbunden sein. [...]

7.3 *Arnold Gehlen:* Der Mensch — ein handelndes Wesen

Die bisher dargelegten Anschauungen, [...] bilden für weitere Fragestellungen sehr fruchtbare Ausgangspunkte. Man sieht nämlich, daß in diesem Schema die menschliche ›Intelligenz‹, die ›Vernunft‹, Denkkraft usw. durchaus berücksichtigt ist, aber sie erscheint hier sozusagen als hineinkomponiert in die biologischen Lebensbedingungen. Unsere Theorie enthält gar keine Ansätze zu einem ›Dualismus‹, sondern entgeht ihm 5 (in einer erweiterten Formel *Nietzsche*s) in dem Rückschluß vom Bewußtsein auf den, der es nötig hat.

Fragt man, wodurch unser Schema in erster Linie charakterisiert ist, so wäre die Antwort: die physische, leibliche Seite des Menschen und seine innere, geistige können nur unter einer einzigen Bedingung sinnvoll zusammengedacht werden, wenn wir nämlich 10 unter der biologischen Hinsicht, wie ein Wesen sich hält und sein Dasein fristet, bemerken, daß sein intelligentes und voraussehendes Sichverhalten gerade durch bestimmte physische Eigenschaften erzwungen ist. Nur in voraussehender Veränderung der Natur ist ein organisch so beschaffenes Wesen lebensfähig. Man muß daher in den Mittelpunkt aller weiteren Probleme und Fragen die *Handlung* stellen und den Menschen als ein 15 handelndes Wesen definieren — oder als ein voraussehendes oder kulturschaffendes, was alles dasselbe meint — und muß nun für weitere Forschungen so formulieren: Lassen sich, auf dem Hintergrund der bisher entwickelten Vorstellungen, auch die näheren, spezifisch menschlichen Leistungen und Eigenschaften von der Handlung und ihren sachlichen Bedingungen her verstehen? Der große Vorteil dieses Vorgehens ist der, daß 20 wir empirisch behandelbar Fragen stellen und daß von Anfang an jede Veranlassung zu einem Dualismus vermieden wurde. In der Tat erweist sich dieser Ansatz als überaus fruchtbar, und um wenigstens anzudeuten, in welcher Weise sich die Fragen weiter entwickeln, gebe ich noch einige der wesentlichen Umrisse.

Man kann einmal zeigen, daß in der Gesetzlichkeit der uns wahrnehmbaren Welt, der 25 anscheinend ohne unser Zutun den Sinnen gegebenen Wirklichkeit, die menschliche physische Eigentätigkeit darinsteckt; die komplizierten Prozesse der Zusammenarbeit von Körperbewegung, Auge und tastender Hand lassen sich so weit analysieren, daß klar wird: der ›unmittelbare‹ Bestand der gegebenen Welt ist hochgradig durch unsere Eigentätigkeit vermittelt und geradezu ein *Resultat*. Am Ende dieser hier nicht entfernt 30 darzustellenden Prozesse, welche den Hauptinhalt der Leistungen der frühen Kindheit ausmachen, steht jedenfalls die Tatsache, daß wir uns in einer optisch völlig *übersehenen* Welt befinden, deren Einzelheiten uns zwar durch Gestaltumrisse, Farbwerte, Größendifferenzen, Abschattungen, Verkürzungen usw. nur *angedeutet* (symbolisch gegeben) sind, jedoch so, daß uns die *Umgangs-* und *Gebrauchswerte* rein optisch mitge- 35 geben werden, also die Trockenheit, Materialstruktur, Schwere, Entfernung, ja die ›Handlichkeit‹ der Dinge. Jedes Ding ist uns dabei aus eigenem früherem Umgang

vertraut und potentiell verfügbar, aber es ist zugleich im Bereich eines Fernesinns distanziert und nur angedeutet, oberflächlich wahrgenommen (nie in seiner vollen mög-
40 lichen Ausgiebigkeit), trotzdem diese Andeutungen hochsymbolisch verdichtet sind und auch, wie wir eben sahen, die möglichen Gebrauchswerte mitumfassen.

Diese Struktur der uns umgebenden Welt-Übersehbarkeit, Dahingestelltsein der Einzelheiten bei doch vorhandener Intimität, nur oberflächliche und andeutungshafte Sichtbarkeit bei doch hochsymbolischer ›Bedeutung‹ — ist im Grunde eben das, was die
45 Philosophie immer unter dem Problem der Objektivität suchte, und sie ist eindeutig sinnvoll für ein Wesen, das, der offenen Weltfülle ausgesetzt und einer zweckmäßigen Auslese des Wahrnehmbaren, wie sie dem Tiere zukommt, *entbehrend,* sich doch in der Welt orientieren muß, und nicht nur dies, sondern sie auch in den Einzelheiten in die Hand bekommen muß, und dies alles in einer Verfügbarkeit auch für künftige Fälle.
50 Das wird so erreicht, daß die Bewegungsübungen des unreifen Organismus in die Entwicklung seiner Wahrnehmungsleistungen eingebaut sind, so daß der Mensch ›lernend wächst‹, indem die Entdeckung des Sichtbaren nur tätig möglich ist und wieder die Entwicklung des Bewegungsvermögens von wechselnden Reihen sinnlicher Eindrücke begleitet und gefolgt ist. Am Ende jedenfalls steht ein Organismus, in dem ein ungemei-
55 ner Reichtum möglicher und ›gekonnter‹ Bewegungen darauf wartet, auf eine Andeutung hin einzuspringen, die die menschliche Umsicht und Vorsicht einer Welt mühelos übersehbarer, distanzierter und doch intimer Reize entnimmt. Der genaue Gegensatz dieser sehr mühsam entwickelten Fähigkeit ist die ebenso großartige Spezialisierung, mit der viele Tiere auf einen noch nie gesehenen, sehr besonderen Umwelteindruck mit
60 einer angeboren fertigen, flüssigen und vollkommen zweckmäßigen Bewegungsfolge reagieren, wie etwa junge Graugänse auf die Silhouette des Raubvogels: die Instinkthandlung mit ›angeborenem Schema‹ (K. *Lorenz*).

Entlastungsfunktion der Sprache
Die hier kurz beschriebene Entwicklung wäre auch so zu kennzeichnen: die ›Weltoffen-
65 heit‹ des Menschen (*Scheler*) ist eigentlich, biologisch gesehen, ein negativer Sachverhalt. Dem Tier ist durch die Weisheit der Natur das abgeblendet, was nicht als Feind-, Beute-, Geschlechtszeichen usw. lebenswichtig zur Wahrnehmung kommen muß; oder in anderen Fällen wird in einem Wahrnehmungsfeld mit biologisch überflüssigen Inhalten doch nur das Gegenstand des Verhaltens, was triebbedeutsam ist und werden
70 kann. Der Mensch aber ist einer *Reizüberflutung* ausgesetzt, einem biologisch nur dann verstehbaren Reichtum des *Wahrnehmbaren*, wenn man diesen in Beziehung setzt zu der Notwendigkeit, unter beliebigen, niemals angepaßten und also in zufälligem Grade mannigfaltigen und verschiedenen Bedingungen Chancen für seine Tätigkeit finden zu müssen, von der er physisch lebt. Die damit gegebene *Belastung* wird nun, wie wir eben
75 zeigten, von ihm selbsttätig überwunden, wenn es auch ein langer Weg ist, bis der mühelose Überblick erreicht ist, der Reichtum der Inhalte bekannt, das Können der Bewegung und Hantierung entwickelt und eingeübt. Wir können daher diese Entwicklungen auch als *Entlastungsprozesse* bezeichnen, und damit soll folgendes gemeint sein: der wechselseitige Einfluß, in dem die Bewegungserlernung und der Aufbau der Wahr-
80 nehmungswelt zueinander stehen, geht in der Richtung auf zunehmende *Distanzierung* von Mensch und Welt. Unser Verhalten wird immer mannigfaltiger, zugleich aber immer potentieller, ein bloßes ›Können‹, das Wahrgenommene zunehmend bloße Andeutung von *möglicher* Entwickelbarkeit, auf die wir uns meist gar nicht mehr einlassen.

66

Diesen Prozeß der Entlastung führt nun die Sprache geradlinig weiter, ja streng- 85
genommen ist sie ja schon in ziemlich frühe Phasen desselben in ihren Anfängen einge-
schaltet. Hierüber sei das folgende ausgeführt.

Wenn man die Sprache einmal nicht von oben her, vom Begriff und vom Denken aus,
sondern von der biologischen Seite ansieht, also einfach als Bewegung und als Klasse
besonderer, sagen wir lautmotorischer Vollzüge, so ist zunächst zu sagen, daß der allgemeine und elementare biologische Zusammenhang zwischen Reiz und Reaktion auch 90
hier vorhanden ist, denn das kleine Kind reagiert auf Eindrücke sehr bald in Lautbewe-
gungen, und sein Tönebilden und Lautbewegen zeigt uns, daß jener allgemeine Zusammenhang durchaus vorhanden ist, nur sozusagen ›abgeschoben‹ in ein besonderes
Organ, eben das lautmotorische oder Sprachorgan. Sprachlaute ersetzen beim kleinen
Kinde zunehmend die Antwortreaktionen sonstiger körperlicher Art, und der Mensch 95
kann eine Masse von Reizen akustischer oder optischer Herkunft, von denen er über-
schwemmt wird, rein lautmotorisch abreagieren, während sein Gesamtverhalten aus
dem suggestiven Anstoß der Reizwelt herausgenommen ist, der das Tier in seiner
Umwelt herumtreibt.

Weil nun der Laut die außerordentliche Eigenschaft hat, *zugleich* Bewegung zu sein 100
und, als gehörter, Bestandteil der Außen- und Wahrnehmungswelt, noch dazu eines
Fernesinnes, so ist es möglich, sich in einer sehr mühelosen, leicht automatisierenden
Bewegung auf eine Sache zu richten *und* sie darin gleichzeitig zu empfinden und zu
›vernehmen‹. Indem die Lautbewegung auf den Reiz antwortet, schafft sie selbst das
Symbol, das leicht mit jenem Reiz verschmilzt, sie empfindet dabei zugleich sich selbst 105
und in dem einen Eindruck auch den anderen, im Laut auch das gesehene Ding. Das ist
ein müheloser, hochgradig erleichterter und noch dazu schöpferischer Umgang mit den
Dingen, weil die empfindbare Fülle der Welt wirklich vermehrt wird. So wird die Distanz noch einmal entscheidend vergrößert: zwischen unser Verhalten und die Wirklichkeit schiebt sich eine ›Zwischenwelt‹ aktiv gesetzter Symbolik. Die Welt der Tiere mit 110
ihren hochgezüchteten Sinnen ist unvergleichlich enger, aber auch unvergleichlich dra-
matischer als unsere, nicht nur weil die Reize meist in Bewegung, oft in Panik umgesetzt
werden, sondern auch deshalb, weil das Tier, stets ganz gegenwärtig und als Ganzes
bewegt, auch immer in jede Situation seinen Vorrat von Trieben und Bedürfnissen,
Erfahrungen und Gewohnheiten mit hineinzieht. Dagegen ist im ›Ansprechen‹ 115
(Bezeichnen) der Dinge ein *aktives* Verhalten möglich, das *nichts praktisch verändert,*
sondern eine entlastete, *bloß empfindbare Bewegung* ist — die Bedingung alles ›theoretischen Verhaltens‹. Soll es überhaupt etwas wie vorstellendes (vorsehendes), auf das
Sosein der Dinge selbst gerichtetes Verhalten geben, so muß es auf einer eigenen, praktisch unwirksamen Bahn laufen und so darf nicht der ganze Organismus motorisch auf 120
den Reiz eingehen, nicht immer die Totalität der Bedürfnisse mobilisiert werden.

Durch diese einzigartige Tätigkeit, welche also zugleich die Dingreize bewegungsmä-
ßig erledigt und das Symbol, den Laut schafft, in dem man sich auf sie richtet, und
somit zugleich aktive und sinnlich empfangene Zuwendung ist, werden die Dingreize
entdramatisiert, erledigt und ferngerückt, wird der ›Anspruch‹ derselben ein Mini- 125
mum. Es ist eine alte Wahrheit, daß die Sprache die Dinge ›bannt‹, ihnen ihre Wir-
kungsmacht nimmt. Aber andererseits wächst ihnen ein sinnliches Plus durch unsere
Eigentätigkeit zu, denn der Laut, mit dem wir den Eindruck begleiten, tritt ja als gehörter zu dem sinnlichen Stoff des optischen Eindrucks dazu; dadurch wird die Wirklichkeit, die so distanziert wird, doch wieder intim, ihre Inhalte werden weitgehend ent- 130

machtet, aber in den Umkreis unseres Daseinsgefühls eingewoben, hineingezogen in das Selbstgefühl des sinnlichen Eigenlebens: an ihren Namen treten die Dinge in unser Inneres. Ohne diese Anschauung wird es unverständlich, wie durch die Sprache der Welt eine durchaus phantastische Dramatik aufgeprägt wird, die die Wissenschaft später erst
135 mühsam abträgt, mit Aktivum und Passivum, mit Geschlechtsphantasmen männlicher und weiblicher Worte, mit Metaphern und Bildern usw.

Um die jetzt freigelegten Möglichkeiten zu ermessen, muß man erwägen, daß alle Laute ja beliebig verfügbar sind, d. h. daß sie in dem ›daß‹ ihres Zustandekommens nicht auf bestimmte Anregungen angewiesen sind: sie können ganz unabhängig vom
140 tatsächlichen inhaltlichen Bestand der Situation hervorgebracht werden, was damit zusammenhängt, daß die Sprachbewegungen wie die Tast- und Gehbewegungen den empfindbaren Reiz selbst hervorbringen, der zu einer Fortsetzung der Bewegungen anreizt. Wenn aber, wie gesagt, Laute und Worte beliebig verfügbar sind, so kann man sich in diesen Symbolen auf irgendwelche gar nicht jetzt gegebene Dinge richten, an
145 Nichtanwesendes sich erinnern, wodurch man, wie *Schopenhauer* sagt, ›in Gedanken die Übersicht der Vergangenheit und Zukunft wie auch des Abwesenden erhält‹. So von außen, von der Sprache her ansetzend, entwickelt sich das Denken allmählich zu seiner vollkommenen Unabhängigkeit vom Hier und Jetzt und damit erst zu seiner welthaften Bedeutung. Damit ist der Bannkreis des Unmittelbaren, in dem das Tier immer
150 gefangen bleibt, gebrochen. Erinnerung des Gewesenen und damit bewußter Vergleich, Auswertung der Erfahrung in Hinsicht auf Erwartungen des Zukünftigen, Inrechnungstellen des Entfernten werden möglich, alle jene Leistungen, auf welchen eine planende, intelligent gesteuerte und nach der Zukunft hin gerichtete Tätigkeit beruht. Das jetzt und hier Vorhandene ist im menschlichen Verhalten fast immer bloßer Durchgangsbe-
155 stand, bloßes Material, ihm wächst in unserem Denken die Verfügbarkeit zu, und jede beliebige Einzelheit des Vorgefundenen kann ›vorstellend‹ räumlich und zeitlich verlagert und mit jeder anderen kombiniert werden. Ob die Horde der Wilden im Baume schon das künftige Boot sieht oder ob Großvölker der Neuzeit Krieg führen um künftige Wohnräume, für künftige Geschlechter, es ist dieselbe ›untierische‹ Struktur ihres
160 Verhaltens. Man kann sogar einfach den Menschen in höherem Grade ein vorstellendes als ein wahrnehmendes Wesen nennen, und gerade davon lebt er, denn er verhält sich mehr von den vorausgedachten und entworfenen Umständen her, als von den vorgefundenen und ›wirklichen‹. Mit diesen Bestimmungen ist das umrissen, was man die Weltoffenheit des Menschen nennen muß.
165 Noch gar nicht angedeutet ist hier die ebenso entscheidende und schicksalsvolle Seite der Sprache als Verständigung und Mitteilung, weil wir eben nur das Verhältnis des Wortes zur Sache, zum gemeinten Gegenstand behandelten. Auch in dieser anderen Richtung wird die ›Entlastung‹, die immer steigende Indirektheit des Verhaltens zur Welt gefördert, denn wer in der Verständigung mit einem andern handelt, handelt gar
170 nicht mehr, grob gesagt, aus seiner eigenen inneren Welt, sondern ebenso von den Vorstellungen und Motiven jenes anderen her wie der, der einem Befehl oder Ratschlag folgt.

Es sind hiermit, wie ich wiederhole, natürlich nur wenige Thesen angedeutet worden, und vor allem die Sprache ist ja ein Gebiet von außerordentlicher innerer Reichhaltig-
175 keit und aufschließender Kraft. Ihre Entwicklung aus mehreren, voneinander unabhängigen Wurzeln, ihre Rückwirkung auf die Differenzierung des Vorstellungs- und Phantasielebens — alles das muß hier ebenso unerörtert bleiben wie ein ganzes großes weite-

68

res Kapitel: die Besonderheit des menschlichen Antriebslebens. Die lange gesehene Instinktarmut des Menschen steht mit der Unspezialisiertheit seines Gesamthabitus in ebenso engem Zusammenhang wie mit seiner Weltoffenheit: denn was sind, kurz gesagt, 180 Instinkte anderes als angeborene Bewegungskoordinationen spezieller Art, deren ein so organmangelhaftes Wesen nur wenige hat. Und sofern Instinkte ja nur dann von höherer Zweckmäßigkeit sein können, wenn sie von vornherein auf sehr bestimmte, angepaßte Umweltreize ansprechen, so kann auch in dieser Hinsicht der Mensch kein Instinktwesen sein, denn in seiner Lebenssituation garantiert nichts, daß er diesen Signalen 185 überhaupt begegnet — der offenen Sphäre der Welt ausgesetzt, wie er ist. Dafür aber besteht im Menschen ein *Überschuß* unfestgelegter, erst im Laufe der Erfahrung und Auseinandersetzung mit der Welt zu *orientierender* Antriebskraft weit über das Quantum an Energie hinaus, das zur bloßen Fristung des Lebens notwendig wäre, und damit ein Verarbeitungs- und Disziplinierungszwang, ja ein Hemmungsbedürfnis, das man 190 sehen und verstehen muß, wenn man zweierlei einbeziehen will, was wieder offensichtlich charakteristisch ist: einmal die ungeheure, unerschöpfliche gerichtete Antriebsenergie, mit der der Mensch das Gesicht der Erde durchfurcht hat, und sodann wieder das Gefährdete, Riskierte, Fragwürdige seiner Organisation — ›die ganze Schwäche der sich selbst überlassenen, durch keine strengen Formen geschützten menschlichen Na- 195 tur‹ (*Bachofen*) — und damit also wieder die gebieterische Gewalt der Zuchtformen, der Sitten, Moralen und Strafen, der Herrschafts- und Führungsordnungen, die Gewalt des Leviathan, von dem geschrieben steht: ›Meinst du, die Gesellschaften werden ihn zerschneiden, daß er unter die Kaufleute zerteilet wird?‹ (*Hiob 41, 25*)
[...]

69

8. Kritik der Anthropologie

Die philosophische Anthropologie *ist allgemein eine Diszi-plin der* gegenwärtigen bürgerlichen Philosophie. *Als solche entstand und entwickelte sie sich mit Beginn der allgemeinen Krise des Kapitalismus. Sie hat nichts zu tun mit den in der Geschichte der Philosophie unternommenen mannigfachen Versuchen, das Wesen des Menschen philosophisch zu erfas-sen, ein philosophisches Menschenbild zu entwerfen.*
Ihren weltanschaulichen Prämissen und Schlußfolgerungen *nach ist die philosophische Anthropologie* subjektiv-ideali-stisch, *ihrer* erkenntnistheoretischen Grundhaltung *nach agnostizistisch. Darüber hinaus sind die meisten ihrer Ver-treter* theologisch *orientiert. Innerhalb der Versuche zur Theologisierung der gegenwärtigen bürgerlichen Philosophie steht sie an hervorragender Stelle.*

Manfred Buhr

8.1 *Karel Kosík:* Praxis und Totalität: Der Mensch

[. . .] Der Mensch ist ein Wesen, das erkennt, was es erkennen kann, das erkennt, was es zu tun hat, das erkennt, was es hoffen darf. Durch die drei ersten Fragen ist der Mensch definiert als ein *erkennendes* Subjekt oder als Subjekt des Erkennens. In dem derart abgesteckten Gedankenhorizont brachten andere Generationen Ergänzungen oder Prä-
5 zisierungen an und gelangten zu dem Schluß, daß der Mensch nicht nur ein erkennen-des, sondern auch ein erlebendes und handelndes Wesen sei: der Mensch ist Subjekt des Erkennens, Subjekt des Erlebens, Subjekt des Handelns. Im konsequenten Zuendeden-ken dieses Aufrisses offenbart sich die Welt als Projekt des Menschen: die Welt ist nur insoweit da, als der Mensch existiert.
10 In dieser zweiten Bedeutung bringt die ››Philosophie des Menschen‹‹ also den Stand-punkt der Subjektivität zum Ausdruck: Grundlage und Ausgangspunkt der Philosophie ist nicht der Mensch, der Mensch überhaupt, sondern eine bestimmte *Auffassung* des Menschen. Die philosophische Anthropologie ist eine Philosophie des Menschen inso-weit, als sie den Menschen als Subjektivität auffaßt.
15 Philosophie des Menschen hat aber noch eine weitere, dritte Bedeutung. Sie ist eine pro-grammatische Disziplin, die sich mit vernachlässigten Fragen befassen will, etwa mit der Verantwortung des Einzelnen, dem Sinn des Lebens, dem Konfliktcharakter der Moral usw. Philosophie des Menschen ist in diesem Sinne eine Bezeichnung für das Ver-gessene und Übersehene, das Verbotene und Vernachlässigte. Sie wird als unerläßliche
20 *Ergänzung* aufgefaßt; die bisherige Philosophie müsse durch sie vervollständigt werden, um auf der Höhe der Zeit zu sein und auf alle ihre Fragen antworten zu können. [. . .]

8.2 *Jürgen Habermas:* Philosophische Anthropologie

[. . .]
2. Die *philosophische Anthropologie* bezieht sich nun auf die Forschungsergebnisse dieser biologischen und ethnologischen Anthropologie; sie verarbeiten Resultate aller

70

Wissenschaften, die wie Psychologie, Soziologie, Archäologie, Sprachwissenschaft usw. irgend mit Mensch und Menschenwerk zu tun haben; aber sie ist selber keine Einzelwissenschaft in diesem Sinn. Philosophische Anthropologie ist sehr wohl noch Teil der Philosophie, sie hat sich von deren Kernbestand, der Logik, der Ethik und Metaphysik, noch nicht abgelöst, sie ist noch nicht zu einer eigenen Wissenschaft geworden. Denn ihr Gegenstand ist etwas, das nicht geradewegs zum Gegenstand werden kann: das »Wesen« des Menschen. Die Naturwissenschaften sind von dem vorgängigen Wissen um das »Wesen« der Natur unabhängig; so gibt uns beispielsweise der physikalische Ausdruck für Elektrizität einen Begriff davon, wie sich die Natur unter bestimmten experimentellen Bedingungen verhält und gesetzmäßig immer wieder so verhält; wir verfügen über diese bestimmte Reihe von Erscheinungen, sobald wir sie im Experiment feststellen. Allein, wo wir derart lernen, wie es sich mit der Natur verhält, erfahren wir nichts, nicht einmal andeutungsweise, darüber, was sie ist. Das Wesen der Elektrizität, wenn es so etwas gäbe, bleibt uns bei alledem ganz verschlossen. Anders beim Menschen; über das, wie es sich mit ihm verhält, erfahren wir ernsthaft nur in dem Maße, in dem wir wissen: wer er ist. Das Sein des Menschen ist nicht abzutrennen von dem Sinn, zu dem er sich versteht, oder auch: zu dem er sich objektiv zu verstehen hätte und den er subjektiv womöglich gar nicht trifft. Sprechen, Handeln, Gestalten heißt nicht nur, über bestimmte Organe verfügen, sondern über einen Sinn; so bestimmt HELMUTH PLESSNER diesen Sachverhalt; sie sind nicht starre Vermögen, die hinterrücks ihr Werk tun, sie sind Vermögen nur insoweit, als der Mensch sie vermag, als er sich auf sie versteht und zu ihnen versteht. Und dieser Sinn ist nicht ein für allemal der gleiche. Menschen verstehen sich je in ihrer Gesellschaft und in ihrer geschichtlichen Lage auf eine andere Weise; und wenn es so ist, daß sie in diesem Sinnverständnis ihr Wesen erst feststellen, dann hat der Mensch viele Wesen; es sei denn, man sieht das Wesen des Menschen eben darin, daß er mitwirken muß, es jeweils zu finden. Der Mensch, sagt F. NIETZSCHE, ist das nichtfestgestellte Wesen. Darum, so fährt J.-P. SARTRE fort, erfindet der Mensch den Menschen. Er macht sich allererst zu dem, was er ist. [...]

Die philosophische Anthropologie ist, ähnlich der modernen Naturphilosophie (in Gestalt einer Theorie des Lebens) und der modernen Geschichtsphilosophie (in Gestalt einer Theorie der Gesellschaft), nicht etwa eine wissenschaftliche Ausgliederung aus dem Verband der Philosophie, sondern umgekehrt eine Reaktion der Philosophie auf jene herangereiften Wissenschaften, die ihr Gegenstand und Anspruch streitig machen. Solche reaktiven philosophischen Disziplinen treiben nicht mehr das Geschäft der prima philosophia: sie begründen die Wissenschaften nicht mehr, sie verarbeiten sie; sie lassen Wissenschaften nicht mehr »entspringen«, sie müssen sie sich »geben« lassen. Philosophische Anthropologie stellt nicht mehr den Anspruch, »fundamental« zu sein. [...]

8.3 *Joachim Ritter:* Über den Sinn und die Grenze der Lehre vom Menschen

[...]

Es wurde eingangs gesagt, daß von der Anthropologie die Herstellung der alten autonomen Stellung der Philosophie erwartet wird. Und in der Tat erreicht sie diese Autonomie, aber auf Grund eines Verzichts auf Objektivität, auf Grund des Übergangs zum Subjektivismus. Es wurde gesagt, daß die Problemvoraussetzung der Anthropologie

letzten Endes die arbeitsteilige Entfremdung der Einzelwissenschaften ist. Wird aber diese Schranke durch die Anthropologie beseitigt? Keineswegs. Indem die Philosophie sich zur Anthropologie wendet, wird sie zur Metaphysik, das heißt, sie löst schließlich den Zusammenhang mit der Wissenschaft überhaupt. Sie tritt ins Reich wissenschafts-
10 fremder Weltanschauung über. Nur auf diesem Boden kann eine Lehre vom Wesen des Menschen gedeihen. Fragen wir, welche Bedeutung diese Lehre für die Wissenschaft und ihre Probleme hat, so ist die Antwort: allenfalls, wie bei SCHELER, die Bedeutung einer Zusammenfassung des derzeitigen Forschungsstandes, einer Zusammenfassung, die in der Form der Metaphysik aber zugleich den Blick für die hypothetische Allge-
15 meinheit dieses Forschungsstandes und damit den Blick für das verliert, was für den wissenschaftlichen Progreß allein entscheidend ist. Die Philosophie gewinnt in der Anthropologie den glänzenden Schein einer Weltanschauung, aber sie verliert ihre wissenschaftliche Funktion, ihre Rolle als Förderin und Helferin entwicklungsfähiger, die bloßen Subjektivismen einschränkender Erkenntnis. Muß die Philosophie, um über-
20 haupt ein Arbeitsfeld zu behalten, diesen Verlust mit allen seinen Folgen auf sich nehmen? Ich glaube, man muß diese Frage verneinen. Das Problem, das zur Anthropologie führt, ist die wissenschaftliche Erkenntnis selbst, ist die Schranke, die sich aus ihrer Entwicklung ergibt. Statt diese Schranke in der Metaphysik faktisch anzuerkennen, vermag die Philosophie diese Schranke selbst zum Problem zu machen. Tut sie das, so ist ihr
25 Problem das gleiche wie das der Wissenschaft überhaupt. Tut sie das, so wird sie auf die Durchleuchtung und Durchdringung der zwischen den Wissenschaften bestehenden methodischen und gegenständlichen Beziehungen, auf die Analyse ihrer Voraussetzungen, Grundbegriffe und Ergebnisse verwiesen. Tut sie das, so wird sie statt metaphysisch kritisch. Damit verliert sie freilich ihre Absolutheit und ihre Autonomie. Sie bleibt
30 an die Bedingungen der wissenschaftlichen Entwicklung selbst gebunden. Aber wird sie dadurch lebensfremder? Wird sie dadurch bedeutungslos? Hier liegt die Frage, um die sich letzthin alles dreht. Metaphysik und Anthropologie wenden sich gegenwärtig faktisch *gegen* die Wissenschaft und damit auch gegen die Lebensbedeutung der wissenschaftlich gesicherten Erkenntnis. Und hier liegt die über die Wissenschaft hinausgrei-
35 fende Gefahr der metaphysischen Wendung. Die allseitige und stets erweiterbare wissenschaftliche und erfahrungsgemäße Begründung unserer Welt- und Menschenkenntnis ist das Gut, um dessen Schaffung die klassische Philosophie im Kampf gegen die Metaphysik gerungen hat. Will man die Lebensbedeutung der Philosophie bestimmen, so kann sie nur die sein, gegenüber allem spekulativen, gegenüber allem mystischen und
40 subjektivistischen Denken den Sinn der objektiven Erkenntnis, der rationalen Klarheit und die Erweiterung unserer wissenschaftlichen Erfahrung zu sichern. Hier und nicht in der Prophetie liegt der Sinn philosophischer Arbeit. Wie SOKRATES in den Werkstätten Athens zu Hause war, so muß die Philosophie in den nüchternen Werkstätten und Laboratorien der Wissenschaft zu Hause sein. Dort findet sie ihre kritische und damit
45 zugleich fortschrittliche Aufgabe.

8.4 *Max Horkheimer:* Bemerkungen zur philosophischen Anthropologie

[...]

Die moderne philosophische Anthropologie gehört zu den späten Versuchen, eine Norm zu finden, die dem Leben des Individuums in der Welt, so wie sie jetzt ist, Sinn verleihen soll. Nachdem nicht nur die religiöse Offenbarung an Autorität eingebüßt,

72

sondern auch die Deduktion moralischer Grundsätze, wie sie seit dem 17. Jahrhundert 5
bis zum Neukantianismus üblich war, sich als eitel erwiesen hat, suchte man in der
Metaphysik das wahre Bild des Menschen als Ziel des Handelns hinzustellen. Nicht
bloß die inhaltlich bestimmten Lehren, die unmittelbar ein menschliches Verhalten, zum
Beispiel Hingabe an Volk und Nation, als einzig wahre Form des Menschseins verkün-
den, sondern auch noch jene mehr liberalen Wesensbestimmungen, die der Aktivität 10
keine Richtung vorzeichnen und daher das »Wagnis« in die Idee des Handelns aufnehmen, stellen die geistigen Energien, sei es unter dem Titel der Schau oder dem der Ausle-
gung, in den Dienst einer höheren Rechtfertigung und Sicherung, die zugleich unmöglich und verwirrend ist. Es kommt nicht besonders darauf an, daß ein bestimmtes Bild
als Ziel auch wirklich gezeichnet wird. Von der Utopie unterscheidet sich die Anthropo- 15
logie wie eine tiefgründige Interpretation der Gegenwart vom eindeutigen Willen zu
einer glücklicheren Zukunft, sofern er des Endpunkts, wenn auch nicht des Wegs gewiß
ist. [. . .]
Der Versuch, den Menschen als feste oder werdende Einheit zu begreifen, ist eitel. Die
Anthropologie setzt voraus, »daß der menschliche Fragekomplex sich als etwas in sich 20
Abgeschlossenes und zugleich Primäres darstellt. Die moderne Entwicklung führt aber
nun immer mehr dazu, gerade diese Einheit zu zerstören und den Anspruch des Menschen, in den Fragen, die er an sich selbst richtet, etwas Ursprüngliches zu sehen, zu
bestreiten.«[1] Die menschlichen Eigenschaften sind in den Gang der Geschichte ver-
schlungen, und sie selbst ist bis in die Gegenwart hinein keineswegs durch einen einheit- 25
lichen Willen geprägt. Ebensowenig wie das Objekt der Anthropologie stellt auch sie
eine selbständige Größe dar. Unser eigenes Bild von der Geschichte ist mit durch die
theoretischen und praktischen Interessen der gegenwärtigen Situation strukturiert. Die
Annäherung der Theorie an ihren Gegenstand, die in der Tat den geistigen Fortschritt
kennzeichnet, bedeutet nicht, daß Wissen und Sein jemals zusammenfielen; denn mit 30
der Funktion des Wissens in der Gesellschaft verändert sich fortwährend auch sein Sinn
und die Realität, auf die es sich bezieht. Wenn das Wissen diese Klarheit über sich verliert, wird es zum Fetisch, als welcher nicht allzu selten die Philosophie, aber auch der
Kampf der Skepsis gegen sie erscheint. Die hier vorgetragenen Bemerkungen bestreiten
die Annahme der einheitlichen Bestimmung, weil in der bisherigen Geschichte das 35
Schicksal der Menschen außerordentlich verschieden ist. Die gegen notwendige historische Veränderungen seit je erhobene Rede, daß die Natur des Menschen dawider sei,
soll endlich verstummen. Wenn auch die freieren philosophischen Anthropologen von
diesem gewöhnlichen Einwand sachlich weit entfernt sind und ausdrücklich lehren, es
sei nicht abzusehen, was aus dem Menschen noch werden kann, so hat doch ihre undia- 40
lektische Methode dazu beigetragen, daß zum sozialen Pessimismus aus vorgeblich
widerstreitender Erfahrung auch die Berufung auf Wesen und Bestimmung inzwischen
»pöbelhaft« geworden ist und das Bestehende verklärt. Die Bestreitung des einheitlichen Menschenwesens soll andererseits selbst so wenig absolut genommen werden,
daß sogar der Glaube an eine allgemeine menschliche Natur zuweilen als geringerer Irr- 45
tum erscheint, dann nämlich, wenn es auf die Einsicht ankommt, daß Glück und Elend
stetig die Geschichte durchziehen, daß die Menschen, wie sie sind, ihre Grenze haben
und Rücksicht verdienen, daß es sich rächt, wenn man die Grenzen übersieht.

---

[1] Bernhard GROETHUYSEN, »Philosophische Anthropologie«, in: *Handbuch der Philosophie,* Abteilung
III, München und Berlin 1931, S. 205.

73

Anhang

1. *Leszek Kolakowski:* Killing handicapped babies — ein philosophisches Problem

[...] Gewiß, wir treiben keinen Sklavenhandel mehr; aber wir vermögen weit besser als der Sklavenhalter den »gerechten Preis«, das *justum pretium* eines Menschen einzuschätzen, indem wir Ausbildung, Alter, Fähigkeiten und Gesundheitszustand in die Berechnung einbeziehen. Auf diese Weise arbeiten Versicherungsgesellschaften. Im
5 übrigen gibt es viele gewichtige Argumente für die Behauptung, daß die überwältigende Vorherrschaft der Kriterien von technischer Effizienz und Produktivität, verbunden mit außerordentlicher Geschicklichkeit, alle Werte in Form von Geld auszudrücken, die notwendige Voraussetzung gewesen ist für alle wohltätigen Wirkungen des technischen Fortschritts sowohl als auch für die Errichtung und Erhaltung demokratischer Institu-
10 tionen im öffentlichen Leben — zumindest in gewissen Teilen der Welt.
Gibt es nun irgendwelchen entscheidenden Unterschied zwischen einer Zivilisation, die alle menschlichen Werte in Geldwert umzusetzen erlaubt, und einer solchen, die aufgrund derselben Kriterien die Tötung sogenannter nutzloser Lebewesen zulassen würde? Ich glaube, es gibt diesen Unterschied. Und zwar deshalb, weil in die Frage, »ob
15 es erlaubt ist, behinderte Kinder zu töten«, bestimmte grundsätzliche Entscheidungen nicht nur ethischer, sondern auch philosophischer Natur eingeschlossen sind — philosophisch im Sinne universeller Interpretation menschlicher Existenz ebenso wie der Welt als Reich der Bedeutung.
In der Tat ist der Hauptimpuls allen philosophischen Denkens der Wunsch des Men-
20 schen nach Selbstidentifikation gewesen, und diese Selbstidentifikation hat immer zwei Grundformen gehabt: Entweder sahen sich die Menschen in eine natürliche Ordnung einbezogen, oder sie entdeckten sich als ein selbstreflektierendes Subjekt, das nicht nur seine Existenz erfährt, sondern sich gleichzeitig der Tatsache eben dieser Erfahrung bewußt wird; das nicht nur weiß, daß es ist, sondern weiß, daß es weiß, oder das in der
25 Lage ist, seine eigene Subjektivität zum Objekt der Reflexion zu machen. Alle metaphysische Bemühung in fast allen Bereichen der traditionellen Philosophie wurde von diesem Verlangen gespeist, in menschlicher Sprache die nicht-relative Wirklichkeit auszudrücken, den Ort menschlicher Existenz innerhalb der absoluten Wirklichkeit ausfindig zu machen und ihre Bedeutung — oder das Fehlen solcher Bedeutung — im Angesicht
30 des Seins zu enthüllen.
Nur indem sich die europäische Kultur auf diese Selbstidentifikation des Menschen als eine sich selbst verstehende Subjektivität gründete, war sie in der Lage, den Begriff der Humanität als ein Phänomen zu artikulieren, das nicht in seiner Gesamtheit in die natürliche Ordnung einbezogen ist, sondern all seinen Werten und Funktionen eine
35 zusätzliche, auf das Animalische nicht reduzierbare Bedeutung mitteilt. Die Philosophie hat diese Bedeutung nicht aufgrund eigener willkürlicher Entscheidung geschaffen. Sie artikuliert nur das, was der Mensch gewollt oder ungewollt an Bedeutung in sein Verhalten und in seine Werke hineinlegt. Dieses zusätzliche, nicht rein funktionelle Sinnele-

74

ment wirkt in allen Bereichen menschlichen Lebens, das man auch als Erweiterung animalischen Existierens interpretieren könnte. 40

Dieses zusätzliche Element gestattet uns die Annahme:

daß ein Unterschied besteht zwischen *Individuum* und *Person*, d. h., daß die menschliche Person nicht nur ein Exemplar der Gattung ist, der Sinn ihrer Existenz nicht nur in der Erhaltung der Art liegt, sondern daß sie ihre Bedeutung in sich selbst hat;

daß es einen Unterschied gibt zwischen *Liebe* und *sexuellem Verlangen*, daß der in der 45 Natur allgegenwärtige Zeugungswille im Menschen zum Vehikel für eine zusätzliche Bedeutung wird, die wir der erotischen Gemeinsamkeit verleihen;

daß menschliches Wissen nicht nur das Werkzeug unserer Spezies ist, sich der Umwelt anzupassen und sie zu bewältigen, sondern auch Eroberung der *Wahrheit* als eines Wertes an sich, unabhängig von den biologischen Funktionen des Wahrnehmens, 50 bedeutet;

daß der menschliche Tod nicht nur ein besonderer Fall eines allgemeinen Naturphänomens ist, sondern, vom individuellen Bewußtsein vorweggenommen und insofern die menschliche Person und damit gleichzeitig eine Bedeutung jenseits des Natürlichen betreffend, ein Existenzphänomen, ja geradezu ein Gewaltakt gegen die Natur; 55

daß sogar das Haus nicht nur ein Obdach gegen die Unbill des Wetters ist, sondern ebenso ein Heim, ein Zentrum geistiger Bande des Menschen zu seinem Raum;

daß menschliche Solidarität nicht nur ein generischer Instinkt des Zusammenhaltens ist, sondern ein Wert an sich und Gegenstand eines autonomen Bedürfnisses, unabhängig von allen Vorteilen, die wir durch sie erlangen können; 60

daß die Menschheit nicht nur eines Spezies mit besonderen Fähigkeiten und besonderer Elastizität im Kampf mit der Umwelt ist, sondern auch eine Gemeinschaft, die ohne ihr Wissen von sich selbst als Gemeinschaft nicht zu definieren ist; die nicht nur ist, was sie innerhalb der natürlichen Ordnung darstellt, sondern auch das, was sie von sich selbst zu sein glaubt. 65

Gewiß: man kann jede menschliche Fertigkeit, jedes menschliche Produkt als eine erweiterte oder verbesserte Form animalischer Fähigkeiten interpretieren. Es gibt nichts, was die Wissenschaft nicht letzten Endes auf Funktionen biologischer Nützlichkeit zurückführen könnte — einschließlich das artikulierte Reden und Schreiben, die Fähigkeit abstrakt zu denken, religiöser Glaube, sittliche Gesetze oder selbst die »interesse- 70 lose« Neugier gegenüber einer biologischen neutralen Umwelt der Natur. Auch moralische Ge- und Verbote sind nicht über diese Interpretation erhaben; sie können als Erweiterung irgendeines endogenen Hemmungsmechanismus erklärt werden und scheinen damit bar jedes Geheimnisses zu sein.

Diese zusätzlichen Bedeutungen und Wertbegriffe, welche die Philosophie dem 75 menschlichen Verhalten und seinen Hervorbringungen zuschreibt, setzen nicht unbedingt eine Lehre voraus, die das menschliche Bewußtsein einer anderen, nicht-physikalischen Realität zuordnet. Die grundsätzliche Unterscheidung von Natur und Kultur ist logisch unabhängig von der grundsätzlichen Unterscheidung zwischen Körper und Geist; letzteres kann, aber muß nicht die Voraussetzung für das erstere sein. Dennoch 80 ist es wahr, daß diese zusätzlichen Bedeutungen und Wertbegriffe nicht der wissenschaftlichen Forschung entspringen konnten, die ganz im Gegenteil die Abhängigkeit menschlicher Existenz von den allgemeinen Lebensgesetzen immer deutlicher enthüllen wird. Unsere vitalen Funktionen sind nicht dazu da, diese zusätzlichen Bedeutungen hervorzubringen, sondern sie zu tragen. Wir verleihen unserem Leben Sinn aufgrund 85

75

bestimmter mythologischer Glaubensvorstellungen — und so gesehen ist alle philosophische Bemühung nichts als ein Weiterführen des mythologischen Vermächtnisses der
Menschheit.

Ich benutze das Wort »mythologisch« weder im absprechenden Sinn, noch als Syn-
90 onym für eine »Fehlinterpretation der Welt«. Ich glaube im Gegenteil, daß es zu den
wichtigsten Aufgaben der Kulturphilosophie gehört zu erforschen, warum die Menschheit nie in der Lage war, ohne mythologische Hilfsmittel auszukommen, wenn sie sich
eine bestimmte Verfassungsform zu geben versuchte; sie sollte fragen, mit welchem
Recht man annehmen kann, daß diese Hilfsmittel ihr jemals entbehrlich werden.

95 Ich behaupte auch nicht, daß dieses spezifisch menschliche, nicht-funktionelle, nicht-
biologische Sinnelement, das Mythologie und Philosophie den menschlichen Eigenschaften zusprechen, einfach eine Zugabe ist, um den Stamm animalischen Lebens har-
monisch zu vervollständigen — oder, mit kürzeren Worten, daß die Kultur ganz einfach
die Natur innerhalb einer konfliktlosen Ordnung veredelt, wie es hylemorphe Doktrinen,
100 z. B. der Thomismus, zu behaupten pflegten. Was ausschließlich den Menschen kennzeichnet, ist vielmehr die Tatsache, daß ein Zusammenstoß möglich oder unausweich-
lich wird zwischen den Forderungen, die ihm seine ökologischen Bedingungen auferlegen, und jenen, die ihren Ursprung in seinem Selbstverständnis als Person oder als
Gemeinschaft von Personen haben, d. h. im Bewußtsein seiner eigenen Bewußtheit.

105 Die Frage, ob man behinderte Kinder töten darf, kann bei der praktischen Lösung
des Konflikts zwischen dem wissenschaftlichen und dem mythologischen Selbstverständnis menschlicher Kultur als Kardinalfrage gelten.

In der Tat gibt es zwei Grundmethoden, um menschliche Moralwerte zu interpretieren: die darwinistische und die kantianische. Diese Adjektiva sind insofern konventio-
110 nell, als sowohl die Darwinisten wie die Kantianer einleuchtend und eindeutig bestimmte
Denkweisen artikulierten, die seit unvordenklichen Zeiten die Philosophie beherrscht
haben. Die erste Methode involviert: Was wir moralische Werte nennen, sind Formen,
in denen sich instinktive Impulse ausdrücken, die durch unsere generischen Bedürfnisse
zu erklären sind, und die Spezies ist das eigentliche Subjekt und Objekt des Verhaltens,
115 welches mit moralischen Begriffen gewertet werden mag. Entsprechend der zweiten
Methode sind die moralischen von den Nützlichkeitswerten durchaus unabhängig, sie
werden durch transzendentale Kategorien bestimmt, die die Funktionen des Wollens
regulieren, und so ist die menschliche Person beides zugleich: Subjekt des Willens und
höchstes Ziel jeglicher moralischen Bestrebung.

120 Die beiden Methoden sind so wesentlich verschieden, daß man sie zu keiner Synthese
bringen kann. Vom einen Standpunkt aus kann die Unterscheidung zwischen dem
moralisch Guten und der generischen Nützlichkeit nicht sinnvoll begründet werden.
Vom zweiten her gesehen ist dieser Unterschied so selbstverständlich, daß er kaum einer
Erklärung bedarf. Das heißt natürlich nicht, wir hätten vom Darwinischen Standpunkt
125 aus angesichts der drohenden demographischen Katastrophe nun umgehend Kinder in
Massen umzubringen. Jeder Darwinist wird gewiß zugeben, daß in diesem Fall die
»Güte« oder der »Profit« nicht nach einfachem demographischen Kalkül oder gar
nach genetischen Normen bestimmt werden kann, sondern von vielen Begleitumständen
abhängig ist, die wir nicht wirklich gegenüberstellen und auf ein allgemeingültiges Maß
130 zurückführen können. Wir sind nicht in der Lage, das Bündel von demographischen,
moralischen, emotionalen und psychologischen Folgen vorauszusehen, das die Erlaub-
nis zur Tötung behinderter Kinder der Menschheit für lange Zeit auferlegen würde. Es

76

ist möglich, daß selbst nach dem Kriterium des ››Nutzens für die Art‹‹ — vorausgesetzt, dieses Konzept könne exakt definiert werden — das Urteil über König HERODES
nicht zu seinen Gunsten ausfallen würde. Jedenfalls kann niemand in Anspruch neh- 135
men, Methoden für die rechte ››Güterabwägung‹‹ in einem solchen Fall zu kennen. Darum lautet die Frage jetzt nicht: Wie würde die darwinistische Ethik die Angelegenheit
regeln, sondern aufgrund welcher Kriterien haben wir sie zu beantworten. Vom Standpunkt kantischer oder irgendeiner — transzendentalen, christlichen, buddhistischen —
Philosophie, welche die menschliche Persönlichkeit grundsätzlich als einen unwandelba 140
ren Wert versteht — und als einzigen Wert im eigentlichen, nicht-relevanten Sinn — ist
diese Frage von vornherein entschieden. Für sie gibt es nämlich keine anderen generischen Werte als die, die an die menschliche Person gebunden sind. So darf konsequen-
terweise kein Gesetz statuiert werden, das es unter irgendwelchen Umständen erlaubt,
einen Menschen ohne seine eigene Zustimmung als ››nutzlos‹‹ für das Wohl der 145
Gemeinschaft zu opfern. Und da für diesen Standpunkt persönliche Werte sich nicht
kumulieren lassen, sie weder addiert noch ausgetauscht werden können, gibt es keine
Regeln, die es uns erlauben, zu fragen, welchen relativen Wert eine Person in Relation
zu einer anderen hat; jede Person verkörpert denselben Wert wie jede andere, d. h. den
absoluten Wert. 150
[...]

77

2. *Hermann Rest:* Der Mensch in Mark und Pfennig — Wieviel sind wir wert?

Erstmals liegt eine Nutzen/Kosten-Untersuchung für Verkehrssicherheitsmaßnahmen vor. Es handelt sich um eine gründliche und grundlegende Arbeit, die indes viele pittoreske Züge trägt: Der Wert des Menschen wird in schnödem Geld beziffert und beläuft sich, durchschnittlich und aufgerundet, auf 408 000 Mark.

5 Nun weiß man es. Die durchschnittliche Hausfrau hat einen Geldeswert von 216 006 Mark. Ein Jugendlicher bringt es bei Abschluß seiner Ausbildung mit 20 Jahren auf 273 800 Mark. Wenn er, anstatt zu arbeiten, zu süßem Nichtstun übergeht, fällt er auf einen Durchschnittswert von 138 725 Mark zurück. Die berufstätige Frau, im Durchschnitt, ist auf 366 714 Mark veranschlagt. Der durchschnittliche Mann jedoch, in
10 Ansehung seiner besonderen Verdienste um das Bruttosozialprodukt, ist 657 199 Mark wert. Und nun ist zu fragen: Wie viele Menschen kann und soll man eigentlich vor dem Verkehrstod retten?

Welche Mittel für die Rettung?
  Gestern hat man noch gedacht, jede Anstrengung sei recht, um ein Menschenleben zu
15 retten. Morgen wird das anders sein. Dann wird man fragen: Lohnt der Aufwand? Oder: Wie setzt man beschränkte Mittel für die Rettung optimal ein?
  So wandeln sich die Zeiten. Auf den neuen Weg des Denkens führt Professor Dr. Rainer WILLEKE, der Leiter des Verkehrswissenschaftlichen Instituts der Universität Köln. Er hat jetzt eine Untersuchung vorgelegt, nach deren Muster man berechnen
20 kann, ob sich eine Verkehrssicherheitsmaßnahme auszahlt oder nicht.
  Diese Nutzen/Kosten-Analyse ist von den Strategen der Verkehrssicherheit in Verbänden, Ministerien, Wissenschaft und Technik seit ein paar Jahren schon gefordert und ersehnt worden. Denn damit lassen sich jene Fragen klären, die bisher — sei es aus Humanität, sei es aus volkswirtschaftlicher Unachtsamkeit — nicht recht erörtert wur-
25 den, die Fragen beispielsweise, ob die Entschärfung einer Unfallstelle volkswirtschaftlich sinnvoll ist, ob eine Geschwindigkeitsbegrenzung dem Bruttosozialprodukt schadet oder nützt, ob ein Rettungshubschrauber gesamtwirtschaftlich positiv zu Buche schlägt oder ob ein Notarzt sich rentiert.
  Wer dies ermitteln will, der muß nach gegenwärtigem Verständnis die Kosten einer
30 Verkehrssicherheitsmaßnahme ihrem Nutzen gegenüberstellen. Er muß zum Beispiel klären, welche jährlichen Kosten der Rettungshubschrauber bereitet und — wieviel Geld die Menschen wert sind, die dieser Hubschrauber alljährlich vor dem Tod bewahren kann.
  Des Menschen Geldwert zu beziffern, das ist den Menschen bis zur Stunde einiger-
35 maßen schwergefallen. Zwar hat es materialistische Einschätzungen gegeben, die dem Menschen nur den Wert von ein paar Mark für die chemischen Grundstoffe seines Körpers zubilligen. Doch hat es andererseits an Stimmen nicht gefehlt, die vor jeglicher Taxierung in Mark und Pfennig dringend warnen. Eduard ENGEL beispielsweise hat es in seiner 1883 in Berlin erschienenen Schrift ››Der Werth des Menschen‹‹ ausdrücklich
40 abgelehnt, ››von einem materiellen Werthe des Menschen zu sprechen‹‹. Und der evangelische Theologe Helmut THIELICKE hat noch 1967 in einem Aufsatz für die ››Zeit-

78

schrift für Verkehrssicherheit« die materielle Bewertung des Menschen für »geradezu verrucht« erklärt.

Professor Dr. WILLEKE und seine Mitarbeiter Dr. JÄGER und Dr. LINDENLAUB indes sind in Köln ans Werk gegangen. In strenger Wissenschaftlichkeit und unter Beachtung aller ihnen ersichtlichen und quantifizierbaren Fakten haben sie ihren Nächsten in Deutscher Mark berechnet, unter dem Aspekt: Welchen Gewinn verzeichnet die Gesellschaft bei der Vermeidung tödlicher Verkehrsunfälle?

Leichtfertigkeit ist den Kölner Ökonomen hierbei gewiß nicht vorzuwerfen, wenngleich die Rechnung mit einer Fülle pittoresker Denkansätze überrascht und zum Widerspruch verlockt.

Kosten bis 20 Jahre

Die Kölner Umsetzung des Menschen in seinen Geldeswert geht selbstverständlich aus von den Aufzuchtkosten, die der Mensch als Kind bereitet. Essen, Trinken, Kleidung, Bilderbücher, Arztbesuche, Kinderhorte, Eis am Stil und Ferienfahrten, anteilig Schulen, Oberschulen, Universitäten, Lehrer, Lehrmeister, Lehrstellen verursachen zunächst nur Kosten, die sich im Durchschnitt bis zum Lebensalter von 20 Jahren auf 273 800 Mark summieren.

Dann fällt eine Entscheidung. Entscheidet sich der junge Mensch für ein Leben harter Arbeit, so gewinnt er einen Ertragswert und wird für die Gesellschaft über Nacht ganz außerordentlich wertvoll respektive teuer. Geht er indes dem süßen Nichtstun nach, wird er ein Gammler, dann setzt unverzüglich die Abschreibung ein, und zwar linear: jährlich wird der junge Mensch um exakt 3422 Mark abgeschrieben, bis er dereinst im Alter nur noch einen mäßigen Restwert hat.

Anders die Arbeitsamen. Sie werden nach ihrem Beitrag fürs Sozialprodukt gemessen, nach ihrer Wertschöpfung für die Gesellschaft, die zunächst ansteigt, später sinkt. Es wird »diejenige Nutzeneinschätzung eingefangen«, die die Gesellschaft ihren produktiven Gliedern beimißt, wobei indes »auch immaterielle Effekte soweit wie möglich erfaßt und quantifiziert werden«. Das Ganze wird mit 3 Prozent nebst Zinseszins verzinst und fällt denn auch nach kaufmännischem Brauch der Abschreibung anheim.

Tröstlich hierbei, daß die Kölner Ökonomen einen Abschreibungszeitraum bis zum Lebensalter von 100 Jahren vorsehen. Sie »setzen 100 Lebensjahre deshalb an, weil die gegenwärtige Lebensgrenze von ca. 70 Jahren vom Stand des medizinischen Wissens bestimmt ist und durch Fortschritte auf diesem Sektor durchaus hinausgeschoben werden kann.«

Wie weit ist man »nützlich«?

Professor WILLEKE und seine Mitstreiter sind überaus methodisch vorgegangen. Sie haben den Menschen nicht über den Daumen abgeschätzt, sondern sehr exakt ermittelt, inwiefern er nützlich ist. Hierbei ergab sich, auf der Basis des Jahres 1973, daß weibliche Erwerbstätige im Durchschnitt und pro Jahr Werte in Höhe von 20 597 Mark schaffen, während es männliche Erwerbstätige im Durchschnitt und pro Jahr auf eine Wertschöpfung von 29 866 Mark bringen.

Werden Mann und Weib durch Verkehrsunfall getötet, so fällt diese Wertschöpfung weg, allerdings in voller Höhe nur im ersten Jahr des Todes; in den folgenden Jahren fällt etwas weniger weg, weil der Kapitalanteil an obiger Wertschöpfung weiterarbeitet, während ein neuer Mensch im Arbeitsleben an die Stelle des Verblichenen tritt.

79

Aus der Fülle der Rechnungen, aus dem Kostenwert der Nichtberufstätigen, aus dem Ertragswert der Berufstätigen, aus den Zuschlägen für immaterielle Werte, aus der Verzinsung und der Abschreibung ermitteln die Kölner Nutzen/Kosten-Analytiker die folgenden Durchschnittspreise:

28 584 Mark für Kinder im Alter von 3 Jahren

155 754 Mark für Kinder im Alter von 13 Jahren

273 800 Mark für junge Leute im Alter von 20 Jahren

239 580 Mark für Gammler im Alter von 30 Jahren

205 360 Mark für Gammler im Alter von 40 Jahren

171 140 Mark für Nichtsnutze im Alter von 50 Jahren

102 700 Mark für Ruheständler im Alter von 70 Jahren

68 480 Mark für Ruheständler im Alter von 80 Jahren

121 649 Mark für nichterwerbstätige Frauen allgemein

138 725 Mark für nichterwerbstätige Männer allgemein

366 714 Mark für vollzeitbeschäftigte Frauen allgemein

657 199 Mark für vollzeitbeschäftigte Männer allgemein.

Nur mit den Hausfrauen tun sich die Ökonomen vom Verkehrswissenschaftlichen Institut verhältnismäßig schwer. Denn hier taucht die Frage auf: Sind Hausfrauen an der Wertschöpfung beteiligt? Und wenn ja: In welchem Umfang?

Professor WILLEKE windet sich hindurch: »Zwischen den Maximalforderungen der Haushaltswissenschaftler, die jegliche hausfrauliche Tätigkeit einer Erwerbs-Beschäftigung gleichsetzen wollen, und den Praktiken der offiziellen Statistiken, die den Wert hausfraulicher Arbeit nicht erfassen, erscheint uns ein vernünftiger Mittelweg notwendig und gangbar zu sein.«

Er geht davon aus, daß bei Einpersonenhaushalten keine hausfraulichen Wertschöpfungen anfallen; denn wird »eine Hausfrau getötet, die nur für sich den Haushalt geführt hat, ist es eben nicht notwendig, ihre Tätigkeit durch eine Ersatzperson fortzuführen«. Bei Mehrpersonenhaushalten jedoch ist auch die Hausfrau, im Kölner Verständnis, produktiv. Sie schafft jährlich Werte von:

9136 Mark

bei 2-Personen-Haushalten

14 758 Mark

bei 3-Personen-Haushalten

17 200 Mark

bei 4-Personen-Haushalten

18 261 Mark

bei 5-Personen-Haushalten

18 722 Mark

bei 6-Personen-Haushalten.

216 006 DM für die Hausfrau

WILLEKE und Co, ohne besondere Furcht und Ehrfurcht vor den Frauen, beziffern einen Wert von:

216 006 Mark für die normale Vollzeit-Hausfrau

Nachdem der Geldeswert einzelner Menschen nunmehr feststeht, ist leicht rechnen. Man bilde einen fürsorglich aufgerundeten Durchschnittswert von:

408 000 Mark für jedes Menschenleben

80

einschließlich Polizei-, Gerichts-, Anwalts- und anderen Unfall-Folgekosten. Man kalkuliere ferner, daß nebst Folgekosten ein Schwerstverletzter 90 000 Mark, ein Schwerverletzter 62 000 Mark, ein Fastschwerverletzter 22 000 Mark, ein Leichtverletzter 135 4000 Mark, ein jeder Sachschaden über tausend Mark seine 9000 Mark und ein jeder Sachschaden unter tausend DM seine 2000 Mark erfordern.

Dann ist das Instrument der Nutzen/Kosten-Analyse für Verkehrssicherheitsmaßnahmen betriebsbereit. Rechenbeispiel:

Ein Rettungshubschrauber kostet im Jahr 636 000 Mark. Wenn er einen Menschen 140 vor dem Tode rettet, werden 408 000 Mark erspart, es ergeben sich jedoch 90 000 Mark Verletzungskosten, das macht einen Nettonutzen von 318 000 Mark. Mal 2 gleich 636 000 Mark. Also: Der Rettungshubschrauber macht sich bezahlt, wenn er zwei Menschen jährlich vor dem Tode rettet. Nun weiß man es.

3. Wieviel kostet ein Mensch? — Berechnungen des Materialwertes

Mit dem Materialwert der Elemente im menschlichen Körper ist es nicht weit her. 65% Sauerstoff, 18% Kohlenstoff, 10% Wasserstoff, daneben Stickstoff, Kalzium, Phosphat, Schwefel, Natrium, Chlor — das summiert sich zu ein paar Pfennigen. [...] Das Wasser, das 72% des Körpers ausmacht, würde kaum 5 Pfennig kosten. Kaum mehr sind die 1,2 kg gebrannter Kalk wert, die sich aus dem Skelett gewinnen ließen. Auch die 5 200 g Kochsalz des Körpers wären wohlfeil.

Statt nur das zu rechnen, listete ein amerikanischer Biochemiker die Tagespreise der etwas komplexeren Verbindungen im menschlichen Organismus auf — je Gramm schlug zum Beispiel Hämoglobin, der rote Blutfarbstoff, schon mit 2,95 Dollar zu Buche, das Enzym Trypsin mit 36, das Peptid Bradykinin gar mit 12 000 Dollar. »Der 10 wahre Schocker kam mit dem Follikelhormon zu 4,8 Millionen Dollar je Gramm ... ein Geschenk für Leute, die schon alles haben; und für die wirklich Reichen gibt es Prolaktin zu 17,5 Millionen Dollar je Gramm.« Kurzum, der durchschnittliche Mensch von 150 Pfund, knapp 25 Kilo Trockenmasse, wäre nach Katalog mit 6 Millionen Dollar zu bewerten — die Schwierigkeiten, aus Pülverchen und Essenzen Herz, Haut und Haar 15 zusammenzubasteln, noch nicht gerechnet.

Informationen und Arbeitsvorschläge

Zunächst einige allgemeine Hinweise zur Textarbeit:

1. Überlegen Sie zuerst, was Sie von dem angesprochenen Problem wissen.
2. Den Text sorgfältig und, wo es notwendig erscheint, mehrmals lesen.
3. Unklarheiten und kritische Einwände notieren.
4. Sach- und Verständnisfragen, Fremdwörter, Eigennamen und Fachtermini vorab klären, im Register nachschlagen.
   Ziehen Sie dazu auch den Informationsteil und entsprechende Lexika, einschlägige Handbücher und Sachbücher heran.
   Termini aus dem Textzusammenhang erarbeiten.
5. Leitfragen und -begriffe bzw. Kernstellen und Schlüsselbegriffe mit Zeilenangabe notieren.
6. Gliederung aufstellen und Zwischenüberschriften formulieren (vor allem bei längeren Texten).
7. Den Argumentations- bzw. den Gedankengang mit eigenen Worten mündlich oder/und schriftlich wiedergeben.
   Möglichst durch tabellarische Übersichten und graphische Darstellungen größere Klarheit gewinnen und vermitteln.
8. Verfassen einer Textbeschreibung:
   1.1 Autor und Text (Daten)
   1.2 »Fabel«
   2.1 Inhaltsangabe
   2.2.1 Gliederung und Aufbau
   2.2.2 Sprache: Begriffe/Begrifflichkeit
   2.2.3 Interpretation
   3. Kritik und Ausweitung
   (Textarbeit am gegebenen Text, Verständnis des Textes, seiner Aussage, der Redeabsicht und des Standpunktes des Autors; danach erst Text »gegen den Strich«; Kritik: Ausweitung/Vergleich mit anderen Texten desselben Autors bzw. anderer Autoren)
9. Von jeder Sitzung sollte mindestens ein Ergebnisprotokoll festgehalten werden, mit den Hausaufgaben zur abgelaufenen und zur nächsten Sitzung, zugleich mit Ihrer Kritik (bes. zum methodischen Verfahren) und Ihren Vorschlägen zur weiteren Arbeit, mit Rück- und Ausblick (Anmerkung zum Stellenwert der Einzel- oder Doppelstunde im Gesamtzusammenhang der Textbehandlung bzw. der Unterrichtsreihe). Mitunter ist auch ein Verlaufsprotokoll wichtig für die Kritik des methodischen Vorgehens.
10. Die Arbeitsweise sollte gemeinsam festgelegt werden (Art der Vorbereitung: mündlich/schriftlich, Partner-, Gruppen- und Plenumsarbeit, (Kurz-)Referate, Protokolle (s. o.), Formen der Diskussion, Ergebnissicherung, Kritik, Änderungs- und Verbesserungsvorschläge usw.).
11. Textauswahl und Arbeitsvorschläge können von Ihnen modifiziert werden.

Die mit einem * gekennzeichneten Arbeitsvorschläge sind für ein besonders intensives Arbeiten gedacht.
Die Anführungszeichen mit anschließender Zeilenangabe in Klammern kennzeichnen Zitate aus dem jeweiligen Textauszug.

Zu 1. (Aristoteles)

Aristoteles geb. 384/83 v. Chr. in Stageira (Makedonien), gest. 322/21 v. Chr. in Euböa; neben Sokrates und Plato (dessen Schüler er war) bedeutendster und einfluß-reichster Philosoph der griechischen Antike; Lehrer Alexanders des Großen; begründe-te im Lykeion, einem Haine des Apollon, eine Schule; seine Schüler hießen nach der Wandelhalle (peripatos), in der sie studierten, Peripatetiker. Aristoteles unternahm es, die empirische Wirklichkeit in ihrer ganzen Breite wissenschaftlich zu erfassen, um dabei zur Erkenntnis des in ihr wirkenden Wesentlichen sowie der Gründe und Ursa-chen zu gelangen. Er wurde dabei zum Schöpfer und Organisator der wissenschaft-lichen Arbeitsteilung. Neben seiner Lehrtätigkeit verfaßte er zahlreiche Schriften; die für ein breiteres Lesepublikum bestimmten Dialoge sind bis auf Bruchstücke verloren, wogegen die für den wissenschaftlichen Schulgebrauch verfaßten systematischen Werke fast ganz erhalten blieben: Schriften zur Logik (»Organon«), naturwissenschaftliche (hauptsächlich biologische) Schriften, Untersuchungen zur Psychologie, Physik, Meta-physik (»Lehre vom Seienden als Seienden«, ein Grundwerk der abendländischen Phi-losophie), über Ethik (»Nikomachische Ethik«), Politik, Poetik und Rhetorik.
Zur Aristotelischen Lehre vom Menschen vgl. Einleitung S. 8 f.

Weitere Informationen:
Gigon, Olof: Einleitung zu: Aristoteles. Einführungsschriften (Bd. 1 der Werke des Ari-
   stoteles, eingel. u. neu übertr. v. O. Gigon). Artemis Verlag. Zürich/Stuttgart
   1961. S. 7—93.
Dörrie, Heinrich: Artikel »Aristoteles«, in: Der Kleine Pauly (Lexikon der Antike in
   fünf Bänden), Bd. 1. dtv. München 1979. Sp. 582—591.
Düring, Ingemar: Aristoteles. Darstellung und Interpretation seines Denkens. Carl Win-
   ter Universitätsverlag. Heidelberg 1966. (mit »Kleiner Aristoteles-Bibliographie«,
   S. 622—640).
Aristoteles in Selbstzeugnissen und Bilddokumenten. Dargestellt von J. M. Zemb.
   Rowohlts Monographien 63. Hamburg 1961.

Zur Wirkungsgeschichte:
Moraux, Paul (Hrsg.): Aristoteles in der neueren Forschung (Wege der Forschung
   LXI). Wissenschaftliche Buchgesellschaft. Darmstadt 1968. S. 250—313.

Zur Aristotelischen Lehre vom Menschen:
Landmann, Michael: De Homine. Der Mensch im Spiegel seines Gedankens. Alber Ver-
   lag. Freiburg/München 1962. S. 84 ff.
Höffe, Otfried: Grundaussagen über den Menschen bei Aristoteles. In: ders.: Ethik und
   Politik. Grundmodelle und -probleme der praktischen Philosophie. Suhrkamp
   Taschenbuch Wissenschaft 266. Frankfurt/M. 1979. S. 13—37.

Bien, Günther: Grundlegung der politischen Philosophie bei Aristoteles, darin bes. II. Teil: Das Politische als das zum Menschen und seiner Welt Gehörige. Alber Verlag. Freiburg/München ^{2}1980. S. 59 ff.

Eine Sammlung von Texten antiker Philosophen, Dichter, Geschichtsschreiber und Redner zur Anthropologie hat Klaus Bartels vorgelegt unter dem Titel ››Was ist der Mensch?‹‹ (Dialog mit der Antike, Bd. 4.) Heimeran Verlag. München 1975.
Vgl. zur praktischen Philosophie des Aristoteles auch die auf S. 135 verzeichneten Aufsätze von Joachim Ritter.

*

Zu 1.1 (Über die Teile der Tiere)

1. Sammeln Sie die Bestimmungen, die den Menschen vor den anderen Lebewesen auszeichnen.
2. Erläutern Sie den engen Zusammenhang dieser menschlichen Spezifika.
3. Skizzieren Sie den von Aristoteles vorgeführten stufenhaften Aufbau des Reichs der Lebewesen.
4. Kann der Text als ein Beleg für das Axiom der klassischen Philosophie herangezogen werden, daß die Natur keine Sprünge macht? (Vgl. auch Aristoteles, Tierkunde VIII 1, Text 1.2, Z. 48.)
5. Besteht nach Aristoteles ein Bruch zwischen der biologischen Ausstattung und der geistig-göttlichen Bestimmung des Menschen?
6. Charakterisieren Sie die metaphysischen Implikationen des Aristotelischen Naturbegriffs (vgl. Z. 48 und Text 1.4, Z. 44).
7. Erläutern Sie die von Aristoteles gegen Anaxagoras vorgebrachte Kritik sowie die Unterschiede der beiden alternativen Konzeptionen.
8. Stellen Sie zusammen, was die von Aristoteles kritisierten Denker an der biologischen Ausstattung des Menschen bemängeln. Wie könnte man eine solche Auffassung bzw. Theorie nennen?
9. Erläutern Sie die Aristotelische Theorie der menschlichen Hand.
10. Wie rechtfertigt Aristoteles die Bezeichnung des Daumens als ››der Große‹‹? Benennen Sie die je verschiedenen Maßstäbe. Worin unterscheidet sich die Benennung des Daumens in der deutschen Sprache von der der anderen Finger? Vergleichen Sie auch auf den Daumen bezogene sprachliche Wendungen, z. B. ››den Daumen auf etwas halten‹‹. (Vgl. auch Lutz Röhrich: Lexikon der sprichwörtlichen Redensarten, Bd. 1, Herder Verlag. Freiburg/Basel/Wien 1973. S. 193 – 196.)
11. Erläutern Sie die Aristotelische Theorie des Menschen als eines werkzeugschaffenden und -gebrauchenden Wesens.

Zu 1.2 (Tierkunde)

1. Skizzieren Sie die von Aristoteles hier vorgeführten und unterschiedenen Lebensweisen in Form eines Stammbaums, und ordnen Sie den verschiedenen Positionen die jeweiligen Tierarten zu.

84

2. Wie läßt sich die mehrdeutige Zuordnung des Menschen erklären und rechtfertigen?
3. In einer älteren Übersetzung (A. Karsch: Aristoteles' Naturgeschichte der Tiere. Stuttgart 1866. S. 18) wird Z. 24 ››Der Mensch allein kann Pläne machen‹‹ wiedergegeben mit ››willensfrei ist allein der Mensch unter den Tieren‹‹. Diskutieren Sie den Unterschied beider Fassungen, und achten Sie bei der Lektüre der weiteren Aristotelischen Texte darauf, wie der Begriff der Willensfreiheit Ihnen begegnet.
4. Diskutieren Sie die von Aristoteles angeführten verschiedenen Möglichkeiten, den Begriff ››oben‹‹ bei den Lebewesen zu interpretieren (vgl. bereits S. 13, Z. 39). Was bedeutet es, daß beim Menschen beide Möglichkeiten zusammenfallen?
5. Diskutieren Sie das Verhältnis von Mensch und Tier nach Tierkunde VIII 1.
6. Welche Entsprechungen gibt es bei den Tieren zu den Spezifika des Menschen? Ziehen Sie die in den bisherigen Texten von Aristoteles zwischen Mensch und Tier getroffenen Unterscheidungen heran. Nimmt Aristoteles seine Aussagen über einen wesenhaften Unterschied zwischen Mensch und Tier hier zurück?

Zu 1.3 (Über die Teile der Tiere)

1. Erläutern Sie den (sowohl im Deutschen wie im Griechischen zu beobachtenden) Doppelsinn der Wendung ››gut leben‹‹. Klären Sie den Zusammenhang mit der Glücksdefinition in 1.5.
*2. Klären Sie den Begriff ››Prinzip des Lebens‹‹ unter Heranziehung der in Metaphysik V 1 (Übers.: Franz A. Schwarz. Reclam 7913–18. Stuttgart 1970/74. S. 112) entwickelten Begriffsbestimmung von ››Prinzip‹‹.
*3. Diskutieren Sie die Stufenfolge der Lebewesen und die Mehrdeutigkeit des Wortes ››leben‹‹ unter Heranziehung
a) der Äußerungen in der Aristotelischen Schrift ››Über die Seele‹‹ II 2, 413 b 21 ff. (Übers.: Willy Theiler. Rowohlts Klassiker 226/227. Reinbek 1968. S. 38 f.),
b) Im Vergleich mit der Stufung der menschlichen Seelenteile und Lebensleistungen nach Aristoteles, Nikomachische Ethik I 6 (= Text 1.5).

Zu 1.4 (Politik I 2)

1. Skizzieren Sie den Stufenbau menschlicher Zusammenschlüsse und Gemeinschaften bis hin zum Staat, und nennen Sie die jeweiligen Zwecke.
2. Aus welchem Grunde treten nach Aristoteles die Menschen zu Staaten zusammen?
3. Welcher Aristotelischen Äußerung kann man entnehmen, daß mit der These, der Staat bestehe von Natur, nicht gemeint ist, Staaten seien rein biologische Gegebenheiten und würden ohne eine freie (oder geschichtliche) menschliche Handlung gewissermaßen von selbst entstehen?
4. Benennen Sie die beiden mit den zwei in Z. 31 und 69 unterscheidbaren Naturbegriffen angegebenen Gründe dafür, daß der Staat natürlich sei und der Mensch

natürlicherweise ein staatliches Lebewesen. Ordnen Sie diesen beiden Gründen die beiden von Aristoteles genannten Staatszwecke zu.⁻

5. Wie verhalten sich die Aussagen der »Politik« bezüglich der menschlichen Staatsbezogenheit zu denen der »Tierkunde« (S. 14 f.)?

*6. E. Rolfes hat in einer erläuternden Anmerkung zu seiner Übersetzung von Z. 43 ff. bemerkt: »Im Text steht ›staatliches Wesen‹, politikon zoon. So sagt Aristoteles auch in den Tiergeschichten I 1, 488 a 7 ff., daß die Bienen, Wespen, Ameisen und Kraniche staatliche Wesen sind, weil sie sich zu einer einheitlichen und gemeinsamen Tätigkeit verbinden. Offenbar ist der hier zugrunde liegende Begriff in einem weiteren Sinne genommen, wie wir ja auch wohl von einem Bienenstaat reden« (S. 302, Anm. 9). Wie unterscheiden sich der engere und der weitere Staatsbegriff?

7. Ergänzen Sie das in Frage 1 zu Text 1.2 erbetene Schema unter Verwendung des Ergebnisses der Frage 6. (Die Unterscheidung »mit/ohne Oberhaupt« soll dabei außer acht gelassen werden.)

8. Welche Argumente sprechen dafür, daß man aus den Überlegungen des Aristoteles auch die von ihm nicht explizit formulierte These ableiten kann: »Der Mensch ist das *einzige* Lebewesen, das in Staaten leben und Staaten bilden kann«? Welcher der beiden zuvor unterschiedenen Staatsbegriffe ist in diesem Satz gemeint?

9. In welchem Verhältnis stehen folgende Bestimmungen zueinander: in Staaten lebender Mensch; Mensch in Vollendung; Mensch ohne Gesetz und Recht; Gott; Tier; Mensch, der zufällig/der von Natur außerhalb des Staates lebt; schlechter Mensch; besser als ein Mensch?

*10. Der Roman »Robinson Crusoe« (London 1619) des Engländers Daniel Defoe (1660–1731) schildert die Situation eines Menschen, der eine zeitlang durch Zufall isoliert außerhalb der staatlichen Gemeinschaft lebt. Bestätigt oder widerlegt dieser Roman die Aristotelische Konzeption der sozialen Natur des Menschen? Vergleichen Sie die Situation Robinsons mit der Winstons in Orwells Roman »1984«.

11. Diskutieren Sie die These, daß das Ganze früher ist als der Teil
a) am Beispiel des Verhältnisses eines Textes zu einem einzelnen Satz bzw. eines Satzes zu seinen einzelnen Wörtern. Verwenden Sie dabei folgende Wörter und Sätze: »schloß — ich öffne das schloß — ich betrete das schloß — Peter öffnete das schloß und betrat sein haus — Peter öffnete das schloß und entnahm seiner tasche ein buch — der könig ritt heran, öffnete das schloß und führte seine gäste hinein — das schloß ist von 10–12 Uhr zur besichtigung geöffnet — er schloß das schloß«. Bilden Sie ähnliche Beispiele mit den Wörtern »Brücke«, und analysieren Sie die fünf verschiedenen Bedeutungsmöglichkeiten je nach Situation und Kontext (Tal oder Fluß/Schiff/Sport/Wohnungseinrichtung/Zähne) und »Läufer«;
b) am Beispiel einmal eines einzelnen Autos oder einer bestimmten Uhr oder eines bestimmten Hauses sowie zweitens am Beispiel des Autos, des Hauses, der Uhr überhaupt. — Gäbe es eine Unruhe (im uhrentechnischen Sinne), wenn es keine Uhren gäbe?

12. Welche beiden Bedeutungen kann das Wort »früher« in dem Satz haben »Das Ganze ist früher als der Teil«? Welche dieser Bedeutungen ist in Z. 55 gemeint? Welche Bedeutung legen Z. 9 ff., 19 ff., 25 ff. und 70 nahe?

*13. Diskutieren Sie die am Beispiel eines isolierten Wortes außerhalb eines Satz- und Textganzen und seiner Erfüllung in einem Kontext erläuterte Existenzweise eines Teils mit dem klassischen Begriffspaar »Möglichkeit/Wirklichkeit«, und übertra-

86

gen Sie die Ergebnisse auf die Situation des Menschen außerhalb und innerhalb einer staatlichen und gesellschaftlichen Gemeinschaft.

* 14. Die in Frage 11 vorkommenden mehrdeutigen Wörter bzw. genauer: die Dinge, die mit ihnen bezeichnet werden, sind Beispiele für das, was Aristoteles Z. 61 Fälle von Namensgleichheit (Homonymie) nennt; übertragen Sie das von Aristoteles für das Verhältnis ››menschlicher Leib — lebendige Hand — abgehaune Hand‹‹ Gesagte auf Staat und Einzelmensch.

15. In Text 1.2, Z. 12 wird als Bedingung dafür, daß man statt von einer bloßen ››Herde‹‹ von einem ››Staat‹‹ sprechen kann, die Existenz eines gemeinsamen Zieles genannt. Welches ist dies beim menschlichen Staate?

16. Diskutieren Sie das Verhältnis von Stimme und Sprache nach Aristoteles.

17. Wo kehrt der in Z. 33 angesprochene Begriff von ››Natur‹‹ als ››Vollendung‹‹ (des Menschen) in ehtischer Bedeutung wieder? Vergleichen Sie außerdem den Naturbegriff in Z. 44 f. mit entsprechenden vorhergehenden Äußerungen.

Zu 1.5 (Nikomachische Ethik I 6)

1. Inwiefern wird mit der Diskussion einer dem Menschen eigentümlichen Tätigkeit die Reihe der menschlichen Spezifika fortgesetzt?

2. Welcher Analogien bedient sich Aristoteles, um den Begriff einer ››spezifischen Verrichtung‹‹ deutlich zu machen?

3. Diskutieren Sie das Verhältnis der Stufen des Lebens zur Struktur der menschlichen Seele (››Seelenteile‹‹).

*4. Klären Sie den von Aristoteles verwandten, primär nicht auf den menschlichen und moralischen Bereich beschränkten Begriff der ››Tugend‹‹ als ››Tauglichkeit‹‹, und erläutern Sie die Aristotelische Formel ››Die Tugend bewirkt, daß (a) dasjenige, worin sie sich befindet, gut ist und daß (b) es seine Aufgabe gut erfüllen kann‹‹ (Nikomachische Ethik II 5, 1106 a 17, lesen Sie diesen Satz im Zusammenhang!) sowie den Platonischen Satz ››Ein jedes Wirkende wirkt die für ihn spezifische Aufgabe gut mit Hilfe der ihm spezifischen Tauglichkeit/Tugend‹‹ (Staat I, 353 e 6) unter Verwendung der bei Platon und Aristoteles angeführten Beispiele ››Tugend‹‹ des Pferdes, des Körpers, des Auges, der Ohren, eines Messers, Schwertes, eines Diebs, eines Mantels, eines Flötenspielers, des Menschen.

5. Erläutern Sie den Satz ››Das Glück des Menschen besteht in der mit Tugend vollzogenen spezifisch menschlichen Tätigkeit‹‹ am Beispiel des (freilich nur) für den Reiter gültigen Satzes ››Alles Glück der Erde liegt auf dem Rücken der Pferde‹‹ oder der Feststellung, daß ein Gartenfreund nur dann glücklich und bei sich selbst ist, wenn er im Garten tätig ist und wenn er dabei erlebt, daß ihm seine Bemühungen gelingen; verdeutlichen Sie die Richtigkeit dieser Feststellung auch am Beispiel eines Sängers, Schachspielers, Skiläufers, Bergsteigers, Briefmarkensammlers.

6. Zeichnen Sie (in Analogie zur Struktur der Seelenteile) in Form eines Stammbaums ein Schema der menschlichen Tätigkeiten und Verrichtungen.

7. Erläutern Sie die Dialektik zwischen dem Göttlichen und dem (nur) Menschlichen im Wesen des Menschen.

8. Was heißt ››Die Vernunft ist am meisten der Mensch‹‹ bzw. ››Der Mensch ist am

meisten seine Vernunft«? Warum wäre es unaristotelisch zu sagen »Der Mensch ist (nur) Vernunft«?

9. Wie verhalten sich zueinander »spezifisch menschliche Tätigkeit und Verrichtung, eigentliche Natur des Menschen, spezifisch menschliches Leben, menschliche Tugend, wahres Selbst, bester Teil des Menschen, höchstes menschliches Gut, Vollendung des Menschen, Glückseligkeit«?

10. Was heißt in Z. 60 »das Leben eines anderen leben«? Auf welche in der antiken Welt gegebene politisch-gesellschaftliche Realität spielt Aristoteles hier wohl an? (Vgl. Text 1.4, Z. 13 ff.)

*11. Formulieren Sie in Aristotelischer Sprache und mit Hilfe von Z. 60 den neuzeitlichen Gedanken eines entfremdeten Lebens.

12. In welchem früheren Zusammenhang ist bereits die in Z. 57 angesprochene Divergenz zwischen quantitativer Größe und qualitativer Bedeutung angesprochen worden?

Zu 1.6 (Eudemische Ethik II 6)

1. Unterscheiden Sie die drei Möglichkeiten, wie nach Aristoteles der Mensch Ursache sein kann. In welchen verschiedenen Disziplinen werden sie behandelt?

2. Warum wird bei der im vorliegenden Text hauptsächlich thematisierten menschlichen Verursachung betont, daß sie vom einzelnen Menschen und nicht von ihm als Gattungswesen ausgeht?

3. Zu welcher philosophischen Disziplin würden Sie von der Struktur und Art her die hier von Aristoteles vorgetragenen Gedanken zählen: zur Metaphysik, Ontologie, Kosmologie, Naturphilosophie, Theologie, Mathematik, Wissenschaftstheorie, Biologie, Anthropologie, Ethik und praktischen Philosophie? Was ergibt sich daraus für die Disziplin Anthropologie?

4. Welche Arten von Verursachung nennt Aristoteles, und wie unterscheidet er sie begrifflich und strukturell?

5. An welchen Wirklichkeitsbeständen kommen sie vor?

6. Wie kann man die These rechtfertigen, daß unser Text auf knappstem Raum einen Abriß einer gesamten Philosophie bietet?

7. Welchem Oberbegriff wird die menschliche Handlung untergeordnet?

8. Offensichtlich fehlt Aristoteles ein einzelner Begriff, um die hier von ihm gemeinte spezifisch menschliche Handlungsverursachung zu bezeichnen und damit die Reihe »Natur, Zufall, Notwendigkeit« fortzusetzen: Er kann das von ihm Gemeinte nur umständlich umschreiben. Steht uns heute dafür *ein* Begriff zur Verfügung? (Vgl. Frage 3 zu Text 1.2).

9. Ist es richtig zu sagen, daß der Mensch nicht Urheber dessen ist, was unwillentlich von ihm ausgeht? Bedenken Sie die juristischen und versicherungstechnischen Konsequenzen.

10. Nennen Sie die sich aus dem vorgelegtem Text ergebenden drei zusammenhängenden Begriffe, welche die Reihe der allein dem Menschen vorbehaltenen Besonderheiten fortsetzen.

*11. Berichten Sie über die zusammenfassende Darstellung der Aristotelischen Lehre vom Menschen bei Thomas von Aquin in seiner Theologischen Summe I q. 91 a. 3 (Übers. von P. Engelhardt und D. Eickelschulte in: Thomas von Aquin, Gott und seine Schöpfung. Mit einer Einleitung von Max Müller. Herderbücherei 163. Freiburg/Br. 1963. S. 147 ff.).

Zu 2.1 (Herder)

Johann Gottfried Herder (1744−1803), Philosoph, Theologe, Wissenschaftler, auf zahlreichen Gebieten tätig (Geschichts-, Religions-, Sprach- und Kulturphilosophie, Pädagogik, Literatur und Kunst), durchdrungen vom Gedanken der Humanität, hat vor allem als ›Anreger‹ überaus große Bedeutung, so z. B. wegen seiner Hinweise auf die Volksdichtung und -kunst, so als Theoretiker und Begleiter des ››Sturm und Drang‹‹, der ››Klassik‹‹ und der ››Romantik‹‹, u. a. gilt er als Begründer ›historisch-genetischer‹ Forschung und der modernen Sprachphilosophie.

Ab 1762 studiert er an der Universität Königsberg, hört Kant; 1764 wird er an die Domschule in Riga berufen, verfaßt erste bedeutsame Schriften. 1769 reist er nach Frankreich und durch die Niederlande, 1770 besucht er Lessing und Matthias Claudius; im selben Jahr macht er in Straßburg die für beide wichtige Bekanntschaft mit Goethe; 1771 wird er Konsistorialrat in Bückeburg, 1776 durch Goethes Vermittlung Generalsuperintendent in Weimar, in der Folgezeit wechselhafte Beziehungen zu Goethe. 1789 nach einer Italienreise mit der Herzogin-Mutter wird er zum Vizepräsidenten des Oberkonsistoriums ernannt. In den folgenden Jahren leidet Herder mehr und mehr unter Krankheiten und den Belastungen seines Amtes, dennoch sind seine Veröffentlichungen zahlreich (u. a. auch Kampf gegen Kant).

Schriften u. a.: Über den Ursprung der Sprache (1771); Auch eine Philosophie der Geschichte zur Bildung der Menschheit (1774); Älteste Urkunde des Menschengeschlechts, I. Band (1774); II. Band (1776); Ideen zur Philosophie der Geschichte der Menschheit, 1. u. 2. Teil (1784); Briefe zur Beförderung der Humanität, 1. u. 2. Sammlung (1793); 3. u. 4. Sammlung (1794); Sämtliche Werke. Hrsg. v. Bernhard Suphan (Carl Redlich und Reinhold Steig). 33 Bände (in 25 Bänden). Berlin 1877−1913. Nachdruck Hildesheim 1967−1968 (Band 33: Zeittafel der Werke; Register; maßgebliche historisch-kritische Ausgabe); Werke in 5 Bänden. Ausgew. u. eingel. v. Wilhelm Dobbek. Weimar 1957 (Bibliothek deutscher Klassik. Berlin/Weimar ^{3}1964).

Die Texte stammen aus: Ideen zur Philosophie der Geschichte der Menschheit (4. Buch) und Über den Ursprung der Sprache. Das 4. Buch der ››Ideen‹‹ enthält die Kapitel ››Der Mensch ist zur Vernunftfähigkeit organisieret‹‹, ››Zurücksicht von der Organisation des Menschlichen Hauptes auf die niedern Geschöpfe, die sich seiner Bildung nähern‹‹, ››Der Mensch ist zu feinern Sinnen, zur Kunst und zur Sprache organisieret‹‹ und dann ››Der Mensch ist zu feinern Trieben, mithin zur Freiheit organisieret‹‹ u. a.

››Ein Buch über die Geschichte der menschlichen Seele in Zeiten und Völkern, hieß es im Reisejournal, eine Geschichte des Fortgangs und der Kräfte des menschlichen Geistes, um zu lehren und zu bilden; das sollte mein Buch sein!‹‹ (Ernst Baur, s. u., S. 85).

››Der aufrecht stehende Mensch ist ›der erste Freigelassene der Schöpfung‹, der wählen und über sich gebieten kann. [...] Der Mensch ist gebildet zur ›Humanität‹ [...] Er ist das höchste Geschöpf Gottes in der aufsteigenden Reihe der Formen, die vom Stein zum Kristall, vom Kristall zu den Metallen, weiter zur Pflanzen- und Tierwelt und von dieser zum Menschen geht. Da indessen in der Natur nichts stillsteht, sondern alles ewiges Fortstreben und Weiterrücken zu neuen Bildungen ist, muß unser Zweck über das irdische Dasein hinausführen, weil sich in diesem unsere Bestimmung nur unzureichend erfüllen kann.«« (E. Baur, S. 89.)

Aus der Abhandlung für die Berliner Akademie ist der Schluß des 1. Abschnitts des 1. Teils gegeben: »Haben die Menschen, ihren Naturfähigkeiten überlassen, sich selbst Sprache erfinden können?«« und vom 2. Teil: »Auf welchem Wege der Mensch sich am füglichsten hat Sprache erfinden können und müssen«« das »Erste Naturgesetz««. Herder wendet sich gegen Theorien von der göttlichen Eingebung der Sprache; er sieht sie als Entwicklung der menschlichen Vernunft und Seele an, als Selbstentfaltung des menschlichen Geistes.

Weitere Informationen:
Dobbek, Wilhelm: J. G. Herders Humanitätsidee als Ausdruck seines Weltbildes und seiner Persönlichkeit. Braunschweig 1949.
Dobbek, Wilhelm: Johann Gottfried Herder. Weimar 1950.
Baur, Ernst: Johann Gottfried Herder. Leben und Werk. Urban-Bücher 48. Kohlhammer Verlag. Stuttgart 1960.

Zur Biographie:
Johann Gottfried Herder in Selbstzeugnissen und Bilddokumenten. Dargestellt von Friedrich Wilhelm Kantzenbach. Rowohlts Monographien 164. Reinbek 1973.

*

1. Welche Bedeutung hat nach Herder das Lernen für den Menschen?
2. Welche schon von Aristoteles dem Menschen zugeschriebenen Charakteristika begegnen auch bei Herder?
3. Welcher Begriff ist gegenüber der Aristotelischen Lehre vom Menschen hier neu?
4. Was bedeutet bei Herder »Natur«« (Z. 12; 20)? Welche Synonyma verwendet Herder?
5. Wie hängen nach Herder Freiheit und aufrechter Gang zusammen? Mit welcher Metapher vermittelt Herder beide Gegebenheiten?
6. In welchen Formulierungen Herders wird eine Tatsache angesprochen, die Kant als »selbstverschuldete Unmündigkeit«« bezeichnet hat?
7. Wie ist es zu verstehen, wenn Herder sagt, der Mensch kann selbst Gewicht auf der Waage sein (Z. 22)?
8. Ist die von Herder gemeinte Freiheit eine *Freiheit zu etwas* oder eine *Freiheit von etwas* oder beides?
9. Die Formulierung, daß der Mensch unter bestimmten Umständen ärger sein kann als ein Tier (Z. 29), stimmt wörtlich mit einer bei Aristoteles (S. 17, Z. 74) zu lesenden Aussage überein. Welche Differenzen bestehen dennoch?
10. Wie hängen menschliche Natur und ihre geschichtlichen Variationen nach Herder zusammen?
11. Welches Programm ist in der Wendung »nicht vernünftig, so doch einer besseren Vernunft fähig«« enthalten? In welchem Verhältnis steht sie zur klassischen Definition des Menschen als eines vernunftbegabten Lebewesens?

90

12. Welche Aristoteles in dieser Prägnanz noch fremde Erfahrung muß nach den Ausführungen in Zeile 45 f. von der neuzeitlichen Anthropologie verarbeitet werden?

*13. Vergleichen sie den in Z. 48 angesprochenen Stufengang mit entsprechenden Aristotelischen Stufungsgedanken.

14. Achten Sie auf die gesellschaftlich-politischen Metaphern, mit denen Herder Mensch und Tier beschreibt. Auf welchen Schlüsselbegriff sind sie bezogen?

15. Diskutieren Sie die Aussage ››Der Mensch ist der erste Freigelassene der Schöpfung‹‹ (Z. 18).

16. Welche Gefahren bzw. Probleme bedeuten oder bringen ›Vernunft‹ und ›Freiheit‹?

Zu 2.2 (Hegel)

Georg Wilhelm Friedrich Hegel (1770—1831) gilt als einer der größten Philosophen, als Vollender des Deutschen Idealismus, dessen Dialektik vielfach aufgegriffen und fortentwickelt wurde und an dem sich in Fragen der Theoriedominanz und der Kritik der Religion seine zahlreichen Schüler in Alt- bzw. Rechts- und Jung- bzw. Linkshegelianer schieden; folgenreiche Einflüsse der kritischen Auseinandersetzung gelangten über Feuerbach zu Marx und Engels.

Hegel sieht die Philosophie als die systematische Wissenschaft von der Entfaltung des absoluten Geistes an; es geht ihm darum, die Einheit von Sein und Denken nachzuweisen. Die Dialektik, die nicht nur eine Art Denktechnik ist, sondern auch Wesen und Natur des Denkens und der Dinge umfaßt, ja bedeutet, ist schlechthin das Gesetz der Bewegung des Geistes und der Wirklichkeit.

Hegel tritt 1788 in das Tübinger Stift ein, studiert von 1788—1793 an der Universität Tübingen Philosophie und Theologie, ist befreundet mit Hölderlin und Schelling. Nach Hauslehrertätigkeit in Bern und Frankfurt (1793—1796 bzw. 1800; 1790: zum Magister der Philosophie promoviert; 1793: theologisches Konsistorialexamen); 1801—1805 Privatdozent in Jena (durch Schellings Vermittlung), 1805 a. o. Professor. Nach den Zwischenstationen als Redakteur der ››Bamberger Zeitung‹‹ (1807—08) und als Rektor des Nürnberger Ägidiengymnasiums (1808—16) ist er 1816—1818 Professor der Philosophie in Heidelberg, dann von 1818 bis zu seinem Tod in Berlin (auf Betreiben Solgers dort Fichtes Nachfolger).

Schriften u. a.: Differenz des Fichteschen und Schellingschen Systems (1801); Die Phänomenologie des Geistes (1806); Wissenschaft der Logik (1812); Enzyklopädie der philosophischen Wissenschaften (1817); Grundlinien der Philosophie des Rechts oder Naturrecht und Staatswissenschaft im Grundriß (1821); Vorlesungen über die Philosophie der Geschichte, Ästhetik, Philosophie der Religion, Geschichte der Philosophie (posthum hrsg. von seinen Schülern).

Hegel hat sich verschiedentlich zur Anthropologie geäußert, so gibt er z. B. in der ››Enzyklopädie‹‹, Dritter Teil: Philosophie des Geistes, Erste Abteilung: Der subjektive Geist dem 1. Kapitel (§§ 388—412) die Überschrift ››Die Anthropologie‹‹ und erklärt: ››Der Subjektive Geist ist: A. *An sich* oder *unmittelbar;* so ist er *Seele* und *Naturgeist;* Gegenstand der *Anthropologie.*‹‹ (§ 387) Des weiteren sind in unserem Zusammenhang noch von Belang: die Anmerkung zu § 392 im Hinblick auf Rosenkranz (s. u.) und die Anmerkung zu § 411, die aufzählt, was zum menschlichen Ausdruck gehört.

Wichtiger erscheinen Textstellen zum Problem der Arbeit; so stellt Hegel die Bedeutung der Arbeit für die Vermenschlichung des Menschen in der »Phänomenologie« heraus, ähnlich auch in dem Abschnitt »Bestimmung des Menschen« in »Vorlesungen über die Philosophie der Religion«: Arbeit als »Strafe der Sünde«, aber auch positiv als Möglichkeit der Selbstverwirklichung, schließlich noch die Tätigkeit des Menschen in Absetzung vom Tier in der »Rechtsphilosophie« (vgl. §§ 188, 190, 194 und s. auch Texte 6.1 – 6.3).

Weitere Informationen:
Fetscher, Iring: Hegels Lehre vom Menschen. Kommentar zu den §§ 387 – 482 der
    Enzyklopädie der philosophischen Wissenschaften. Stuttgart 1970.
Löwith, Karl: Von Hegel zu Nietzsche. Der revolutionäre Bruch im Denken des 19.
    Jahrhunderts. Stuttgart ^{8}1981. S. 294 – 311 (bes.: Das Problem der Arbeit).

Zur Biographie und Bibliographie:
Georg Wilhelm Friedrich Hegel in Selbstzeugnissen und Bilddokumenten. Dargestellt
    von Franz Wiedmann. Rowohlts Monographien 110. Reinbek 1965. S.
    149 – 164.
Helferich, Christoph: Georg Wilhelm Friedrich Hegel. Sammlung Metzler 182. Stutt-
    gart 1979.
Pöggeler, Otto: Philosophie als System. In: Grundprobleme großer Philosophen. Philo-
    sophie der Neuzeit II. Hrsg. v. J. Speck. UTB 464. Verlag Vandenhoeck u. Ru-
    precht. Göttingen 1976. S. 145 – 183.

1. Sammeln Sie die von Hegel behandelten Charakteristika des Menschen und vergleichen Sie diese mit den von Aristoteles genannten.
2. Welches sind nach Hegel nur dem Menschen zukommende Besonderheiten?
3. In welchem Sinne wird der Mensch mit dem Affen verglichen?
4. Was versteht Hegel unter dem »über das Ganze ausgegossenen geistigen Ton«
   (Z. 4)?
5. Was bedeutet es, daß Hegel zwischen der Optik »für das Tier« und zwischen der
   »für den Geist« unterscheidet (Z. 8 ff.)?
6. Gibt es in der Aristotelischen Theorie des Menschen eine entsprechende Divergenz? (Vgl. S. 84 Frage 5)
7. Welchen Unterschied macht Hegel zwischen der »in Freiheit geschehenen Verleib-
   lichung« und der »bloßen Naturbestimmtheit« (Z. 9 f.)?
8. Welche Rolle spielen die Begriffe »Freiheit«, »Energie des Willens« und »Willens-
   äußerung«?
9. Ziehen Sie die ausführlicheren Überlegungen Hegels über die menschliche Gestalt
   als die ideale Skulpturgestalt in seiner *Ästhetik* (III. Teil. System der einzelnen Künste. 2. Abschnitt. Die Skulptur, 2. Kap., Abschn. 2; Text in: G. W. F. Hegel, Werke, Bd. 14. Frankfurt/M. 1970, S. 382 ff. werkausgabe edition suhrkamp) heran.

Zu 2.3 (Fichte)

Johann Gottlieb Fichte (am 15. 9. 1762 in Rammenau (Oberlausitz) geboren) ist neben Hegel und Schelling der wichtigste Denker des Deutschen Idealismus. Studium in Jena (1780, Theologie) und Leipzig (1781—88), durch Geldsorgen und Hauslehrertätigkeiten öfters unterbrochen. Sein erstes Werk, »Versuch einer Kritik aller Offenbarung«, nach einem Besuch bei Kant (4. Juli 1791) in der Zeit vom 13. Juli bis 18. August ausgearbeitet, erscheint 1792 versehentlich anonym; man hält Kant für den Verfasser; als Fichtes Autorschaft sich herausstellt, wird er mit einem Schlage berühmt. 1794—99 Prof. in Jena, das er 1800 wegen religiöser Streitigkeiten verlassen muß: man wirft ihm Atheismus vor, weil er Gott unpersönlich, nur als moralische Weltordnung aufgefaßt hat. 1805 Berufung nach Erlangen. Seine »Reden an die deutsche Nation« (Berlin 1807—1808) machen ihn in weitesten Kreisen bekannt. Seit 1809 Professor und 1811/12 der erste gewählte Rektor der Berliner Universität. 1813 Rekrutierung als Landsturmmann. Gestorben 27. 1. 1814 am Lazarettfieber.

Fichte geht von Kants ethischem Rigorismus und Aktivismus aus. Philosophie ist für ihn die wissenschaftliche Selbstbeobachtung der schöpferisch-ethischen Aktivität der Persönlichkeit, des »Ich«. Seine Philosophie nennt er deshalb »Wissenschaftslehre« (seit 1794 in zehn Fassungen ausgearbeitet). Das Ich ist für Fichte der Inbegriff von Geist, Wille, Sittlichkeit und Glaube, das Nicht-Ich der Inbegriff des gegen die Trägheit ringenden Willens der Menschen. Von der Philosophie verlangt er, daß sie Wissenschaft im strengen (axiomatisch-deduktiven) Sinne ist, daß sie auf Grundsätze zurückgeht, bzw. auf einen letzten Grundsatz, der »schlechthin gewiß« ist und seine Gewißheit den anderen (Grundsätzen) »mitteilt«.

Hauptschriften: Versuch einer Kritik aller Offenbarung (1792). — Sittenlehre (1798). — Die Bestimmung des Menschen (1800). — Die Grundzüge des gegenwärtigen Zeitalters (1804—05). — Anweisung zum seligen Leben (1806).

Werke. Auswahl in sechs Bänden. Hrsg. und eingel. v. F. Medicus, Leipzig 1908—12, Nachdruck Darmstadt: Wissenschaftliche Buchgesellschaft 1962. — Im Erscheinen ist eine kritische Gesamtausgabe der Bayerischen Akademie der Wissenschaften. Hrsg. v. R. Lauth u. H. Jacob (ca. dreißig Bände). Stuttgart-Bad Cannstatt: Frommann-Holzboog 1962 ff.

Literatur:

1. Gesamtdarstellung (in Geschichten der Philosophie):

Fischer, Kuno: Geschichte der neueren Philosophie, Bd. 6: J. G. Fichte und seine Vorgänger. 2. Buch. Fichtes Leben und Schriften. Heidelberg ^{2}1890. S. 237 ff.

Lehmann, Gerhard: Geschichte der Philosophie, VIII. Philosophie des 19. Jahrhunderts I (Sammlung Göschen Bd. 571). de Gruyter. Berlin 1952. S. 34—45, 90—94.

Ueberweg, Friedrich: Grundriß der Geschichte der Philosophie, IV. Teil. Die deutsche Philosophie des 19. Jahrhunderts und der Gegenwart, völlig neu bearbeitet von Tr. K. Oesterreich. Berlin ^{12}1923. S. 11—34.

Kroner, Richard: Von Kant bis Hegel, Bd. 1. Mohr Verlag. Tübingen ^{2}1961. S. 362 ff.

Erdmann, Joh. Ed.: Philosophie der Neuzeit (Geschichte der Philosophie VI: Der Deutsche Idealismus). Rowohlt. Reinbek 1971. S. 48—64 (Darstellung), S. 121—172 (Ausgew. Texte).

Erdmann, Joh. Ed.: Versuch einer wissenschaftlichen Darstellung der neueren Philosophie, VI. 3. Buch. Die Entwicklung der deutschen Spekulation seit Kant II. Nachdruck. Frommann-Holzboog. Stuttgart-Bad Cannstatt 1977. S. 1—116.

Jergius, Holger: Die Theorie des Gewissens. In: Grundprobleme großer Philosophen.

Philosophie der Neuzeit II. Hrsg. v. J. Speck. UTB 464. Verlag Vandenhoeck u. Ruprecht. Göttingen 1976. S. 71 – 108.

2. Weiterführende Literatur zu Fichtes praktischer Philosophie und Anthropologie
Buhr, M. (Hrsg.): Wissen und Gewissen. Beiträge zum 200. Geburtstag Fichtes. Berlin 1972.
Schulz, W.: J. G. Fichtes Vernunft und Freiheit. Pfullingen 1962.
Jacobs, W. G.: Trieb als sittliches Phänomen. Eine Untersuchung zur Grundlegung der Philosophie nach Kant und Fichte. 1967.
Mader, F.: Fichte, Feuerbach, Marx. 1968.
Janke, W.: Fichtes Sein und Reflexion. Grundlagen der kritischen Vernunft. de Gruyter. Berlin 1970.
Schrader, W.: Empirisches und Absolutes Ich. Zur Geschichte des Begriffs Leben in der Philosophie J. G. Fichtes. Frommann-Holzboog. Stuttgart-Bad Cannstatt 1972.
Storheim, E.: Kants und Fichtes Begründung der Moral. In: K. Hammacher und A. Mues (Hrsg.): Erneuerung der Transzendentalphilosophie im Anschluß an Kant und Fichte. Frommann-Holzboog. Stuttgart-Bad Cannstatt 1979.

3. Bibliographie
Baumgartner, H. M. / Jacobs, W. G.: Fichte-Bibliographie. Frommann-Holzboog. Stuttgart 1968.

*

1. Erläutern Sie Fichtes Begriff der Bildsamkeit des Menschen.
2. Wie interpretiert Fichte das Wirken der Natur?
3. Wie definiert Fichte die menschliche Vernünftigkeit? Vergleichen Sie diese mit anderen Ihnen bekannten Definitionen, und informieren Sie sich gegebenenfalls durch Heranziehung eines philosophischen Lexikons.
4. Folgt aus dem Kategorischen Imperativ (Z. 13 f.) die Pflicht so zu handeln, daß man wollen kann, umgekehrt von den anderen auch gemäß ihm behandelt zu werden?
5. Auf welcher sozialphilosophischen Annahme basiert Fichtes Deutung der unreflektierten Anerkennung des Menschen durch den Menschen?
   * Ist Ihnen eine Gegenposition bekannt, derzufolge der Mensch von Natur des Menschen Wolf sei? (Vgl. Kap. 5.)
6. Wie verhalten sich nach Fichte ››Natur‹‹, der Mensch ohne Reflexion (Z. 35) und die Philosophie zueinander?
7. Wie begründet Fichte den Gewinn, den die äußerste Hilflosigkeit des Menschen für ihn bedeutet? Findet sich bei Aristoteles ein vergleichbarer Gedanke? (Vgl. vor allem Text 1.1).
8. Welcher Voraussetzung Schlözers entspricht Fichtes Formulierung ››erste Erblickung eines Menschen‹‹ (Z. 28)? Vgl. Text 5.1.
9. Was heißt ››die Vernunft produziert sich selbst‹‹ (Z. 59)?
10. Welche Rolle spielen nach Fichte Natur und menschlicher Wille bei der Ausbildung des Tastsinnes?

11. Erläutern Sie Fichtes Theorie des aufrechten Ganges. Vergleichen Sie ihn mit anderen Ihnen bekannten Deutungen (etwa bei Aristoteles oder Herder oder Hegel).

∗ 12. Welche Bedeutung hat es, daß Fichte die hier wiedergegebenen Aussagen zur Anthropologie im Zusammenhang eines Textes zur praktischen Philosophie vorträgt?

13. Welche Frage sollte durch den anthropologischen Exkurs beantwortet werden? Ist diese Frage bzw. sind diese Fragen wirklich beantwortet? Ist der Text wirklich ein Corollarium?

14. Welchen Satz aus unserem Text könnte man ihm Ihrer Meinung nach als Motto oder Überschrift voranstellen?

∗ 15. Vergleichen Sie den Eingangssatz ››Jedes Thier ist, was es ist‹‹ mit dem Eingangssatz des Marx'schen Textes 6.2.1, S. 55, Z. 1 f. ››Das Tier ist unmittelbar eins mit seiner Lebenstätigkeit. [. . .] Es *ist* sie.‹‹

16. Vergleichen Sie Fichtes Überzeugung von der Erkennbarkeit des Menschen durch den Menschen mit Leroys kritischer Äußerung zu diesem Problem (Einleitung S. 6).

17. An welche populäre, aber auch klassische (z. B. biblische) Formulierung des Grundsatzes der Moral erinnert Sie Fichtes Wendung ››Ich soll gewisse Wesen so behandeln, daß ich wollen kann, daß sie umgekehrt mich nach der gleichen Maxime behandeln‹‹?

18. Vergleichen Sie die Kritik Fichtes an den Kritikern der Natur (Z. 49) mit entsprechenden Äußerungen des Aristoteles (in Text 1.1, Z. 59).

∗ Inwiefern läßt sich die von Fichte formulierte alternative Rollenverteilung zwischen Tier und freiem Geist (Z. 53) vergleichen mit der Aristotelischen Alternative ››Der Mensch hat Vernunft, weil er Hände hat‹‹ / ››Der Mensch hat Hände, weil er Vernunft hat‹‹ (1.1, Z. 47)?

Zu 3.0

Zu dem Motto aus Platons ››Protagoras‹‹ ziehe man noch weitere Textstellen antiker Autoren zum Vergleich heran, z. B.:
Sophokles, Antigone (V. 332 f.):
››Vieles Gewaltge lebt, und doch
Nichts gewaltiger denn der Mensch; [. . .]‹‹
(Aus: Griechische Tragiker. Aischylos, Sophokles, Euripides. Hrsg. u. mit einem Nachwort versehen von W. H. Friedrich, Anmerkungen von K. Ries. Aischylos in der Übertragung von J. G. Droysen (Berlin 1832), Sophokles in der Übertragung von K. W. F. Solger (Berlin 1808), Euripides in der Übertragung von J. A. Hartung (Leipzig 1848 ff.). Winkler-Verlag. (München 1958. S. 324).
Dgl. in der Übersetzung von W. Kuchenmüller:
››Ungeheuer ist viel und nichts
Ungeheurer als der Mensch.‹‹
(Reclam-Universalbibliothek 659. Stuttgart 1957. S. 20).
Protagoras: Fragmente:
››Aller Dinge Maß ist der [einzelne] Mensch,
der seienden, daß sie sind, der nicht seienden, daß sie nicht sind.‹‹
(Aus: Walther Kranz: Vorsokratische Denker. Auswahl aus dem Überlieferten. Griechisch und Deutsch. Berlin, Frankfurt ²1949. S. 212 f.)

Zu 3.1 (Rosenkranz)

Johann Karl Friedrich Rosenkranz (1805–1879) wird zu den ››Althegelianern‹‹ bzw. zur ››Hegelschen Rechten‹‹ gezählt; er hat sich vielfältig mit den philosophischen Disziplinen beschäftigt; war 1831 Professor in Halle, dann 1833 in Königsberg, hat Verdienste um die Verbreitung der Hegelschen Lehre erworben, entwickelt seinerseits einen konservativen Theismus.
Schriften: u. a.: Handbuch einer allgemeinen Geschichte der Poesie, 3 Bände (1832/33); Das Verdienst der Deutschen um die Philosophie der Geschichte (1835); Psychologie oder die Wissenschaft vom subjektiven Geiste (1837); Hegels Leben (1844); Die Wissenschaft der logischen Idee, 2 Bände (1858/59); System der Wissenschaft (1850); Ästhetik des Häßlichen (1853); Hegel als deutscher Nationalphilosoph (1870).
Rosenkranz will auch in der ››Psychologie …‹‹ versuchen, mit Hilfe der Hegelschen Philosophie und ihrer methodischen Strenge die Philosophie über allen Spekulationen als Verständnis vermittelnde Wissenschaft zu rehabilitieren und zu etablieren.
(Vgl. auch Hegels Kritik an den zeitgenössischen Spekulationen über den Menschen. In: Enzyklopädie: Anmerkung zu § 392)

Weitere Informationen:
Zu *Hegel* und den *Hegelschulen:*
Erdmann, Johann Eduard: Geschichte der neueren Philosophie, 6 Bände. 1834–1853.
ders.: Grundriß der Geschichte der Philosophie, 2 Bände. 1865–1867. Band 2: ››Philosophie der Neuzeit‹‹: Geschichte der Philosophie Band VI und VII. Rowohlt. Reinbek 1971.
ders.: Die deutsche Philosophie seit Hegels Tod. Berlin 1896. Neudruck eingel. v. Hermann Lübbe. Stuttgart 1964.
Lübbe, Hermann (Hrsg.): Die Hegelsche Rechte. Texte aus den Werken von F. W. Carové, J. E. Erdmann, K. Fischer, E. Gans, H. F. W. Hinrichs, C. L. Michelet, H. B. Oppenheimer, K. Rosenkranz, C. Rössler. Stuttgart 1962.
Helferich, Christoph: Georg Wilhelm Friedrich Hegel. Sammlung Metzler 182. Stuttgart 1979; darin S. 100–108: Die Rechtshegelianer (S. 102–105 bes. zu Rosenkranz).

*

1. Fassen Sie noch einmal die (positiven und negativen) Unterscheidungsmerkmale beim Vergleich zwischen Mensch und Tier bei Aristoteles zusammen.
2. Welche Blüten trieb die ››Jagd nach solchen Merkmalen‹‹ (Z. 9)?
3. Was versteht Rosenkranz unter den Unterscheidungen in physischer und intellektueller Hinsicht (Z. 14 f.)?
4. Was zeichnet nach Rosenkranz den Menschen vor allen anderen Lebewesen aus?
5. Welche Vorstellungen stecken in der Zuordnung des Menschen als ››Mikrokosmus‹‹ (Z. 28) zum ››Makrokosmus‹‹?
6. Welchen Rang bekommt der Menschengeist als ››cölestischer‹‹ (Z. 46)? Ziehen Sie dazu Aristoteles heran.
7. Was ist jeder Mensch als Einzelwesen gleichzeitig auch (Z. 51 f.)?

8. Was bedeutet der ››Dualismus von Subject und Object‹‹ (Z. 70), was bedeutet er in der Unterscheidung Mensch : Tier?

Zu 3.2 (Darwin)

Charles Robert Darwin (1809 — 1882) hat mit seiner Abstammungslehre lange Zeit die Gemüter erregt; er vertritt die Lehre von der stammesgeschichtlichen Entwicklung der Organismen, die schließlich im 19. Jahrhundert überall in der Welt Beachtung fand und Umwälzungen auf den Gebieten der Biologie und der geistesgeschichtlichen Entwicklung (››Darwinismus‹‹) bewirkte.

Wesentliche Erkenntnisse hat Darwin als Naturforscher auf einer Expedition 1831 — 1836 nach Südamerika und in den Stillen Ozean gewonnen. Für ihn ist der Mensch das höchste Tier, nur durch Zufall oder mechanische Naturgesetzlichkeit bestimmt. Der Glaube an göttliche Schöpfung, freie Selbstbestimmung bzw. Willensfreiheit sind durch die rein biologische Deutung des Menschen erschüttert.

Darwin studiert von 1818 — 1825 Medizin an der Universität Edinburgh, dann von 1828 — 1831 Theologie in Cambridge. Nach der genannten Forschungsreise beginnt er 1837 mit ersten Notizen zu ››Entstehung der Arten‹‹; 1838 liest er das für seine Entwicklung wichtige Buch ››Eine Abhandlung über das Bevölkerungsgesetz‹‹ von Thomas Robert Malthus. 1839 veröffentlicht er die ››Reise eines Naturforschers um die Welt‹‹. In den Folgejahren verfaßt er Arbeiten zur Geologie und erste Skizzen seiner Theorie, 1850 — 54 die Monographie ››Der Rankenfüßler‹‹. 1855 wird der Aufsatz ››Über das Gesetz, das das Entstehen neuer Arten reguliert hat‹‹ veröffentlicht; im folgenden Jahr beginnt die Arbeit an ››Entstehung der Arten‹‹. 1858 publiziert er einen ››Auszug aus einem unveröffentlichten Werk über den Artbegriff‹‹, dann 1859 erscheint die erste Ausgabe von ››Entstehung der Arten durch natürliche Zuchtwahl‹‹. Nach Arbeiten zur Botanik kommt 1868 die Abhandlung ››Das Variieren der Tiere und Pflanzen im Zustande der Domestikation‹‹ heraus und 1871 ››Die Abstammung des Menschen und die geschlechtliche Zuchtwahl‹‹, 1872 ››Der Ausdruck der Gemütsbewegung bei Menschen und Tieren‹‹.

Schriften: Reise eines Naturforschers um die Welt (1839); Über die Entstehung der Arten im Tier- und Pflanzenreich durch natürliche Züchtung, oder Erhaltung der vervollkommneten Rassen im Kampfe ums Dasein (1859); Das Variieren der Tiere und Pflanzen im Zustande der Domestikation (1868); Die Abstammung des Menschen und die geschlechtliche Zuchtwahl (1871); Der Ausdruck der Gemütsbewegungen bei den Menschen und den Tieren (1872).

Der Textauszug stammt aus dem Schluß des Hauptwerkes ››Die Abstammung des Menschen und die geschlechtliche Zuchtwahl‹‹, wo Darwin nach Darstellung der Naturentwicklung der Tiere auch die spezifisch menschlichen Eigenschaften in sein System einzubauen sucht. Der Mensch ist das höchste Tier, das ist die philosophische Grundthese der Abstammungslehre, der es um die Wesensbestimmung des Menschen in der Unterscheidung zum Tier geht. Die anthropologische Unzulänglichkeit der Darwinschen Lehre wird spätestens bei der Deutung der moralischen Anlagen klar. Bei den vorgetragenen Thesen zeigt sich immer wieder der Naturforscher, nicht der Philosoph; Darwin geht von äußeren Erscheinungen und deren Vergleich aus und will so die Entwicklung vom Tier zum Menschen zeigen.

Weitere Informationen:

Kardiner, Abram / Preble, Edward: Wegbereiter der modernen Anthropologie. Suhrkamp. Frankfurt/M. 1974. S. 279—285: Ausgewählte Bibliographie.

Portmann, Adolf: Die Idee der Evolution als Schicksal von Charles Darwin. Sonderdruck aus Eranos-Jahrbuch XXXIII/1964. Zürich 1965.

Zur Bibliographie und Biographie:

Charles Darwin in Selbstzeugnissen und Bilddokumenten. Dargestellt von Johannes Hemleben. Rowohlt Monographie 137. Reinbek 1968.

S. 172—176: Verzeichnis der Werke Darwins

S. 176—180: Sekundärliteratur

Vgl. auch: Charles Darwin: Die Entstehung der Arten durch Zuchtwahl. Übers. von C. W. Neumann. Nachwort von G. Heberer (S. 679—687). RUB 3071. Stuttgart 1963 u. 1980

*

1. Wie ist es wohl zur vereinfachten Formel, der Mensch stamme vom Affen ab, gekommen?
2. Welche Schlüsse will Darwin aus der »embryonalen Bildung des Menschen« (Z. 2) ziehen?
3. Welche Bedeutung hatte und hat nach Darwin der Verstand für den Menschen?
4. Welchen Rang räumt Darwin der Sprache ein?
5. Wie erklärt Darwin die Entstehung des Gewissens?
6. Welche Rolle spielt der ›Glaube an Gott‹?

Zu 3.3 (Gehlen)

Arnold Gehlen (1904—1976) hat sich immer wieder mit anthropologischen Fragen auseinandergesetzt; seine philosophischen, psychologischen und soziologischen Arbeiten kreisen um die Frage nach dem Menschen. Die Bedeutung seines Hauptwerkes »Der Mensch. Seine Natur und seine Stellung in der Welt« wird durch immer wieder neue Auflagen unterstrichen.

Gehlen ist Schüler von Hans Driesch, Assistent von Hans Freyer; 1934 wird er Ordinarius für Philosophie in Leipzig (Nachfolger Drieschs), 1938 in Königsberg, 1940 in Wien, 1947 Ordinarius für Soziologie in Speyer, 1962 in Aachen.

Schriften u. a.:

Theorie der Willensfreiheit (1933); Der Mensch. Seine Natur und seine Stellung in der Welt (1939/40); Urmensch und Spätkultur (1956); Die Seele im technischen Zeitalter. Sozialpsychologische Probleme in der industriellen Gesellschaft (1957); Anthropologische Forschung. Zur Selbstbegegnung und Selbstentdeckung des Menschen (1961); Studien zur Anthropologie und Soziologie (1963); Moral und Hypermoral. Eine pluralistische Ethik (1969); Die ethische Tragweite der Verhaltensforschung. In: R. Roček u. O. Schatz (Hrsg.): Philosophische Anthropologie heute (1972).

98

Schriftenverzeichnis in der Zeitschrift für philosophische Forschung, 1964. Gesamtausgabe im Entstehen.

Gehlen will sich nicht mit unlösbaren Problemen aufhalten, sondern wichtige menschliche Phänomene wie z. B. die ››Handlung‹‹ untersuchen. ››Wir selbst haben (1940) uns in dem Grundentwurf des Menschen als eines handelnden Wesens von daher bestimmen lassen‹‹ (Anthr. Forschung, S. 142). ››Im Falle der philosophischen Anthropologie nun ist es selbstverständlich, daß eine ›Modellvorstellung‹ vom Menschen imstande sein muß, die Disziplinen der Morphologie, Physiologie, Psychologie, Sprachwissenschaft usw. wenigstens soweit zu überdecken, daß zwar nicht deren gebietseigene Begriffe und besonderen Gesetze, wohl aber doch einige fundamentale Kategorien in ihr in Zusammenhang gebracht werden können.‹‹ (ibid. S. 142).

Der Aufsatz ››Ein Bild vom Menschen‹‹ (ibid. S. 44−54), aus dem der Textauszug ››Mängelwesen und Prometheus‹‹ stammt (s. auch Text 7.3), skizziert die anthropologische Gesamtkonzeption Gehlens (1942): u. a. Der Mensch als handelndes Wesen; Entlastungsfunktion der Sprache bei der ›Reizüberflutung‹ des Menschen und einem ›Überschuß unfestgelegter Antriebskraft‹ im Menschen.

Kritik hat Gehlen vor allem mit seiner positiven Sicht der Institution in ihrer Entlastungsfunktion erfahren.

Weitere Informationen:

Siehe die reichhaltigen Literaturhinweise in Gehlens Schriften und besonders in der Darstellung:

Böhler, Dietrich: Arnold Gehlen: Die Handlung. In: Josef Speck (Hrsg.): Grundprobleme der großen Philosophen. Philosophie der Gegenwart II (1973; ^{2}1981). S. 230−280 (Literatur: S. 277−280; mit Empfehlungen − einführender Texte G.s zu: Handlung, Institution, Entlastung, elementare Anthropologie und einführender wie weiterer Sekundärliteratur).

Habermas, Jürgen: Arnold Gehlen. Nachgeahmte Substantialität. In: Philosophisch-politische Profile (1971). S. 200−221.

Hagemann-White, Carol: Legitimation als Anthropologie. Eine Kritik der Philosophie Arnold Gehlens. Verlag Kohlhammer. Stuttgart 1973.

Ottmann, Henning: Arnold Gehlen in der Literatur. Bericht über einen fast noch unbekannten Autor. In: Philosophisches Jahrbuch 86/1979, 1. Halbband. S. 148−184 (Zu Veröffentlichungen über Gehlen seit 1966).

Samson, Lothar: Naturteleologie und Freiheit bei Arnold Gehlen. Symposion 54. Verlag Alber. Freiburg i. Br. 1976 (systematisch-historische Untersuchung).

Samson, Lothar: Bericht über die Arnold-Gehlen-Gesamtausgabe. In: Zeitschrift für philosophische Forschung 32/1978, S. 612−617. (Herausgeber: L. Samson und K. S. Rehberg, erscheint seit 1978 im Verlag Klostermann, Frankfurt; bisher Band 1 u. 2 (ed. L. Samson): Philosophische Schriften I u. II; Band 7 (ed. K. S. Rehberg): Einblicke).

*

1. Inwiefern ist der Mensch ein ››Ausnahmefall‹‹ (Z. 3)?
2. Worin bestehen die ››Primitivität‹‹ (Z. 12) des Menschen und das ›Spezialistentum‹ der Tiere?

3. Vergleichen Sie den Entwicklungsstand des Menschen bei seiner Geburt und die weiteren Entwicklungsphasen mit der Entwicklung der Tiere.

4. Wie definiert Gehlen. ››Kultur‹‹ (Z. 44) bzw. wie erklärt er ihre Entstehung?

5. Wieso hat es nach Gehlen einen Sinn, das ›Mängelwesen‹ Mensch als ››Prometheus‹‹ (Z. 54) zu bezeichnen?

6. Wie unterscheiden sich Mensch und Tier in ihren Beziehungen zu ihrer ›Umwelt‹ (bzw. Mensch: Kultur)?

*7. Hat Gehlen recht, wenn er sagt: ››Die philosophische Anthropologie hat seit Herder keinen Schritt vorwärts getan [. . .]‹‹ (Arnold Gehlen: Der Mensch, S. 90)?

8. Ziehen Sie u. a. auch den Herder-Text (2.1) zum Vergleich heran.

9. Vergleichen Sie die ››primitive Hülfslosigkeit des Menschen bei seiner Geburt‹‹ (3.1: Rosenkranz, Z. 38 f.) mit ähnlichen Aussagen bei Gehlen, Herder u. a. Rosenkranz schreibt im weiteren Kontext: ››Aber eben diese Armuth des Anfanges ist die Verheißung unendlichen Reichthums und gebildeter Freiheit.‹‹

*10. Ziehen Sie zum Vergleich auch den Text ››Der Mensch als biologisches Sonderproblem. Erster Begriff vom Menschen‹‹ aus Gehlens Buch ››Der Mensch. Seine Natur und seine Stellung in der Welt‹‹ (Bonn ^{4}1950; Wiesbaden ^{12}1978) heran. Inwiefern kann der Mensch als ››biologisches Sonderproblem‹‹ gelten? ››Hoffnungslos unangepaßt‹‹: Ist das in der Wirklichkeit nachteilig? Wie gleicht der Mensch seine ››biologische Mittellosigkeit‹‹ aus? Was entspricht der ››Weltoffenheit‹‹ des Menschen beim Tier? Was heißt ››Reiz- oder Eindrucksoffenheit‹‹? Was heißt, ››der Mensch sei ›nicht festgestellt‹ oder ›sich selbst noch Aufgabe‹ ‹‹? Wie kann der Mensch überhaupt ›leben / überleben‹? Inwiefern zeichnet ›Handeln‹ den Menschen aus? Was heißt ››sich entlasten‹‹, ››die Mängelbedingungen umarbeiten‹‹? Vgl. Text 7.3.

Zu 3.4 (Scheler)

Max Scheler (1874 – 1928) hat sich immer wieder mit den fünf Grundthemen: Liebe, Wert, Person, Welt und Gott beschäftigt, d. h. mit Phänomenologie, Ethik, philosophischer Anthropologie, Metaphysik und Religionsphilosophie.
Er habilitiert sich 1899 in Jena, ist dann dort und in München Privatdozent; nach Entzug der venia legendi 1910 lebt er als Privatgelehrter in Berlin und Göttingen. 1919 erhält er an der Universität Köln den Lehrstuhl für Philosophie und Soziologie; dort ist er auch Direktor des Forschungsinstituts für Sozialwissenschaften. 1928 wird er an die Universität Frankfurt berufen. Scheler gilt als Begründer einer neuen philosophischen Anthropologie.
Schriften u. a.: Gesammelte Werke. Hrsg. v. Maria Scheler. Francke. Bern/München 1955 ff. (Von den 13 Bänden sind bisher 7 erschienen.)
Erkenntnis und Arbeit. Eine Studie über Wert und Grenzen des pragmatischen Motivs in der Erkenntnis der Welt. In: Ges. Werke Bd. 8. S. 191 – 328 (1960); Zur Idee des Menschen. In: Ges. Werke 3. S. 171 – 195 (1955); Mensch und Geschichte. In: Philosophische Weltanschauung. S. 62 – 88 (1968); Die Stellung des Menschen im Kosmos (1927). In: Ges. Werke 9. S. 7 – 71 (1976); Tod und Fortleben. In: Ges. Werke 10. S. 9 – 64; Vom Ewigen im Menschen. Ges. Werke 5 (1954).

100

Die Spätschrift ›»Die Stellung des Menschen im Kosmos‹‹ ist eine ›gedrängte Zusammenfassung seiner Anschauungen über einige Hauptpunkte der ›»Philosophischen Anthropologie‹‹‹ (Ges. Werke 9. S. 9). »Die Fragen: Was ist der Mensch, und was ist seine Stellung im Sein? haben mich seit dem ersten Erwachen meines philosophischen Bewußtseins wesentlicher beschäftigt als jede andere philosophische Frage.‹‹ (Aus der Vorrede zur 1. Auflage: Ges. Werke 9. S. 9)

Scheler sieht den Großteil der von ihm behandelten philosophischen Probleme in dieser Frage zusammentreffen. An seinen Werken könne man die Entwicklung seiner Ansichten über die ›Sonderstellung des Menschen‹ ablesen. Er äußert sich befriedigt darüber, daß ›»die Probleme einer Philosophischen Anthropologie heute geradezu in den Mittelpunkt aller philosophischen Problematik in Deutschland getreten sind‹‹, und daß Vertreter aller Wissenschaften »an einem neuen Bilde vom Wesensaufbau des Menschen arbeiten‹‹. (ibid. S. 10)

»Aber dessenungeachtet hat die Selbstproblematik des Menschen in der Gegenwart ein Maximum in aller uns bekannten Geschichte erreicht. In dem Augenblick, da der Mensch sich eingestanden hat, daß er weniger als je ein strenges Wissen habe von dem, was er sei, und ihn keine Möglichkeit der Antwort auf diese Frage mehr schreckt, scheint auch der neue *Mut der Wahrhaftigkeit* in ihn eingekehrt zu sein, diese Wesensfrage ohne die bisher übliche ganz-, halb- oder viertelsbewußte Bindung an eine theologische, philosophische und naturwissenschaftliche Tradition in neuer Weise aufzuwerfen und — gleichzeitig auf der Grundlage der gewaltigen Schätze des Einzelwissens, welche die verschiedenen Wissenschaften vom Menschen erarbeitet haben — eine neue Form seines Selbstbewußtseins und seiner Selbstanschauung zu entwickeln.‹‹ (ibid.)

Scheler will das Wesen des Menschen aus dem gesamten Aufbau der biopsychischen Welt verstehen; er geht von einer Stufenfolge der psychischen Kräfte bzw. des Lebendigen aus.

Weitere Informationen:
Hartmann, Wilhelm: Scheler-Bibliographie. Stuttgart 1963.
Frings, Manfred S.: Max Scheler. A Concise Introduction into the World of a Great Thinker. Pittsburgh 1965.
    Zur Phänomenologie der Lebensgemeinschaft. Ein Versuch mit Max Scheler. Hain Verlag. Meisenheim 1971.
    (In beiden genannten Werken auch Verzeichnisse der Sekundärliteratur).

Zur kurzen Einführung:
Frings, Manfred S.: Max Scheler: Drang und Geist. In: Josef Speck Hrsg.): Grundprobleme der großen Philosophen. Philosophie der Gegenwart II. ²1981. S. 9—42.
Good, Paul: Max Scheler im Gegenwartsgeschehen der Philosophie. Verlag Francke. Bern/München 1975.
Hammer, Felix: Theonome Anthropologie? Max Schelers Menschenbild und seine Grenzen (Phaenomenologica 54). Verlag Nijhoff. Den Haag 1972.
Max Scheler in Selbstzeugnissen und Bilddokumenten. Dargestellt von Wilhelm Mader. Rowohlts Monographien 290. Reinbek 1980.

*

1. Gibt es einen Wesenunterschied oder nur einen graduellen Unterschied zwischen Mensch und Tier?
2. Stellen Sie die verschiedenen Auffassungen zusammen. Erörtern Sie im Anschluß daran Schelers Behauptung.
3. Was ist unter Begriff und Theorie des »homo faber« (Z. 15) zu verstehen? Ziehen Sie andere Menschenbilder heran.
4. Was macht den Menschen zum Menschen?
5. Welche Modellvorstellungen hat Scheler, wenn er von »psychischen Stufen« (Z. 24 f.) und vom »obersten einen Grund der Dinge« (Z. 35) spricht?
6. Wie versucht Scheler das X (Z. 39) zu erklären? Wie stehen die angeführten Begriffe zueinander?
7. Wie verschieden sind die Begriffe ›Geist‹, ›Vernunft‹, ›Verstand‹ u. a. definiert worden? Vgl. dazu auch Aussagen einschlägiger Lexika.
8. Was ist mit der sog. »Umkehrung« beim Tier gemeint (Z. 69)?
9. Wie hat man sich die »entgegengesetzte Verlaufsform« (Z. 88 f.) beim Menschen vorzustellen? Versuchen Sie beide »Dramen« durch graphische Darstellungen zu veranschaulichen und zu vergleichen.
10. Versuchen Sie die gegebenen Formeln $T \rightleftharpoons U$ und $M \rightleftharpoons W \rightarrow \rightarrow \ldots$ mit eigenen Worten und andererseits weite Teile von Schelers Ausführungen Ihrerseits durch Formeln wiederzugeben.
11. Der Begriff der »Weltoffenheit« (Z. 99; 105) kehrt bei den verschiedenen Anthropologen häufig wieder: Vergleichen Sie die Begriffsdefinitionen und versuchen Sie eine zusammenfassende Definition.
12. Was könnte die Möglichkeit des Menschen einschränken, »sich in unbegrenztem Maß ›weltoffen‹ verhalten« zu können (Z. 105)?
*13. Im weiteren Kontext schreibt Scheler: »Das Tier hat keine ›Gegenstände‹: es lebt in seine Umwelt ekstatisch hinein, die es gleichsam wie eine Schnecke ihr Haus als Struktur überall hinträgt, . . .« Vergleichen Sie den Begriff des »Ekstatischen« bei Scheler mit dem der »Exzentrizität« bei Plessner (ggf. bei Heidegger!).
14. Wie sind die Begriffe »Sammlung«, »Selbstbewußtsein«, »Gegenstandsfähigkeit« definiert, inwiefern bilden sie eine »Struktur« (Z. 116 f.)?
15. Das Wissen um ›Geschichte‹ und ›Tod‹, die Möglichkeit, »sein Leben frei von sich zu werfen«, ›zeichnen den Menschen aus‹. Diskutieren Sie die Problematik des Selbstmordes (ggf. unter Heranziehen einschlägiger Texte von Camus, z. B. »Mythos des Sisyphos«).
16. Welche Bedeutung können »ekstatische Zustände« (Z. 129) bzw. »Ekstasen« (Z. 139; vgl. auch »orgiastische Kulte«, Z. 131) für den Menschen haben?
17. Welchen Unterschied macht der »Wille« zwischen Mensch und Tier (Z. 140 ff.)?
*18. Versuchen Sie den Aufbau der 4 Wesensstufen graphisch zu veranschaulichen.
*19. Wie unterscheiden sich Mensch, Tier, Pflanze in Empfindung und Bewußtsein?
20. Ggf. zur Klärung der ›menschlichen Besonderheiten‹ (z. B. »vollausgeprägte konkrete Ding- und Substanzkategorie« (Z. 178)) weitere Textauszüge heranziehen.

Zu 3.5 (Plessner)

Helmuth Plessner (geb. 1892) gilt mit Max Scheler als Begründer der philosophischen Anthropologie (mindestens des Neuansatzes in unserem Jahrhundert). Der Aufsatz ››Die Frage nach der Conditio humana‹‹ (zuerst veröffentlicht als Einleitung zur Propyläen-Weltgeschichte, Berlin 1961) informiert schnell und umfassend über Plessner und seine Arbeit; mit dieser Frage, mit der Bestimmung der ››vitalen Bedingungen, denen der Mensch von Natur unterworfen ist‹‹, mit der ›Ungebundenheit‹ des Menschen einerseits und mit den ›anthropologischen Konstanten‹ andererseits hat sich Plessner zeit seines Lebens beschäftigt.

Plessner studiert 1910—1916 Zoologie und Philosophie in Freiburg, Berlin, Heidelberg, Göttingen und Erlangen; promoviert 1916 zum Dr. phil., habilitiert sich 1920 in Köln für Philosophie; 1920 Privatdozent, 1926 a. o. Professor für Philosophie in Köln, 1933 Entlassung und Emigration, 1934 geht er an die Universität Groningen, 1939 erster Professor für Soziologie dort, 1946 Professor für Philosophie dort, 1951 Professor für Philosophie und Soziologie in Göttingen. Nach der Emeritierung ist er 1962—1963 erster Inhaber der Theodor-Heuss-Stiftungsprofessur an der New School for Social Research in New York; lehrt in Zürich, lebt jetzt wieder in Göttingen.

Schriften u. a.: Die Einheit der Sinne. Grundlinien einer Ästhesiologie des Geistes (1923); Die Stufen des Organischen und der Mensch. Einleitung in die philosophische Anthropologie (1928; ^{3}1975); Lachen und Weinen. Eine Untersuchung nach den Grenzen menschlichen Verhaltens (1941; Abgedruckt in: Zwischen Philosophie und Gesellschaft); Macht und menschliche Natur. Ein Versuch zur Anthropologie der geschichtlichen Weltansicht (1931; Abgedruckt in: Zwischen Philosophie und Gesellschaft); Zwischen Philosophie und Gesellschaft. Ausgewählte Abhandlungen und Vorträge (1953); Über einige Motive der philosophischen Anthropologie. In: Studium Generale 9 (1956). S. 445—453.

Conditio humana (1961); Philosophische Anthropologie. Lachen und Weinen. Das Lächeln. Anthropologie der Sinne (1970); Die Frage nach der Conditio humana. Aufsätze zur philosophischen Anthropologie (1976). Aus dieser Aufsatzsammlung vgl. man bes. folgende Aufsätze: Die Frage nach der Conditio humana. S. 7 ff.; Der Mensch als Lebewesen. Adolf Portmann zum 70. Geburtstag. S. 111 ff.; — Homo absconditus. S. 138 ff.; Selbstentfremdung, ein anthropologisches Theorem? S. 151 ff.; Der Aussagewert einer philosophischen Anthropologie. S. 180 ff.

Aus: Diesseits der Utopie vgl. man bes. folgende Aufsätze: Soziale Rolle und menschliche Natur. S. 23 ff., Der imitatorische Akt. S. 173 ff.; Zur Frage der Vergleichbarkeit tierischen und menschlichen Verhaltens. S. 181 ff.; Immer noch philosophische Anthropologie? S. 23 ff.

Gesammelte Schriften in 10 Bänden. Hrsg. v. G. Dux, O. Marquard u. E. Ströker. Suhrkamp Verlag. Frankfurt/M. 1980 ff. Bd. III: Anthropologie der Sinne 1981; Bd. IV u. V: Die Stufen des Organischen und der Mensch, 1981; Macht und menschliche Natur, 1981.

Weitere Informationen:

Hammer, Felix: Die Exzentrische Position des Menschen. Methode und Grundlinien der philosophischen Anthropologie Helmuth Plessners. (Abhandlungen zur Philosophie, Psychologie und Pädagogik 42). Verlag Bouvier. Bonn 1967

Ziegler, Klaus: Wesen und Wirklichkeit des Menschen. Festschrift für Helmuth Plessner. Göttingen 1957. (mit Bibliographie)

Plessner, Helmuth: Philosophie in Selbstdarstellungen, Band I. Hrsg. v. L. J. Pongratz. F. Meiner Verlag. Hamburg 1975. S. 269—307.

Dux, Günter: Helmuth Plessners philosophische Anthropologie im Prospekt.
In: H. P.: Philosophische Anthropologie. Lachen und Weinen. Das Lächeln. Anthropologie der Sinne. Hrsg. v. G. Dux. Frankfurt/M. 1970. S. 255—316.

Asemissen, Hermann Ulrich: Helmuth Plessner. Die exzentrische Position des Menschen.
In: Josef Speck (Hrsg.): Grundprobleme der großen Philosophen. Philosophie der Gegenwart II: Scheler, Hönigswald, Merleau-Ponty, Plessner, Cassirer, Gehlen. Verlag Vandenhoeck u. Ruprecht. (UTB 183.) Göttingen ^{2}1981. S. 146—180. (Bibliographie S. 177—180)

*

1. Vergleichen Sie die »exzentrische Positionsform« des Menschen mit der »zentrischen« des Tieres (Z. 15—17).

2. Erörtern Sie die Freiheit und Weite des Menschen, seine »Ort- und Zeitlosigkeit« (Z. 22 f.), sein ›Leben‹ und ›Erleben‹ und das ›Erleben seines Erlebens‹ (Z. 26 f.).

3. Was macht den Menschen aus, was läßt ihn Tier bleiben?

4. Wieso ist die Annahme (Z. 36 f.) falsch?

5. Was bedeutet, die »Organisationsform« des Tieres sei »konzentrisch« (Z. 42 f.)? Worin liegt die ›Beschränkung‹ des Tieres?

6. Wie unterscheiden sich die Rollen der ›Mitmenschen‹ für den Menschen, von denen der »Mittiere« (Z. 53) für das Tier?

7. Welche besondere Bedeutung kommt der »Idee des Paradieses . . .« (Z. 58 f.) zu?

8. Diskutieren Sie Plessners These: »Der Mensch muß [...] sich zu dem, was er *schon ist, erst machen*« (Z. 62 f.)
Vgl. Sie Sartres Gegenüberstellung von ›Mensch‹ und ›Gegenstand‹ bzw. die unterschiedliche Abfolge von ›existence‹: ›essence‹ und ›essence‹: ›existence‹.
»[...] daß die Existenz der Essenz vorangehe, [...]«
»Der atheistische Existenzialismus [...] erklärt, daß, wenn Gott nicht existiert, es mindestens *ein* Wesen gibt, bei dem die Existenz der Essenz vorausgeht [...]«.
(Aus: J. P. Sartre: Drei Essays. Ist der Existentialismus ein Humanismus? — Materialismus und Revolution — Betrachtungen zur Judenfrage. Mit einem Nachwort von W. Schmiele. Ullstein Buch 304. Frankfurt/M., Berlin 1969. S. 9—11 (L'Existencialisme est un Humanisme).

9. Was bedeuten »menschliches Leben« und »Mensch sein« (Z. 68 ff.)?

10. Wie unterscheiden sich ›Mensch‹, ›Tier‹ und ›Pflanze‹ in ihrem ›Leben‹? Vgl. dazu auch Scheler.

11. Wie heißt das »Grundgesetz der eigenen Existenz« (Z. 81 f.)?

12. Was hat der Mensch mit dem ›Paradies‹ durch den ›Sündenfall‹ alles verloren, was gewonnen?

13. Was heißt: Der Mensch »muß daher auf Umwegen über künstliche Dinge leben« (Z. 88)?

14. Wie bzw. worin kann sich der Mensch ein »Komplement« (Z. 92), ein »Gleichgewicht« (Z. 94) ›schaffen‹?

15. Was ist mit diesen »außernatürlichen« Dingen (Z. 96), die »ein eigenes Gewicht bekommen« (Z. 97 f.) gemeint?

*16. Was meint Plessner, wenn er vom Menschen als ›Prothesenproteus‹ spricht? (s. Der Mensch als Lebewesen. Adolf Portmann zum 70. Geburtstag. In: Helmuth Plessner: Die Frage nach der Conditio humana. Aufsätze zur philosophischen Anthropologie. suhrkamp taschenbuch 361. Frankfurt/M. 1976. S. 111 − 121, bes. 118. Vgl. darin auch: Die Frage nach der Conditio humana, S. 59, 73 f., 118, 122).

*17. s. Aufgabe 14 zu Text 3.4

*18. Ziehen Sie ggf. auch den Plessner-Text »Lachen und Weinen« (Aus: Philosophische Anthropologie. s. o.) heran (bes. S. 25 und 46 f.).
Vgl. ggf. Mythen und Märchen verschiedener Völker miteinander, insbes. Texte über die Schöpfung der Welt und des Menschen. Worin besteht die ›Unterlegenheit‹ des Menschen, worin seine ›Überlegenheit‹?

Zu 3.6 (Buytendijk)

Frederik Jacobus Johannes Buytendijk (1887 − 1974), niederländischer Psychologe und Physiologe, gilt als einer der Begründer der modernen Tierpsychologie und auch der vergleichenden Psychologie von Mensch und Tier.
Nach dem Studium der Medizin interessiert er sich für theoretische biologische Fragen und Philosophie; er beschäftigt sich mit experimentellen Arbeiten über Tierverhalten und promoviert 1918 in Utrecht mit der Arbeit »Gewohnheitsbildung bei Tieren«; er arbeitet in der Physiologie und wird 1919 Professor der Allgemeinen Biologie an der Universität Amsterdam (besondere Aufgabe: Grenzgebiete der Biologie und Physiologie).
Er tritt vor allem in nähere Kontakte zu Max Scheler, der großen Einfluß auf ihn ausübt, zu Helmuth Plessner, Viktor von Weizsäcker und Victor Emil von Gebsattel.
1925 wird er Professor der Physiologie in Groningen, 1946 − 1957 Professor für allgemeine Psychologie in Utrecht.
Schriften u. a.: Über das Verstehen der Lebenserscheinungen (1925); Wesen und Sinn des Spiels (1933); Wege zum Verständnis der Tiere (1938); Über den Schmerz (1948); Allgemeine Theorie der menschlichen Haltung und Bewegung (1956; geschrieben 1943 − 45); Mensch und Tier. Ein Beitrag zur vergleichenden Psychologie (1958); Das Menschliche. Wege zu seinem Verständnis (1958).
Buytendijk geht der erstaunlichen Analogie im Verhalten von Tier und Mensch in der vergleichenden Psychologie nach.
Er greift auf den Begriff »Leben« bei Aristoteles zurück und führt aus: »Die Tiere besitzen außerdem die Fähigkeit des Empfindens, der Ortsbewegung sowie des Strebens und des Begehrens. Der Mensch lebt darüber hinaus aber kraft eines Vermögens, das Pflanzen und Tiere entbehren: Es ist das Vorstellen, Denken, Überlegen und mithin die gewollte Leistung, der schaffende Geist.« (Mensch und Tier, S. 121: Stichwort »Vergleichende Psychologie«)
Der vorliegende Textauszug ist die Zusammenfassung der 1929 zuerst veröffentlichten Arbeit »Zur Untersuchung des Wesensunterschiedes von Mensch und Tier«.

Weitere Informationen:
Buytendijk, F. J. J.: Mensch und Tier (siehe Schriften; bes. S. 120 − 125, 126 ff., 127 f.;

129 – 131: Literaturhinweise; 39 ff.: Welt oder Umwelt; 43 ff.: Handlung und Leistung).

Gadamer, H. G. und Vogler, P. (Hrsg.): Neue Anthropologie. Band 1 – 7. dtv 4069 – 4074. G. Thieme Verlag. Stuttgart 1972 – 1974. (1 u. 2. Biologische Anthropologie, 4: Kulturanthropologie, 6 u. 7: Philosophische Anthropologie).

Portmann, Adolf: Biologische Fragmente zu einer Lehre vom Menschen. 2., durchgesehene, um neue Anmerkungen erweiterte Auflage. Basel 1951.

Siehe auch Informationen zu Plessner Kap. 3.5

*

1. Worin sieht Buytendijk den wesentlichen Unterschied zwischen Mensch und Tier?
2. Diskutieren Sie den ››Selbsterhaltungstrieb‹‹ bei Tier und Mensch (Z. 4 ff. u. 9).
3. Vergleichen Sie die Bedeutung der ››Umwelt‹‹ (Z. 12) beim Tier als ››Organ‹‹ (››das Eigene‹‹) und beim Menschen als ››Objekt‹‹ (››das Andere‹‹). (Vgl. Portmann).
4. Erörtern Sie die Geschichtlichkeit des Menschen und die Geschichte der Menschheit (auch als Unterscheidungsmerkmal von Mensch und Tier).
5. Was bedeuten ››Menschwerdung‹‹ (Z. 35) und das ››erwachte Tier‹‹ (Z. 35)? Vergleichen Sie Herders Aussage vom Menschen als dem ›ersten Freigelassenen der Natur‹.
6. Worin liegt die Bedeutung der ››Welt‹‹ und der ››Spaltung von Subjekt und Objekt‹‹ (Z. 37; 40) für den Menschen?
7. Erörtern Sie die ›Armut‹ des Tieres und den ›Reichtum‹ des Menschen.
8. Erläutern Sie die Funktion und Bedeutung der ››Liebe‹‹ (Z. 63 ff.) für den Menschen (››Lebenstätigkeitsprinzip‹‹, Z. 66).
9. Andere Wissenschaftler (z. B. J. von Uexküll) sind der Meinung, auch der Mensch habe ›Umwelt‹. Setzen Sie sich damit auseinander.

* Im Anschluß an Buytendijk und als Abschluß des Kapitels ››Abstammung und natürliche Entwicklung des Menschen‹‹ empfiehlt sich ein Referat über Adolf Portmann, mindestens aber über sein Buch ››Biologische Fragmente zu einer Lehre vom Menschen‹‹ (s. o.); daraus besonders wichtig S. 62 – 67).

Weitere Informationen:
Zu Arbeiten Adolf Portmanns:
Grene, Marjorie: Approaches to a Philosophical Biology. New York / London 1965.
Kugler, Rolf: Philosophische Aspekte der Biologie Adolf Portmanns. Mit ausführlichem Literaturverzeichnis. Zürich 1967.
Koepke, E.: Adolf Portmann. Wegbereiter zu einem neuen Weltbild. Hamburg 1964.
Illies, Joachim: Adolf Portmann — Ein Biologe vor dem Geheimnis des Lebendigen. Herder Bücherei 873. Freiburg/Brsg. 1981.

*

1. Wie kann die Biologie zur Lehre vom Menschen beitragen?
   Wie könnte man die ›Idee vom Menschen‹ (ggf. S. 20 ff.) umreißen?

106

2. Vgl. der unterschiedlichen Stufen menschlicher Entwicklung, der verschiedenen Menschenbilder und ihrer Wertungen:
›Naturmensch‹, ›Wilder‹ (positiv!), ›Tiermensch‹ (Günther Bien: Zum Thema des Naturzustands im 17. und 18. Jahrhundert. In: Archiv für Begriffsgeschichte, Band XV, Heft 2. Bonn 1971. S. 275–298) bis hin zum ›Übermenschen‹.

3. Vgl. der ›Weltoffenheit‹ und der ›Umweltgebundenheit‹ (s. auch andere Texte und Autoren).

4. Klären Sie die Bedeutung der einander gegenübergestellten Formulierungen: ››Konzentrische‹‹ Daseinsweise des Tieres — ››exzentrische‹‹ des Menschen, ››subjektives‹‹ Verhalten des Tieres — menschliche Fähigkeit zur ››Objektivität‹‹, ››das Tier ›lebe‹ sein Leben, während der Mensch sein Dasein ›führe‹‹‹. Vgl. dazu u. a. den Begriff der ››Exzentrizität‹‹ des Menschen bei Plessner.

5. Versuchen Sie über die Kurzzusammenfassung hinaus eine tabellarische Zusammenfassung aller von Portmann genannten Unterscheidungen zwischen Mensch und Tier $(+/-)$ (ggf. weitere graphische Darstellungen).

6. Vgl. Sie Darstellungen des Menschen, bei denen er im Vergleich zum Tier negativ gesehen wird. Vgl. Sie das ››Wort von der Fötalisierung der Menschengestalt‹‹, den ››Begriff der Mittellosigkeit‹‹ bei Gehlen, das ››Mängelwesen‹‹ Herders.

7. Ziehen Sie u. U. die von Portmann genannte Literatur (S. 144) heran, z. B. Wilhelm Szilasi: Kosmos, Tier und Mensch. Freiburger Dies Univ. 1948/49).

Zu 4.0 (Motto)

Vgl. Sie ggf. weitere Texte bzw. Textstellen aus dem Alten und dem Neuen Testament (insbes. zu den Stichwörtern: Adam, Jesus als neuer / zweiter Adam, Mensch, Menschengott). Ziehen Sie dazu eine Bibel-Konkordanz heran.

Zu 4.1 (Mirandola)

Graf Giovanni Pico della Mirandola (1463–1494), Philosoph der Renaissance, Freund des Lorenzo Medici, Mitglied der Akademie in Florenz, einerseits geachtet, weil er die ›Würde des Menschen‹ herausgestellt, andererseits kritisiert, gar als Verräter humanistischer Ideale an die jüdische Kabbala denunziert.
Er möchte 1486 alle Gelehrten in einer überkonfessionellen Weltkirche zusammenbringen; daraufhin wird er bis 1493 gebannt.
Bei seinen Studien in Ferrara und Padua beschäftigt er sich vor allem mit Aristoteles; er sucht ihn mit Platon zusammenzusehen, beide zu vereinen.
Die Rede ›Über die Würde des Menschen‹ sollte den Gelehrtenkongreß eröffnen; sie betont die zentrale Stellung des Menschen in der Welt, die Bedeutung der Tat für das menschliche Sein. Der Mensch ist ›Mikrokosmos‹, sein eigener ›freier Bildner und Überwinder‹; in ihm sind alle Möglichkeiten der Entwicklung bzw. Entartung zum Göttlichen und zum Tier angelegt.
Schriften u. a.: de hominis dignitate (Über die Würde des Menschen, 1486); Absage an die Astrologie (Disputationes adversus astrologiam divinatricem, 1496); Heptaplus (Über die siebenfältige Erzählung der sechs Schöpfungstage, 1489).

Weitere Informationen:

Dreydorff, G.: Das System des Johannes Pico. 1858

Levy, A.: Die Philosophie Pico della Mirandola. 1908.

Cassirer, Ernst: Individuum und Kosmos in der Philosophie der Renaissance. 1927.

Biezais, H.: Pico della Mirandolas anthropologische Anschauungen. Eutin 1953.

Monnerjahn, E.: Giovanni Pico della Mirandola. Wiesbaden 1960.

Vorländer, Karl: Geschichte der Philosophie III. Philosophie der Renaissance. Beginn der Naturwissenschaft. Bearbeitet von Hinrich Knittermeyer. Mit Quellentexten und bibliographischen Ergänzungen versehen von Eckhard Keßler. Rowohlt. Reinbek 1965. S. 27−30; 188−191 (Textausz.)

*

1. Erläutern Sie die Auflistung der Meinungen über die menschliche Natur. Welche ›Hauptsache‹ des Menschen erfassen sie nicht?
2. Zu welchem Zwecke und mit welcher Gabe hat Gott-Vater den Menschen geschaffen?
3. Wie unterscheidet sich der Mensch von allen anderen Geschöpfen, was zeichnet ihn aus?
4. Erörtern Sie das Problem der menschlichen Freiheit (Z. 29 ff., 35, 40 ff.).
*5. Wiefern ist der Mensch mit ›Proteus‹ (Z. 64) zu vergleichen? Vgl. Plessner ›)Prothesenproteus‹‹ (Der Mensch als Lebewesen. Adolf Portmann zum 70. Geburtstag. In: Helmuth Plessner: Die Frage nach der Conditio humana. Aufsätze zur philosophischen Anthropologie. suhrkamp taschenbuch 361. Frankfurt 1976. S. 111−121, hier: 118).
   Vgl. auch Sigmund Freud: Das Unbehagen in der Kultur. (Mit einer Rede von Thomas Mann als Nachwort). Fischer Bücherei 47. Frankfurt/M. 1953. S. 90 ff., hier: S. 125: ›)Der Mensch ist sozusagen eine Art Prothesengott geworden [...]‹‹.

Zu 4.2 (Feuerbach)

Ludwig Feuerbach (1804−1872) ist einer der bekanntesten Linkshegelianer, der insbesondere mit seiner Religionskritik (bes. ›)Das Wesen des Christentums‹‹ von 1841) Marx und Engels nachhaltig beeinflußt hat (vgl. beider ›)Feuerbach-Thesen‹‹); beider Sozialanthropologie und die Theorie des Historischen Materialismus gründen auf Feuerbach. Allerdings forderte er sie auch zur Kritik an ihm und seinem Materialismus als einem unhistorischen Materialismus heraus; er sei auf halbem Wege stehengeblieben (vgl. ›)Feuerbach-Thesen‹‹: 4, 6, 7, 9 − vgl. außerdem: E. Blochs Interpretation, s. u.).
Nach dem Theologie-Studium in Heidelberg und Philosophie-Studien bei Hegel habilitiert er sich 1828 in Erlangen und wird Privatdozent. 1832 wird ihm wegen Atheismus die Dozentur aberkannt; er lebt nun als freier Schriftsteller, der sich durch Philosophiegeschichtsschreibung schließlich 1833 akademische Anerkennung mit seiner ›)Geschichte der neueren Philosophie von Bacon von Verulam bis Baruch Spinoza‹‹ erwirbt. Mit seiner Schrift ›)Zur Kritik der Hegelschen Philosophie‹‹ (1839) tritt seine Gegnerschaft zu Hegel offen zutage.

108

Für Feuerbach in seiner psychologischen Deutung und Kritik der Religion ist Religion lediglich ›Selbstdeutung des Menschen in seiner Abhängigkeit von der Natur‹ bzw. sind Religionen ›Institutionen der Selbstdeutung des Menschen‹, für ihn sind die Inhalte der Religionen nur die Projektion menschlicher Wünsche und Nöte; der persönliche, jenseitige Gott ist nichts anderes als die Projektion unerfüllter, unerfüllbarer menschlicher Bedürfnisse, ist der ins Unendliche erhöhte Mensch. Nur das Einzelding und der konkrete Mensch ist wirklich, alles Allgemeine und Geistige ist bloßer Begriff; dem stimmen Marx und Engels zu, fordern aber die Veränderung der politisch-ökonomischen Verhältnisse (vgl. 11. Feuerbach-These). Feuerbach besinnt sich wieder auf den Menschen, nachdem der Mensch sich in der Religion sich selbst entfremdet habe; er geht, anders als Hegel und dessen abstraktes Gattungswesen, vom konkreten Einzelmenschen als sinnlichem Wesen, vom realen Menschen als leibbegabten Einzelindividuum aus und nennt konsequent seine Philosophie ››Anthropologie‹‹.
Er äußer selbst, Gott sei sein erster, die Vernunft sein zweiter und der Mensch sein dritter und letzter Gedanke gewesen.

Schriften u. a.:
Das Wesen des Christentums (1841); Grundsätze der Philosophie der Zukunft (1943); Vorläufige Thesen zur Reform der Philosophie (1843); Das Wesen der Religion (1845); Vorlesungen über das Wesen der Religion (1851).

Weitere Informationen:
Ausgaben (s. auch unten):
Feuerbach, Ludwig: Sämtliche Schriften, 10 Bände. Hrsg. v. W. Bolin u. F. Jodl (auf der Grundlage der von Feuerbach 1846—66 selbst herausgegebenen 10bändigen Ausgabe). Stuttgart 1903—11. Neudruck, erweitert durch 3 Ergänzungsbände. Hrsg. v. H. M. Saß, 13 Bde. Stuttgart 1960—64.
Kleine Schriften. Hrsg. u. mit einem Nachwort versehen von Karl Löwith. Frankfurt/M. 1966.
Anthropologischer Materialismus. Ausgewählte Schriften. 2 Bde. Hrsg. v. A. Schmidt. Frankfurt/M. 1967.
Werke in sechs Bänden, Bd. 1. Hrsg. v. E. Thies. Suhrkamp Verlag. Frankfurt/M. 1975 ff.
Engels, Friedrich: Ludwig Feuerbach und der Ausgang der klassischen deutschen Philosophie (1888). Berlin [8]1960.
Nüdling, G.: Ludwig Feuerbachs Religionsphilosophie. Paderborn [2]1961.
Gagern, M. v.: Ludwig Feuerbach. Philosophie und Religionskritik. Die ››Neue‹‹ Philosophie. München 1970.
Braun, H. J.: Ludwig Feuerbachs Lehre vom Menschen. Stuttgart 1971. Die Religionsphilosophie Ludwig Feuerbachs. Stuttgart 1972.
Schuffenhauer, W.: Feuerbach und der junge Marx. Zur Entstehungsgeschichte des Marxismus. Berlin [2]1972.
Schmidt, Alfred: Emanzipatorische Sinnlichkeit. Ludwig Feuerbachs anthropologischer Materialismus. Reihe Hanser 109. München 1973. (auch als Ullstein Buch 3348.) Frankfurt/M., Berlin, Wien 1977. Ludwig Feuerbach: Anthropologischer Materialismus. In: Josef Speck (Hrsg.): Grundprobleme der großen Philosophen. Philo-

sophie der Neuzeit II. UTB 464. Verlag Vandenhoeck u. Ruprecht. Göttingen 1976. S. 184—219, Literatur S. 218 f.

Lübbe, Hermann / Sass, H. M. (Hrsg.): Atheismus in der Diskussion. Kontroversen um Ludwig Feuerbach. Verlage Kaiser u. Grünewald. München/Mainz 1975. Literatur: S. 264—280.

Thies, Erich (Hrsg.): Ludwig Feuerbach. Wege der Forschung 439. Wissenschaftliche Buchgesellschaft. Darmstadt 1976.

Vorländer, Karl / Geldsetzer, Lutz: Die Philosophie in der ersten Hälfte des 19. Jahrhunderts. In: Karl Vorländer: Geschichte der Philosophie, Band III. 1. Teilband. Völlig neu bearbeitet und mit Literaturübersichten versehen v. Lutz Geldsetzer. Verlag F. Meiner. Hamburg 1975. S. 133 ff., bes. 136 f.

Landmann, Michael: De Homine. Der Mensch im Spiegel seines Gedankens. Verlag Alber. Freiburg/München 1962. S. 465—478.

Ludwig Feuerbach in Selbstzeugnissen und Bilddokumenten dargestellt von Hans-Martin Sass. Rowohlts Bildmonographien 269. Reinbek 1978.

*

1. Welchen »wesentlichen Unterschied« (Z. 1) sieht Feuerbach im Vergleich zwischen Mensch und Tier?

2. Wie definiert Feuerbach »Bewußtsein« (Z. 8 ff.)?

3. Wie definiert er »Wissenschaft« (Z. 15 f.)?

4. Inwiefern hat nach Feuerbach das Tier nur ein einfaches, der Mensch aber ein zweifaches Leben?

5. Was bedeuten Denken und Sprechen als »Gattungsfunktionen« (Z. 23)?

6. Wie definiert Feuerbach »Religion« (Z. 27 ff.)?

7. Was macht das »Wesen des Menschen (Z. 32), was die »Gattung« (Z. 33), was die »eigentliche Menschheit im Menschen« (Z. 33) aus?

8. Wie zeichnet Feuerbach das »absolute Wesen des Menschen« (Z. 39) aus, wie den »Grund seines Daseins« (Z. 40)?

9. Wozu denkt, liebt, will der Mensch?

10. Wie (anders) sieht Feuerbach die »göttliche Dreieinigkeit *im* Menschen« (Z. 46)?

*11. Für einen Exkurs, ein Referat oder eine Klausur ziehe man Feuerbachs »Grundsätze der Philosophie der Zukunft« heran. (Ludwig Feuerbach: Werke in sechs Bänden, Band 3: Kritiken und Abhandlungen (1839—1943). Hrsg. v. Erich Thies. Verlag Suhrkamp. Frankfurt/M. 1975. S. 247 ff. §§ 7, 12, 29, 51, 54 f., 61 f.)

Zu 5.1 (Schlözer)

August Ludwig von Schlözer, geb. 5. Juli 1737 zu Jagstadt an der Jagst, gestorben als Geheimer Justizrat am 9. September 1803. Schlözer studiert ab 1751 Theologie in Wittenberg, ab 1754 in Göttingen; dann vier Jahre Hauslehrertätigkeit in Schweden; zur Vorbereitung auf eine Reise in den Orient (die er freilich nie antreten konnte) Studium der orientalischen Sprachen (besonders des Arabischen) und der Medizin; Erforschung der russischen Geschichte in Petersburg; seit 1767 ordentlicher Professor in Göttingen.

Schlözer hält vielbeachtete Vorlesungen über allgemeine Weltgeschichte und Statistik, über europäische Staatengeschichte, allgemeines Staatsrecht, Politik und nordische Geschichte, ferner liest er ein Reise- und ein Zeitungscollegium. Von großem Einfluß ist seine allgemeine politische Schriftstellerei (zehn Bände »Briefwechsel«, Göttingen 1776—82; achtzehn Bände »Staatsanzeigen«, Göttingen 1782—93, deren Hauptzweck es ist, ohne Furcht und Scheu Mißbräuche und Mängel des öffentlichen Lebens zu rügen). Wichtig sind auch seine universalgeschichtlichen Werke »Weltgeschichte im Auszuge und Zusammenhange« (zwei Bände, Göttingen 1792—1801) sowie eine »Vorbereitung zur Weltgeschichte für Kinder« (dritte Auflage Göttingen 1790). — Schlözer nimmt sich vor, die gesamte Staatswissenschaft nach ihren Hauptteilen in kurzen Abrissen auszuarbeiten; doch erscheinen hiervon nur zwei Hefte unter dem Titel: »Allgemeines StatsRecht und StatsVerfassungsLere. Voran: Einleitung in alle StatsWissenschaften. Enzyklopädie derselben. Metapolitik.«, Göttingen 1793 (aus dieser Schrift ist der im folgenden wiedergegebene Abschnitt entnommen; reprographischer Nachdruck: Verlag F. Keip, Frankfurt/M. 1970). Als Vorbereitung dazu veröffentlicht er in lateinischer Sprache ein »Systema politices«, Göttingen 1771.
Über Schlözers Leben und Wirken unterrichten die beiden Bände seines Sohnes Christian von Schlözer: »August Ludwig von Schlözers öffentliches und Privatleben aus Originalurkunden«, Leipzig 1828.

*

1. Wie wörtlich ist das Adverb »zum erstenmal« in Z. 1 zu nehmen?
2. Was bedeutet das Wort »balgen« in Z. 3?
   Versuchen Sie eine Antwort zu geben (a) allein aus dem Zusammenhang des vorliegenden Textes, (b) unter Zuhilfenahme eines Wörterbuches (etwa Hermann Paul: Deutsches Wörterbuch, bearb. von Werner Betz. Niemeyer, Tübingen. ^{6}1966. S. 68 oder Grimms Wörterbuch), (c) durch Berücksichtigung des S. 35 f. abgedruckten Textes von Thomas Hobbes selbst.
3. Sind außer den genannten drei noch andere grundsätzliche Möglichkeiten des menschlichen Sozialverhaltens denkbar?
4. Welche Bezeichnungen könnte man — analog zu der bei Schlözer selbst zu lesenden Benennung für die dritte Möglichkeit »Grundsätze oder Annahme von Geselligkeit und Sympathie« — den Positionen des Th. Hobbes und J. J. Rousseau geben?
*5. Ist die Aristotelische Konzeption eindeutig einer der drei Positionen zuzuweisen?
6. Von welchen Grundsätzen geht Fichte aus? Gibt es weitergehende Übereinstimmungen zwischen den Überlegungen bei Fichte und Schlözer?
7. Bestätigen die uns zugänglichen ethnologischen Erfahrungen die These Schlözers vom Verhalten der Wilden Fremden gegenüber?
8. In welchem Verhältnis steht der von Schlözer angenommene erwachsene vollbürtige Mensch, der zum ersten Male einem anderen Menschen begegnet, zum Wilden und zum bereits gebildeten Menschen?
9. In welchem Bezug stehen Trieb und Recht zueinander?

*10. Entwickeln Sie die von Schlözer nur angedeutete Sozialphilosophie Rousseaus durch Heranziehung seiner Preisschrift von 1755 ››Über den Ursprung und die Grundlagen der Ungleichheit unter den Menschen‹‹ (Text in: J. J. Rousseau: Schriften zur Kulturkritik. Hrsg. von K. Weigand. Philosophische Bibliothek 243. Meiner Verlag. Hamburg 1964. S. 77 ff.)

Zu 5.2 (Hobbes)

Thomas Hobbes, geb. 5. April 1588 zu Malmsbury, gest. 4. Dezember 1679 zu Hardwick. Beginn des Studiums im Alter von 15 Jahren in Oxford. 1608 — 28 Hofmeister, dann Reisebegleiter, schließlich Privatsekretär und Freund des gleichaltrigen Lord Cavendish. 1629 Übersetzung des Geschichtswerks des Thukydides. Ab 1631 erzieht er den Sohn des inzwischen verstorbenen Freundes.

Auf einer Auslandsreise mit ihm tritt er in Frankreich zu Mersenne und seinem Kreis und in Italien zu Galilei in Beziehung. Damals beginnt er die Ausarbeitung eines eigenen wissenschaftlich-philosophischen Systems. Wegen der gespannten Lage in England von 1640 — 51 Aufenthalt in Paris, Bekanntschaft mit Gassendi und Descartes. Die 1651 erscheinende staatsphilosophische Hauptschrift ››Leviathan‹‹ — der dem alttestamentlichen Buche Hiob entlehnte Name des Tieres (››dem kein anderes gleich ist‹‹) dient zur Bezeichnung des über Weltliches und Geistliches mit unwiderstehbarer Macht gebietenden Staates — erregt sofort großes Aufsehen und bei den Geistlichen aller Bekenntnisse Widerspruch und Entrüstung. Es bringt ihm die Kennzeichnung eines ››Vaters der Atheisten‹‹ und eine Verweisung vom Königshof ein.

Da alles durch Ursachen bestimmt ist, so ist auch das Wollen des Menschen streng determiniert. Die menschliche Natur wird nach Hobbes ursprünglich nur von der Selbstsucht getrieben, sich zu erhalten und Genuß zu verschaffen. Diesen inneren Antrieben entspricht ein äußerer Zustand der natürlichen Gleichheit der Menschen. Hobbes nennt ihn den Naturzustand (status naturalis); er kennt keine Rechte und Vorrechte irgendwelcher Art: Die Natur hat jedem das Recht auf alles gegeben. Dieser Zustand ist ein Krieg aller gegen alle, in ihm ist allen Menschen alles gestattet, was ihrer Selbstbehauptung dient, wobei jeder selbst bestimmt, was gut und böse, recht und unrecht ist. Hobbes sah in dem status naturalis freilich keine historische Epoche, sondern einen Zustand der menschlichen Gesellschaft, wie er, etwa in Bürger- und Religionskämpfen, immer wieder ausbricht, weil er in der Natur des Menschen bereitliegt. Freilich ist der Übergang aus dem Naturzustand in den Zustand einer größeren Ruhe und Sicherheit ein Gebot der Vernunft. Dieses lautet: Man muß den Frieden erstreben, wenn sich eine Aussicht auf ihn anbietet; besteht eine solche nicht, dann muß man die Hilfsmittel für den Krieg bereitstellen. Damit nun aus einer bloßen Menge von miteinander konkurrierenden Menschen eine wirkliche Bürgerschaft (civitas) entsteht, ist zweierlei notwendig: erstens die gegenseitige Verzichtleistung aller Einzelpersonen auf die unbeschränkten Vollmachten und Rechte des Naturzustandes, zweitens deren Übertragung auf einen einzelnen oder eine Gruppe von Menschen, denen sich alle vorbehaltlos unterordnen. Durch diesen Akt des gegenseitigen Verzichts und der Übertragung sowie die Unterwerfung unter einen oder mehrere andere Menschen entsteht der Staat. Als Kennzeichen des Naturzustandes nennt Hobbes: Herrschaft der Affekte, Krieg, Furcht, Armut, Schmutz, Einsamkeit, Wildheit, Unwissenheit, Leichtsinn; dagegen kommen

112

dem Gesellschaftszustand (status civilis) zu: Herrschaft der Vernunft, Friede, Sicherheit, Reichtum, Schmuck, vollendete Form, Wissenschaft, Wohlwollen.

Schriften u. a.: Leviathan oder Stoff, Form und Gewalt eines bürgerlichen und kirchlichen Staates. Übers. von Walter Euchner. Hrsg. und eingeleitet von Iring Fetscher. Reihe Politica. Luchterhand. Neuwied 1966 (dasselbe als Ullstein-Taschenbuch Nr. 3240. Frankfurt/Berlin/Wien 1976.) — Übers. und hrsg. v. J. W. Meyer (nur I. und II. Teil), Reclams Universalbibliothek Nr. 83 48—51. Stuttgart 1974. — In der Übersetzung von Dorothee Tidow (nur I. und II. Teil) hrsg. von Peter Cornelius Mayer-Tasch. Rowohlts Klassiker Bd. 187—189. Reinbek 1965.

Vom Menschen / Vom Bürger. Auf der Grundlage der Übersetzung von M. Frischeisen-Köhler, eingel. und hrsg. von Günter Gawlick. Meiner. Hamburg ^{2}1966.

Weitere Informationen:

Fetscher, Iring: Der gesellschaftliche ›Naturzustand‹ und das Menschenbild bei Hobbes, Pufendorf, Cumberland und Rousseau. Ein Beitrag zur Standortbestimmung der politischen Theorie Rousseaus. Abgedruckt als Anhang III in Fetscher, Iring: Rousseaus politische Philosophie. Zur Geschichte des demokratischen Freiheitsbegriffs. (= Politica. Abhandlungen und Texte zur politischen Wissenschaft. Hrsg. v. W. Hennis und R. Schnur, Bd. 1) Neuwied / Berlin ^{2}1968. S. 296—342.

Kriele, Martin: Die Herausforderung des Verfassungsstaates. Hobbes und englische Juristen. Neuwied 1970.

Kriele, Martin: Einführung in die Staatslehre (rororo-studium 35). Reinbek 1975. S. 119—149.

Macpherson, C. D.: Die politische Theorie des Besitzindividualismus. Von Hobbes bis Locke. Frankfurt/M. 1967. (Zuerst englisch: The Political Theory of Possessive Individualism. Hobbes to Locke. Oxfort 1962). S. 21—125.

Maier, Hans: Hobbes. In: Klassiker des politischen Denkens, Bd. 1: Von Plato bis Hobbes. Hrsg. v. H. Maier, H. Rausch, H. Denzer. Beck. München 1968. S. 351—375; 412—413.

Schmitt, C.: Der Leviathan in der Staatslehre des Thomas Hobbes. Sinn und Fehlschlag eines politischen Symbols. Hamburg 1938.

Willms, B.: Die Antwort des Leviathan. Thomas Hobbes' politische Theorie (Politica Bd. 18). Neuwied / Berlin 1970.

Habermas, J.: Theorie und Praxis. S. 32—46: Hobbes' Begründung der Sozialphilosophie.

*

1. Wird von Hobbes (Z. 1—7) das Aristotelische Verständnis eines ›politischen Lebewesens‹ (vgl. Texte 1.2 und 1.4) in allen Punkten richtig wiedergegeben? Welcher Begriff ist Aristoteles gegenüber neu?
2. Wie definiert Hobbes den Staat, und was versteht er unter ›Politik‹ und ›politisch‹? Was entspricht bei Aristoteles dem von Hobbes geforderten ›einen Willen‹?
3. Welcher Aristotelische Gedanke findet Hobbes' Zustimmung?
4. Wie begründet Hobbes den nicht-natürlichen Charakter des Staates?
5. Erläutern Sie Hobbes' Verständnis von Vernunft und Sprache. Was bedeutet es,

daß er nicht einfachhin von der Sprache, sondern von der ›Kunst der Sprache‹ handelt?

6. Welche Rolle spielt in Hobbes' Überlegungen der Begriff der Übereinstimmung? Wodurch wird diese bei den Tieren bewirkt?

7. Wie charakterisiert Hobbes den Zustand unter den Menschen ohne Übereinstimmung und ohne staatliche Macht? Welche alternativen Benennungen bzw. Zustandbeschreibungen bietet unser Text?

8. Welches ist der Zweck des Staates nach Hobbes? Setzen Sie diese Konzeption in Beziehung zur Aristotelischen Staatszwecktheorie (vgl. Text 1.4, Z. 26 f.).

9. Kann man sagen, die Politische Anthropologie bei Aristoteles sei idealistisch, die Hobbes'sche realistisch? Informieren Sie sich über die englische Geschichte zur Zeit Hobbes'.

*10. Verstehen Sie Hobbes' Ausführungen als bloße, aber exakte Beschreibung der wirklichen Natur des Menschen, als ethisch oder politisch gemeinte Handlungsanleitung oder als im Sinne einer Warnung gemeinte Überzeichnung? Was bedeutet es, daß Schlözer zwischen den beiden Fragen unterscheidet »quid facient?« und »quid faciant?«? Gehören beide Fragen in gleicher Weise zur (philosophischen) Anthropologie? Wie verhalten sich philosophische und politische Anthropologie zueinander?

*11. Vergleichen Sie Hobbes' Konzeption mit folgenden Ausführungen von Gottfried Wilhelm Leibniz über den »Platz des Andern«:

»Der Platz des Andern ist in der Politik wie in der Moral der wahre Gesichtspunkt. Und die Vorschrift von Jesus Christus, sich an die Stelle des Anderen zu versetzen, dient nicht nur dem Ziel, von der unser Herr spricht, nämlich der Moral, damit wir unsere Pflicht gegen unseren Nächsten erkennen, sondern ebenso der Poltik, um die Absichten zu erkennen, die unser Nachbar gegen uns haben kann. In Wirklichkeit kann es durchaus vorkommen, daß der Nachbar weder so übelwollend noch so hellsichtig ist, wie ich ihn mir vorstelle, aber in der Politik ist es am sichersten, das Schlechteste vorauszusetzen, dann nämlich, wenn es sich darum handelt, sich vorzusehen und zu verteidigen, so wie man in der Moral das Beste voraussetzen muß, wenn in Frage steht, einem anderen zu schaden oder ihn anzugreifen. Man muß die Menschen immer von ihrer besten Seite betrachten, es sei denn, man wäre gezwungen, sich mit ihnen auf ein Geschäft einzulassen, denn dann ist es vernünftig, Sicherheitsvorkehrungen zu treffen«. (G. W. Leibniz: Politische Schriften 2, hrsg. von H. H. Holz, Europäische Verlagsanstalt. Frankfurt/M. 1967, S. 136 f. Text hier gekürzt.)

In welchen der bisher von Ihnen gelesenen Texte dieses Bandes ist Ihnen bereits die sogen. Goldene Regel begegnet, die Leibniz der Bibel entnimmt?

12. Behauptet Hobbes, daß die Menschen schlechthin zu einem gesellschaftlichen Leben unfähig seien?

Zu 5.3 (Pufendorf)

Samuel Freiherr von Pufendorf, geb. 8. 1. 1632 in Dorfchemnitz (Sachsen), gest. 26. 10. 1694 zu Berlin. Professor für Natur- und Völkerrecht in Heidelberg und Lund (Schweden), Hofhistoriograph in Stockholm und Berlin. Die Hauptleistung Pufendorfs ist die Begründung des neuzeitlichen Naturrechts als einer selbständigen, von der Jurisprudenz und Moraltheologie unterschiedenen Grundwissenschaft des sittlichen Gemeinschaftslebens. Wie das natürliche Sittengesetz beruht es nach ihm auf dem Willen Gottes, der Mensch kann es mit den Mitteln der Vernunft ableiten. Es entspringt dem natürlichen

114

Geselligkeitsbedürfnis des Menschen. Gegen Hobbes wendet er ein, daß der (nur fiktive) »Naturzustand« kein Krieg aller gegen alle sei, wohl aber ein Zustand der Unsicherheit ist, zu dessen Vermeidung die Menschen den sie schützenden Staat gegründet haben. Auf seinen Unterscheidungen beruht die deutsche und europäische Rechtslehre des 18. Jahrhunderts; die Ausgaben und Übersetzungen seiner Werke in der damaligen Zeit sind kaum überschaubar. »Pufendorfs Wirkung auf die politische Theorie und Praxis war enorm« (Horst Denzer).

Hauptwerke:
Elementorum Iuris prudentiae Universalis libri duo. Hagae Batavorum 1660 (Elemente der allgemeinen Rechtslehre. Neuausgabe und englische Übersetzung unter Zugrundelegung der Ausgabe von 1672, Oxford/London 1931);
De iure naturae et gentium libri octo, London 1672 (Acht Bücher vom Natur- und Völkerrecht. Repr. Oxford 1934); De officio hominis et civis. London 1673 (Repr. New York / London 1927);
Unter dem Pseudonym Severinus von Monzambano: De statu imperii germanici, Genevae 1664 (Über die Verfassung des Deutschen Reiches, übers. von H. Bresslau, Berlin 1922);
De habitu christianae religionis ad vitam civilem, 1687 (Über das Verhältnis der christlichen Religion zum bürgerlichen Leben).

Weitere Informationen:
Erik Wolf: Samuel Pufendorf, in: Große Rechtsdenker der deutschen Geistesgeschichte, Tübingen ^{4}1963.
Hans Welzel: Naturrecht und materiale Gerechtigkeit, Göttingen ^{4}1962, S. 130−144.
Horst Denzer: Pufendorf. In: Klassiker des politischen Denkens, 2. Bd., C. H. Beck, München. S. 27−52.

*

1. Durch welche Momente bestimmt Pufendorf die Würde und Auszeichnung des Menschen?
   * Vergleichen Sie diese Ausführungen mit den Aussagen von Pico della Mirandola über den gleichen Gegenstand.
2. Der Herausgeber der vorliegenden deutschen Übersetzung hat die Bemerkung über die ursprüngliche und die nachher erst erlangte menschliche Beschaffenheit (Z. 11 f.) so interpretiert, daß mit jener diejenige gemeint sei, »die der Mensch anfänglich vom Schöpfer bekommen hat«, mit dieser aber »die von der Sünde entstandene«. Von der ersten werde in § 5, von der anderen in den folgenden Paragraphen gehandelt. Erläutern Sie dies.
3. Pufendorf spricht in Z. 24 ff. von der menschlichen Fähigkeit zu Künsten und Wissenschaften. Ordnen Sie den ab Z. 33 ff. aufgezählten menschlichen Leistungen einzelne Wissenschaften zu.
4. Inwiefern ist die von Pufendorf Z. 46 f. gezogene Konsequenz als ein Argument zugunsten seiner These zu verstehen?
5. Diskutieren Sie am Beispiel der Angewiesenheit des Menschen auf Kleidung

(Z. 78 f.) das Problem des Verhältnisses der natürlichen menschlichen Ausstattung, der Moralität und gesellschaftlichen Ordnung.

6. Was ist unter dem den Menschen von innen angelegten Zaum und Band (Z. 109) zu verstehen?

7. In der zusammenfassenden Argumentation ab Z. 99 enthält die hier wörtlich abgedruckte Vorlage offensichtlich einen die zentrale Absicht des Autors verstellenden Druckfehler. Suchen Sie diesen (die Frage läßt sich allein aus dem Kontext und ohne Rekurs auf das lateinische Original entscheiden!). Einen ähnlichen sinnentstellenden Fehler enthält die Druckvorlage auch schon im (hier unverändert übernommenen) Text der Zeile 57.

8. Sind Pufendorfs Ausführungen über die menschliche Bosheit als immer gültige realistische Beschreibungen oder als an eine bestimmte Bedingung gebundene Fiktion gemeint?

*9. Gibt es bei Aristoteles Entsprechungen zu Pufendorfs Thesen über die menschliche Bosheit?

10. Kritisiert Pufendorf die Vielgestaltigkeit der menschlichen Lebensformen und Interessen als solche?

11. Liegt die Verschiedenheit der Menschen nach Pufendorf in Gottes Absicht (ist sie also wohl durch die Schöpfung begründet) oder ist sie ein Ergebnis des Sündenfalles? (Vgl. Frage 2)

12. Wie deutet Pufendorf eine Situation, in welcher alle Menschen eines Sinnes, aber ohne Gesetze wären? Wo ist eine solche Situation wirklich gegeben?

13. Diskutieren Sie die Frage, ob das von der natürlichen menschlichen Schwäche gewonnene Argument zugunsten des Gesetzes das, was es beweisen soll, direkt beweist oder nur unter Zuhilfenahme eines Zwischengedankens (vgl. Z. 174 f. u. 199 ff.).

14. Was versteht Pufendorf unter Gesetz? Welche Formen nimmt er an? Was bewirkt es beim Menschen? Wer ist wohl der Urheber dieses Gesetzes?

15. Kann man dem Text entnehmen, daß die von Schlözer gegebene zusammenfassende Charakterisierung von Pufendorfs Theorie der menschlichen Sozialnatur (S. 45 Z. 4 f.) zutreffend ist?

16. Ist nach Pufendorf der Mensch dem Menschen ein Wolf in dem Sinne, wie dies Hobbes gelehrt hat?

17. Vergleichen Sie insgesamt Pufendorfs Konzeption mit derjenigen von Thomas Hobbes.

*18. Vergleichen Sie die Argumente zugunsten des gesellschaftlichen Lebens bei Pufendorf mit entsprechenden Gedanken bei Aristoteles und Fichte. Welches ist die Tendenz der Fichte'schen Überlegung?

Zu 5.4 (Kant)

Immanuel Kant (1724–1804) ist vor allem wegen seiner Hauptwerke, der drei großen Kritiken (Kritik der reinen Vernunft, Kritik der praktischen Vernunft, Kritik der Urteilskraft), die sich mit Erkenntnistheorie, Ethik und Ästhetik beschäftigen, und wegen des in seinen Werken in verschiedenen Formulierungen auftauchenden »kategorischen Imperativs« (»Handle so, daß die Maxime deines Willens jederzeit zugleich als Prinzip einer allgemeinen Gesetzgebung gelten könne« — Kritik der praktischen Vernunft) bekannt; von seiner Philosophie nimmt die Philosophie des Idealismus ihren Ausgang.

Nach dem Studium der Philosophie, Mathematik, Theologie und der Naturwissenschaften in Königsberg (1740—46) und nach Hauslehrertätigkeit promoviert Kant 1755 und habilitiert sich im Jahre darauf, wird aber erst 1770 Ordinarius für Logik und Metaphysik in Königsberg. 1796 beendet er seine Vorlesungstätigkeit, die von einer seltenen Vielseitigkeit zeugt.

Schriften u. a.: Untersuchung über die Deutlichkeit der Grundsätze der natürlichen Theologie und der Moral (1763); Kritik der reinen Vernunft (1781); Prolegomena zu einer jeden künftigen Metaphysik (1783); Idee zu einer allgemeinen Geschichte in weltbürgerlicher Absicht (1784); Beantwortung der Frage: Was ist Aufklärung? (1784); Grundlegung zur Metaphysik der Sitten (1785); Kritik der praktischen Vernunft (1788); Kritik der Urteilskraft (1790); Die Religion innerhalb der Grenzen der bloßen Vernunft (1793); Zum ewigen Frieden (1795); Metaphysik der Sitten (1797); Der Streit der Fakultäten (1798); Anthropologie, in pragmatischer Hinsicht abgefaßt (1798).

In unserem Zusammenhang sind die durch ihn klassische Frage »Was ist der Mensch?«, die die drei anderen zusammenfaßt (Was kann ich wissen?, Was soll ich tun?, Was darf ich hoffen?), und u. a. die »Anthropologie, in pragmatischer Hinsicht« von Interesse.

Weitere Informationen:

Borries, Kurt: Kant als Politiker. Zur Staats- und Gesellschaftslehre des Kritizismus. Leipzig 1928.

Goldmann, Lucien: Mensch, Gemeinschaft und Welt in der Philosophie Immanuel Kants. Studien zur Geschichte der Dialektik. Zürich 1945.

Jaspers, Karl: Plato, Augustin, Kant. Drei Gründer des Philosophierens. Piper Verlag. München 1961.

Kaulbach, Friedrich: Immanuel Kant. Göschen-Band 536/556 a. Berlin 1969.

Vorländer, Karl: Immanuel Kant. Der Mann und das Werk. Hrsg. v. R. Malter. Meiner Verlag. Hamburg ²1977.

Ders.: Geschichte der Philosophie, 2. Band: Die Philosophie der Neuzeit bis Kant. Neu bearbeitet und mit Literaturübersichten versehen von Hinrich Knittermeyer. Hamburg ⁹1955. S. 343—422.

Immanuel Kant in Selbstzeugnissen und Bilddokumenten. Dargestellt von Uwe Schultz. Rowohlts Monographien 101. Reinbek 1965. (Bibliographie: S. 169—183).

*

1. Erläutern Sie Kants Naturbegriff.
2. Was versteht Kant wohl unter einer gesetzmäßigen Ordnung? In welchem anderen Begriff kehrt dieses gesellschaftlich-politische Ziel wieder?
3. Vergleichen Sie Kants Ausführungen mit denen Pufendorfs.
4. In welchem Verhältnis steht Kants Konzeption zu den von Schlözer formulierten Alternativen (vgl. Text 5.1)?
5. Vergleichen Sie einen Begriff der »ungeselligen Geselligkeit« mit dem Bestreben von Schopenhauers Stachelschweinen (Motto S. 45).
6. Vergleichen Sie Kants Begriff der »ungeselligen Geselligkeit« mit der Lehre von

den gesellschaftlichen Widersprüchen als dem ersten Motor des geschichtlichen Fortschritts.

7. Erläutern Sie das Verhältnis des menschlichen Hanges zur Faulheit mit der dem Menschen eigenen selbstsüchtigen Anmaßung.

8. Wie verhält sich Kants Sozialphilosophie zu derjenigen von Aristoteles und Thomas Hobbes?

9. Vergleichen Sie Kants Begriff der Eintracht
   a) mit seinem Konzept der gesetzmäßigen Ordnung,
   b) mit Pufendorfs Gedanken einer Menge Menschen mit einerlei Sinn und Absicht ohne Gesetz (S. 51, Z. 158 f.),
   c) mit Hobbes' Theorie der Übereinstimmung bei Mensch und Tier (vgl. Text 5.2.2, Z. 11 ff.).

10. Inwiefern sind Kants Ausführungen als Rechtfertigung der Natur bzw. als Beitrag zum Problem der Theodizee zu verstehen?
    * Vergleichen Sie seine Darlegungen mit dem andersgearteten Theodizeeversuch in den ersten Sätzen von Rousseaus »Emile«:
    »Alles, was aus den Händen des Schöpfers kommt, ist gut; alles entartet unter den Händen des Menschen. Er zwingt einen Boden, die Erzeugnisse eines anderen zu züchten, einen Baum, die Früchte eines anderen zu tragen. Er vermischt und verwirrt Klima, Elemente und Jahreszeiten. Er verstümmelt seinen Hund, sein Pferd, seine Sklaven. Er erschüttert alles, entstellt alles — er liebt die Mißbildung, die Monstren. Nichts will er so, wie es die Natur gemacht hat, nicht einmal den Menschen. Er muß ihn dressieren wie ein Zirkuspferd. Er muß ihn seiner Methode anpassen und umbiegen wie einen Baum in seinem Garten« (Text: J. J. Rousseau, Emile oder Über die Erziehung. Hrsg. von Martin Rang. Reclams Universalbibliothek 901—909. Stuttgart 1968. S. 107).

Zu 5.5 (Buber)

Martin Buber (1878—1965) ist bekannt als der Sammler, Erforscher und Vermittler des Chassidismus, als der Übersetzer (mit Franz Rosenzweig) der hebräischen Bibel, aber in erster Linie als der Philosoph des Dialogischen.

Sein eigentliches Hauptwerk ist das Buch »Ich und Du« (1923, 1977 bereits in 9. Auflage!); eine erste Niederschrift erfolgt 1919, aber schon vorher, 1907, behandelt er in der Einführung zu »Die Legende des Baalschem« das dialogische Verhältnis zwischen Mensch und Gott und auch in den Vorlesungen »Religion als Gegenwart« (1922), einer »Vorstufe« von »Ich und Du«.

Mit dieser Formulierung (»Ich und Du«) des »dialogischen Prinzips« hat er den Höhepunkt seiner Entwicklung erreicht; die Begegnung von Mensch — Mitmensch — Gott ist fortan die fundamentale Frage, ist seine Philosophie.

Sein Werk gilt als ein »Markstein in der Geschichte der Wiederentdeckung des dialogischen Prinzips« (Wehr. s. u. S. 91), gar als die »kopernikanische Tat des modernen Denkens« (Wehr. S. 8). Buber selbst wehrt sich gegen alle Ein- und Zuordnungen, nennt sich einen »atypischen Menschen«.

Der Grundgedanke der Philosophie Bubers ist schon zu Beginn von »Ich und Du« angeschlagen (oft ohne Zitatzeichen oder in Paraphrase angeführt!): »Die Welt ist dem Menschen zwiefältig nach seiner zwiefältigen Haltung.

Die Haltung des Menschen ist zwiefältig nach der Zwiefalt der Grundworte, die er sprechen kann.

Die Grundworte sind nicht Einzelworte, sondern Wortpaare. Das eine Grundwort ist das Wortpaar Ich — Du.‹‹ (Martin Buber, Das dialogische Prinzip. S. 7.)

Das Buch ››Das Problem des Menschen‹‹ (1942, hebr.) ist in seinem ersten Teil ››Der Weg des Problems‹‹ problemgeschichtlich, in seinem 2. Teil ››Versuche der Zeit‹‹ erörternd, kritische Auseinandersetzung mit zeitgenössischen Philosophen und historische Einordnung anderer Arbeiten.

In ››Pfade in Utopie‹‹ (hebr. 1946, dt. 1950) zeigt Buber die Folgerungen seines Denkens für die Praxis, für das Soziale und die Politik auf. Buber ist gemäßigter Zionist und Sozialist; er vertritt einen ››utopischen Sozialismus‹‹ der Gemeinschaft von kleinen Gemeinschaften. In kleinen Landkommunen sieht er die Möglichkeit, die dialogische Unmittelbarkeit zwischen Menschen erneuern zu können.

Im Schlußkapitel ››Ausblick‹‹ von ››Das Problem des Menschen‹‹ (II. Versuche unserer Zeit) geht es um den Gegenstand ›der Mensch mit dem Menschen‹ als den Ausgangspunkt der philosophischen Wissenschaft vom Menschen; weder Individualismus noch Kollektivismus als extremistische Fehlentwicklungen von Anthropologie in Theorie und Praxis sind geeignet, den einsam gewordenen Menschen der pluralistischen (bzw. in der pluralistischen) Gesellschaft aufzufangen; nur in der lebendigen Beziehung des Menschen mit dem Menschen ist das Wesen des Menschen zu finden, zu gewinnen, zu erhalten.

Nach dem Studium von Philosophie, Philologie, Literatur- und Kunstgeschichte, Psychiatrie und Nationalökonomie 1896 — 1904 in Wien, Leipzig, Zürich und Berlin erfolgt 1904 in Wien die Promotion (››Beiträge zur Geschichte des Individuationsproblems‹‹).

Mit Erscheinen von ››Ich und Du‹‹ 1923 ist die mystische Periode (mit Erforschung des Chassidismus) von 1904 — 1912 (bzw. 1923) endgültig überwunden (1928 ››Die chassidischen Bücher. Gesamtausgabe‹‹).

1924 — 1930 hat er einen Lehrauftrag, ab 1930 — 1933 eine Honorar-Professur für Religionswissenschaft und jüdische Ethik an der Universität Frankfurt. 1933 legt er diese vor der offiziellen Entziehung der Lehrerlaubnis nieder. 1938 reist Buber nach Jerusalem ab. Ab 1938 ist er Professor für Sozialphilosophie und allgemeine Soziologie an der Hebräischen Universität Jerusalem.

In den 50er Jahren reist er durch die USA und durch Europa; verschiedene Ehrungen, z. B. 1953 der Friedenspreis des Deutschen Buchhandels. 1962 — 1964 erscheint die erste Gesamtausgabe seiner Werke, die nach der dreifachen Thematik eingeteilt ist: Ich-Du-Philosophie, Bibelverdeutschung, Chassidismus.

Schriften u. a.:

Ich und Du (1923, ^{9}1977); Zwiesprache. Traktat vom dialogischen Leben (1930); Das Problem des Menschen (hebr. 1942, deutsch 1947); Pfade in Utopia (hebr. 1946, dt. 1950); Urdistanz und Beziehung (1951); Die Schriften über das dialogische Prinzip (1954); dazu Nachwort ››Zur Geschichte des dialogischen Prinzips‹‹; Nachwort zu ››Ich und Du‹‹ (1957).

Weitere Informationen:

Kohn, Hans: Martin Buber. Sein Werk und seine Zeit. Ein Beitrag zur Geistesgeschichte Mitteleuropas 1880 — 1930. Vorwort 1979 von H. J. Schoeps. Nachwort: 1930 — 1960 von R. Weltsch. Wiesbaden ^{4}1979: S. 381 — 403, 480 — 484 (Bibliographien).

Anzenbacher, A.: Die Philosophie Martin Bubers. Wien 1965.

Caspar, B.: Das dialogische Denken. Freiburg/Br. 1967.

Kraft, W.: Gespräche mit Martin Buber. München 1966.

Oliver, R.: Martin Buber. Der Wanderer und der Weg. Heidelberg 1968.

Schaeder, G.: Martin Buber. Hebräischer Humanismus. Göttingen 1966.

Schilpp-Friedman (Hrsg.): Martin Buber. In: Philosophen des 20. Jh. Stuttgart 1963. (»Symposion« mit 29 Beiträgen und Bibliographien).

Schrey, H. H.: Dialogisches Denken. Darmstadt 1970.

Speck, Josef: Martin Buber. Die Aporetik des Dialogischen. In: Grundprobleme der großen Philosophen. Philosophie der Gegenwart IV. Hrsg. v. J. Speck. Verlag Vandenhoeck u. Ruprecht. UTB 1108. Göttingen 1981. S. 48 – 105.

Theunissen, M.: Ich-Du-Philosophie. In: Religion in Geschichte und Gegenwart, 3. Aufl., Band II. S. 319 – 330.

Wehr, G.: Martin Buber in Selbstzeugnissen und Bilddokumenten. Rowohlts Monographien 147. Reinbek 1968.

*

1. Was ist, was kann die »individualistische Anthropologie« bzw. die »kollektivistische Anthropologie«?
   * Nennen Sie Definitionen, Grenzen, Vertreter der beiden Richtungen und ziehen Sie dazu das Buch heran, aus dem unser Text stammt.

2. »Wenn aber der Individualismus nur einen Teil des Menschen erfaßt, so erfaßt der Kollektivismus nur den Menschen als Teil: zur Ganzheit des Menschen, zum Menschen als Ganzes dringen beide nicht vor.«
   Setzen Sie sich kritisch mit dieser These auseinander.
   * Beziehen Sie ggf. die Auseinandersetzung Marxismus — Existentialismus bzw. A. Schaff — Sartre mit ein.

3. Welches sind die Ursachen des Individualismus und des Kollektivismus? Inwiefern kann man sie als »Ergebnisse oder Äußerungen des gleichen menschlichen Zustands, nur in verschiedenen Stadien« (Z. 6) erklären?

4. Inwiefern kann man Individualismus und Kollektivismus als Reaktionen auf die Einsamkeit des modernen Menschen auffassen?

5. Erläutern Sie die Definition des Menschen: »von der Natur ausgesetzt«, »Individuum« (Z. 18). Vgl. Sie dazu Herders Formulierung vom Menschen, Text 2.1, Z. 18.

6. Erklären Sie den Begriff »Monade«, wie Buber ihn hier positiv zur Herausstellung des Individuums benutzt.

7. Vergleichen Sie die Isolierung, Vereinsamung, mögliche Verzweiflung auf der einen Seite und die (psychische) Verarbeitung, Glorifizierung, den Dennoch-Optimismus auf der anderen.

8. Was versteht Buber in diesem Zusammenhang unter dem »universalen amor fati« (Z. 16)?

9. Versuchen Sie eine graphische Darstellung der chronologischen und logischen Ent-

wicklung bzw. Beziehung: Ausgangspunkt — 1. Reaktion: Individualismus, 2. Reaktion: Kollektivismus.

10. Was versteht Buber unter »kosmischer und sozialer Heimatlosigkeit« (Z. 31)?
11. Was ist unter dem »allgemeinen Willen« zu verstehen? (Z. 32 f.)
12. Wie läßt sich ein ›Vertrag‹ mit dem Weltall vorher denken? Wieso läßt sich jetzt kein solcher mehr denken? Wie ließe sich ein ›Vertrag‹ mit der ›technisierten Natur‹, mit der Natur denken?
    Erklären Sie die sog. »Vertragstheorie« (Z. 36 f.).
13. Was heißt hier »totale Sicherung« (Z. 39)?
14. Welche Vorteile scheint der »Anschluß der Person an das zuverlässig funktionierende ›Ganze‹, das die Menschenmassen umfaßt« zu bieten, welche Nachteile bedeutet der Kollektivismus?
15. Welche Ansprüche erhebt die ›Gesamtheit‹?
    Was heißt: »alle Verbindung mit Lebendem zu reduzieren, zu neutralisieren, zu entwerten, zu entheiligen« (Z. 46 f.)?
16. Welche Bedeutung hat die Persönlichkeit für Buber?
17. Welche Funktion und Bedeutung haben das Verhältnis und die Beziehungen des Menschen zum Mitmenschen, bei Buber insbesondere des Ich zum Du?
18. Ist der Kollektivismus eine »Illusion« (Z. 52) bzw. eine Ideologie?
19. Wie ist der Schlußsatz zu verstehen?
    Wie ist die »letzte Schranke« zu beseitigen?
    Was bedeutet / nützt die »Begegnung des Menschen mit sich selbst«?
    Ist diese ganz ohne Erfahrung des Individualismus und des Kollektivismus möglich? Gewinnt dabei nicht doch wieder der Individualismus größere Bedeutung?

Zu 6.0 (Frisch)

Max Frisch (*1911) gehört mit Friedrich Dürrenmatt zu den bekanntesten Autoren der Schweiz und des deutschsprachigen Raumes allgemein, gilt vor allem mit seinen Romanen und Dramen als ein ›Klassiker‹ der Moderne.
In den meisten Romanen, besonders in »Stiller« und »Homo faber«, geht es um die Suche des modernen Menschen nach seiner Identität, um die Identität des Menschen überhaupt.

Weitere Informationen:
Frisch, Max: Gesammelte Werke in zeitlicher Folge. 6 Bände. Hrsg. v. H. Mayer unter Mitw. v. W. Schmitz. Verlag Suhrkamp. Frankfurt/M. 1976 (textidentisch mit der »werkausgabe edition suhrkamp« in 12 Bänden).
Petersen, Jürgen H.: Max Frisch. Sammlung Metzler 173. Stuttgart 1978. (Bes. S. 1—21: Voraussetzungen; 129—139: »Homo faber«; 208 f.: Literatur.)
Meurer, Reinhard: Max Frisch, Homo faber. Oldenbourg Verlag. München 1977. (Interpretation)
Über Max Frisch I. Hrsg. v. Th. Beckermann. edition suhrkamp 404. Frankfurt/M. 1971. S. 84—109.
Über Max Frisch II. Hrsg. v. W. Schmitz. edition suhrkamp 852. Frankfurt/M. 1976. S.

266 – 280 (bes. S. 278: homo technicus). (In beiden Bänden Aufsätze zum Problem Mensch und Technik).
Für Exkurse, (Kurz-)Referate u. dgl. bieten sich die Romane, insbes. ››Stiller‹‹ (Der Mensch als (scheiternder) Künstler) und ››Homo faber‹‹ (Der Mensch als Techniker — zwischen Natur und Technik und Kultur) an, aber auch die ››Tagebücher‹‹ von Max Frisch (mit Notizen und Varianten zu den Stoffkomplexen der Romane und anderen Äußerungen zu anthropologischen Fragen und Problemen).

Zu 6.1 (Hegel)
(Biographisches siehe 2.2)

Weitere Informationen:
Fetscher, Iring (Hrsg.): Hegel in der Sicht der neueren Forschung. Wege der Forschung 52. Wissenschaftliche Buchgesellschaft. Darmstadt 1973.
Pöggeler, Otto: G. W. F. Hegel: Philosophie als System. In: Grundprobleme der großen Philosophen. Hrsg. v. Josef Speck. Philosophie der Neuzeit II. Verlag Vandenhoeck und Ruprecht. (UTB 464). Göttingen 1976. S. 145 – 183 (Literatur 182 f.).
Fetscher, Iring: Der Marxismus. Seine Geschichte in Dokumenten. Philosophie, Ideologie, Ökonomie, Soziologie, Politik. 3 Bde. Wiss. Buchgesellschaft. Darmstadt 1976 f. S. 79 – 97 (bes. S. 79 – 82).
Marcuse, Herbert: Vernunft und Revolution. Hegel und die Entstehung der Gesellschaftstheorie. Luchterhand Verlag. Neuwied 1950.
Popper, Karl Raimund: Die offene Gesellschaft und ihre Feinde, Band 2: Falsche Propheten: Hegel, Marx und die Folgen. München 1958.
Riedel, Manfred: Theorie und Praxis im Denken Hegels. Stuttgart 1965.
Topitsch, Ernst: Die Sozialphilosophie Hegels als Heilslehre und Herrschaftsideologie. Luchterhand Verlag. Neuwied 1967.

Zur Biographie und Bibliographie:
Erdmann, Johann Eduard: Philosophie der Neuzeit. Der deutsche Idealismus. Geschichte der Philosophie VII. Mit einem Anhang: Quellentexte und Bibliographie von Barbara Gerl. rowohlts deutsche enzyklopädie 365. Reinbek 1971. S. 35 – 45 und 241 – 252 (Hegelschule: S. 252 – 254).
Vorländer, Karl — Geldsetzer, Lutz: Die Philosophie in der ersten Hälfte des 19. Jahrhunderts. Völlig neu bearbeitet u. mit Literaturübersichten versehen von L. Geldsetzer — Geschichte der Philosophie, Band III, 1. Teilband. Hamburg 1975. S. 104 – 126 (104 – 108: Bibliographie) (S. 126 – 148: Hegelschulen).

*

1. Wie sieht die ›Bestimmung des Menschen‹ nach Hegel aus?
2. Erörtern Sie die negative und die positive Sicht der Arbeit.
3. Wie unterscheiden sich Mensch und Tier im Hinblick auf die Arbeit?
4. Inwiefern stehen Arbeit und die Erkenntnis des Guten und Bösen in Zusammenhang?

122

5. Erörtern Sie die beiden Wünsche der Menschen nach Glück und ewigem Leben in Zusammenhang mit Religionsinhalten und Gottesvorstellungen und mit deren Kritik (z. B. bei Feuerbach).

*6. Was heißt: »Die Arbeit hingegen ist *gehemmte* Begierde [...]« (Aus Hegel: Phänomenologie des Geistes. Selbstbewußtsein. Hrsg. v. J. Hoffmeister. Philos. Bibliothek 114. Verlag Meiner. Hamburg ^{6}1952. S. 148 f.).
Vgl. dazu ggf. S. Freuds Erklärung der Kultur als ›Triebverzicht‹ (S. Freud: Das Unbehagen in der Kultur. Mit einer Rede von Thomas Mann als Nachwort. Fischer Bücherei 47. Frankfurt/M. 1953 u. ö. S. 90 ff., bes. S. 133).

*7. Welche Rolle spielen Bedürfnisse und Arbeit in der bürgerlichen Gesellschaft? Ziehen Sie Textstellen aus der »Rechtsphilosophie« (§ 188, 190, 194) heran (siehe Text 2.2).
Wie setzt Hegel den ›Menschen‹ von ›Person‹, ›Subjekt‹, ›Familienglied‹, ›Bürger‹ ab? Setzen Sie sich mit der Gegenüberstellung: ›Freiheit in einem sog. Naturzustand‹ und ›Befreiung durch die Arbeit‹ auseinander. Wie definiert Hegel letztlich die ›Freiheit‹?

Zu 6.2 (Marx) und 6.3 (Engels)

Karl Marx (1818 — 1883) und *Friedrich Engels* (1820 — 1895) haben in zahlreichen Werken ihrer Zusammenarbeit den »wissenschaftlichen Sozialismus« (Vgl. auch Einzelschriften beider, außerdem: Friedrich Engels: Die Entwicklung des Sozialismus von der Utopie zur Wissenschaft, 1882) begründet, und zwar nicht nur als Theorie der Wirtschaft, der Soziologie, der Geschichtsphilosophie u. a., sondern auch als Anweisung der politischen (!) Ökonomie zur Veränderung der politisch-ökonomischen Verhältnisse, zur Revolution mit dem Ziel der »klassenlosen Gesellschaft«.
Ausgehend vom Deutschen Idealismus, insbesondere Hegel, setzen sie sich kritisch mit beiden und den Hegelschulen, insbesondere mit den Linkshegelianern (vgl. Feuerbach), auseinander.
Sie nehmen die Uminterpretation Hegels durch Feuerbach auf und gehen weiter: Marx behauptet, er habe Hegel ›vom Kopf auf die Füße gestellt‹, wenn er das gesellschaftliche Sein, die gesellschaftliche Praxis als die materialistische Basis herausstellt bzw. die Arbeit als materialistische Tätigkeit zum Ausgang aller politisch-ökonomischen und geistig-kulturellen Verhältnisse erklärt (zum Basis-Überbau-Modell vgl. man das Vorwort »Zur Kritik der politischen Ökonomie« von Marx).
Sie kritisieren am bisherigen Materialismus (vgl. 1. Feuerbach-These), daß er die Wirklichkeit nicht als »sinnlich menschliche Tätigkeit, Praxis« gefaßt habe; dieselbe Kritik trifft auch den Materialismus von Feuerbach, der auf halbem Wege stehen geblieben sei (vgl. die Feuerbach-Thesen und den 1. Teil der »Deutschen Ideologie« (1845/46) »Feuerbach. Gegensatz von materialistischer und idealistischer Anschauung«. Diese Schrift gilt übrigens als erste geschlossene Darstellung des »Histomat« (= Historischer Materialismus, materialistische Geschichtsphilosophie), der sich gegen Hegel und seine Schulen richtet.)
Nach seiner philosophischen Dissertation über Epikur und Demokrit (1841) ist Marx

zunächst Redakteur der ››Rheinischen Zeitung‹‹; Verbote der Zeitung und die Zensur überhaupt veranlassen Marx zur Emigration nach Paris (1844); mit diesem Jahr beginnt die beispiellose Zusammenarbeit mit Engels (vgl. dazu auch ››Gespräche mit Marx und Engels‹‹. Hrsg. v. H. M. Enzensberger). 1845 erscheint ››Die Heilige Familie‹‹, die Arbeit an der ››Deutschen Ideologie‹‹ beginnt; 1847 wird ››Misère de la Philosophie‹‹ publiziert, Marx wird Mitglied des Kommunistenbundes; nach kurzen Aufenthalten 1848 in Köln und 1849 in Paris lebt Marx ab 1849 bis zu seinem Tode in London.

Nach dem 1848 mit Engels verfaßten ››Manifest der Kommunistischen Partei‹‹ konzentriert sich Marx mehr und mehr auf ökonomische Studien: ››Zur Kritik der politischen Ökonomie‹‹ (1859), ››Lohn, Preis, Profit‹‹ (1865), ››Das Kapital‹‹, 1. Band (1867).

Schriften u. a.:
Ökonomisch-philosophische Manuskripte (1844); Elend der Philosophie (Kritik an Proudhon, 1847); Das Kapital, 2. Band (1885), 3. Band (1894); Theorien über den Mehrwert (1905—1910); Der Briefwechsel zwischen Friedrich Engels und Karl Marx (1913); Der Historische Materialismus (Frühschriften/1932); Grundrisse der Kritik der Politischen Ökonomie (1939).

Nach einer Lehrzeit von 1837—1841 und verschiedenen Reisen trifft Engels 1842 erstmalig mit Marx zusammen (Briefwechsel beider ab 1844). Ab 1844 ist beider Leben und Arbeiten zusammen zu sehen. Ab 1851 ist Engels eine Art ››Ghostwriter‹‹ Marxens, außerdem Freund und Ernährer der Familie Marx, der Marx' weitere Arbeit überhaupt ermöglicht, neben eigenen Arbeiten und den gemeinsamen mit Marx macht er sich als Herausgeber des 2. und 3. Bandes des ››Kapitals‹‹ verdient.

Schriften u. a.:
Umrisse zu einer Kritik der Nationalökonomie (1844); Die Lage der arbeitenden Klasse in England (1845); Die Heilige Familie (1845, mit Marx); Die deutsche Ideologie (1845—1846, mit Marx); Der deutsche Bauernkrieg (1850); Herrn Eugen Dührings Umwälzung der Wissenschaft (1878, mit Marx); Der Ursprung der Familie, des Privateigentums und des Staats (1884); Ludwig Feuerbach und der Ausgang der klassischen Philosophie (1886).

In dem Textauszug aus ››Zur Kritik der Nationalökonomie — Ökonomisch-philosophische Manuskripte‹‹, aus den sog. ››Pariser Manuskripten‹‹ (erst 1932 vollständig veröffentlicht) setzt sich Marx mit den Bestimmungen der ›entfremdeten Arbeit‹ bzw. mit der Bestimmung des Menschen durch sie auseinander (Z. 1—29); in den darauf folgenden Zeilen (aus der 3. Abteilung ››Privateigentum und Kommunismus‹‹) betont Marx die sozialistische Perspektive, aus der die ›Weltgeschichte‹ als Erzeugung des Menschen durch Arbeit gesehen wird; im 3. Teil des Auszugs lobt und kritisiert Marx Hegels Dialektik und Philosophie, insbes. wie Hegel das Wesen der Arbeit erfaßt.

Im Auszug aus dem ››Kapital‹‹ sieht Marx Arbeit als einen ››Stoffwechsel‹‹ zwischen Mensch und Natur; er legt Wert auf den Unterschied der Arbeit bei Mensch und Tier.

Engels' Artikel ››Anteil der Arbeit an der Menschwerdung des Affen‹‹ stammt aus der ››Dialektik der Natur‹‹ (Sonderausgabe aus dem Nachlaß, MEGA 1935), vermutlich Juni 1876 geschrieben, versucht in einer Zusammenschau von Natur- und Menschengeschichte, in Zusammenführung von Naturwissenschaft und (Geschichts-)Philosophie die Entwicklung des Menschen, seiner ihn auszeichnenden Körperteile und der Arbeit bzw. ihr Wechselverhältnis im Prozeß zu skizzieren.

124

Weitere Informationen:

Ausgaben:

Marx, Karl und Friedrich Engels: Werke. Hrsg. vom Institut für Marxismus-Leninismus beim ZK der SED nach der vom Institut für Marxismus-Leninismus beim ZK der KPdSU besorgten 2. russischen Ausgabe. 39 in 41 Bänden nebst 2 Erg.-Bänden. Berlin 1960—1968. (Abgekürzt MEW)
Ausgewählte Schriften. 2 Bände. Berlin [18]1970.
Marx-Engels Studienausgabe, 4 Bände. Hrsg. von Iring Fetscher. Frankfurt/M. 1966

Marx, Karl: Werke, Schriften, Briefe. Neue Studienausgabe in 8 Bänden. Hrsg. von Hans Joachim Lieber. Stuttgart 1960
Texte zu Methode und Praxis II: Pariser Manuskripte 1844. Mit einem Essay ›Zum Verständnis der Texte‹, Erläuterungen und Bibliographie hrsg. v. Günther Hillmann. Rowohlt Klassiker 209/210. Reinbek 1966

Engels, Friedrich: Studienausgabe. Band 1—4. Hrsg. u. eingeleitet von Hartmut Mehringer und Gottfried Mergner. Rowohlt Klassiker 292, 293, 295, 296. Reinbek 1973. (dazu: Debatte um Engels, Band 1 u. 2, ibid. Nr. 294, 297)

Enzensberger, Hans Magnus (Hrsg.): Gespräche mit Marx und Engels, Band 1 und 2. insel taschenbuch 19 u. 20. Frankfurt/M. 1973.

Bloch, Ernst: Das Prinzip Hoffnung, Band 1. Frankfurt/M. 1967. (Kapitel 19: Weltveränderung oder die elf Thesen von Marx über Feuerbach, S. 288—334; Anthropologisch-historische Gruppe: Die Selbstentfremdung und der wahre Materialismus, S. 304—310.)

Fetscher, Iring: Der Marxismus. Seine Geschichte in Dokumenten. Philosophie, Ideologie, Ökonomie, Soziologie, Politik. 3 Bde. Wiss. Buchgesellschaft. Darmstadt 1976 f. (Anthropologie, S. 79—97.)

Habermas, Jürgen: Theorie und Praxis. Sozialphilosophische Studien. Neuwied 1963. (Bes. S. 162 ff. u. 261 ff.)
Technik und Wissenschaft als ›Ideologie‹. edition suhrkamp 287. Frankfurt/M. 1968. (S. 9—47: Arbeit und Interaktion. Bemerkungen zu Hegels Jenenser ›Philosophie des Geistes‹.)

Löwith, Karl: Von Hegel zu Nietzsche. Der revolutionäre Bruch im Denken des neunzehnten Jahrhunderts. Marx und Kierkegaard. Stuttgart [5]1964. (Bes.: Das Problem der Arbeit, S. 284—311.)

Marcuse, Herbert: Über die philosophischen Grundlagen des wirtschaftswissenschaftlichen Arbeitsbegriffs. In: Marcuse: Kultur und Gesellschaft, Band 2. edition suhrkamp 135. Frankfurt/M. 1965. S. 7—48.

Marcuse, Herbert: Vernunft und Revolution. Hegel und die Entstehung der Gesellschaftstheorie. Luchterhand Neuwied 1962 (zuerst: New York 1941). (Hier bes. S. 241—282.)

Popitz, Heinrich: Der entfremdete Mensch. Zeitkritik und Geschichtsphilosophie des jungen Marx. Darmstadt 1967. (Bes.: Die Philosophie der Arbeit, S. 111—122.)

Hanak, Tibor: Die Entwicklung der marxistischen Philosophie. Die philosophischen Bemühungen des 20. Jahrhunderts. Wissenschaftliche Buchgesellschaft. Darmstadt 1976.

Oelmüller, Willi (Hrsg.): Weiterentwicklung des Marxismus. Wege der Forschung 133. Wissenschaftliche Buchgesellschaft. Darmstadt 1977.

Fleischer, Helmut: Karl Marx. Die Wendung der Philosophie zur Praxis. In: Grundprobleme der großen Philosophen. Philosophie der Neuzeit II. Hrsg. v. Josef Speck. Verlag Vandenhoeck und Ruprecht. UTB 464. Göttingen 1976. S. 220–266 (Literatur 264–266).

Zur Biographie:
Karl Marx in Selbstzeugnissen und Bilddokumenten. Dargestellt von Werner Blumenberg. Rowohlts Monographien 76. Reinbek 1962.
Friedrich Engels in Selbstzeugnissen und Bilddokumenten. Dargestellt von Helmut Hirsch. Rowohlts Monographien 142. Reinbek 1968.

Vgl. auch:
Sartre, Jean Paul: Marxismus und Existentialismus. Versuch einer Methodik. rowohlts deutsche enzyklopädie 196. Reinbek 1964.
Schaff, Adam: Marx oder Sartre? — Versuch einer Philosophie des Menschen. Fischer Bücherei 703. Frankfurt/M. 1966.
ders.: Marxismus und das menschliche Individuum. rowohlts deutsche enzyklopädie 332. Reinbek 1970.

*

Zu 6.2.1 (Marx)

1. Erörtern Sie den Unterschied zwischen Mensch und Tier im Hinblick auf ihr Verhältnis zur ›Lebenstätigkeit‹ (Z. 1–3).
2. Welche Funktion und Bedeutung hat die ››Bearbeitung der unorganischen Natur‹‹ (Z. 11 f.)?
3. Was bedeutet die Definition des Menschen als ››Gattungswesen‹‹ (Z. 12 ff., vgl. Z. 26 ff.)?
4. Wie unterscheiden sich das Produzieren und die Produkte von Mensch und Tier?
5. Erklären Sie die Wendungen, der Mensch produziere ››universell‹‹, ››produziere in Freiheit vom physischen Bedürfnis‹‹, ››reproduziere die ganze Natur‹‹ (Z. 16, 19 f.).
6. Erklären Sie den ganzen ›Produktionsprozeß‹ von Mensch und Tier. Welches sind die wesentlichen Unterschiede?
7. Interpretieren und erörtern Sie Inhalt und Bedeutung der ›Arbeit‹ (Z. 28 f.).
8. Erörtern Sie, wie die ››sozialistischen Menschen‹‹ (Z. 31) die ››ganze sogenannte Weltgeschichte‹‹ (Z. 31) bzw. die Funktion und Bedeutung der ›Arbeit‹ interpretieren. (››Erzeugung des Menschen durch die menschliche Arbeit‹‹ bzw. ››Geburt durch sich selbst‹‹. Z. 32 bzw. 34.)
9. Was stellt Marx als positiv an Hegels ›Phänomenologie‹ heraus?
   Was versteht Marx bzw. Hegel (s. o.) unter ›Geschichte‹ bzw. ››Resultat der Geschichte‹‹ (Z. 45)?
10. Was kritisiert Marx (grundsätzlich) an Hegel, insbesondere an seiner Sicht der ››Arbeit‹‹ (Z. 53–58)?

126

Zu 6.2.2 (Marx)

1. Wie definiert Marx die ›Arbeit‹ als ››Stoffwechsel‹‹ (Z. 3)?
2. Erklären Sie das Wechselspiel zwischen Mensch und Natur.
3. Worin besteht der wesentliche Unterschied zwischen menschlicher Arbeit und ››tierartig instinktmäßigen Formen der Arbeit‹‹ (Z. 10)?
4. Erörtern Sie, was es heißt, der Mensch ››verwirklicht im Natürlichen zugleich seinen Zweck‹‹ (Z. 21 f.)

Zu 6.3 (Engels)

1. Erörtern Sie vorab und / oder am Ende den Titel dieser Schrift.
2. Diskutieren Sie die Definition und Bedeutung der ›Arbeit‹:
   1. ››Quelle alles Reichtums‹‹ (Z. 1)
   2. ››erste Grundbedingung alles menschlichen Lebens‹‹ (Z. 3 f.)
   3. ››hat den Menschen selbst geschaffen‹‹ (Z. 5).
3. Vergleichen Sie die Textstelle Z. 6 ff. mit dem Darwin-Auszug.
4. Diskutieren Sie die Bedeutung des ›aufrechten Gangs‹.
   (Ziehen Sie ggf. andere Autoren und Texte zum Vergleich heran, z. B. Bloch, Hegel u. a.)
5. Welche Konsequenzen hat das ›Frei-werden‹ der Hand? Vgl. Aristoteles-Text 1.1.
6. Erörtern Sie die Gleichsetzung von Hand bzw. Ausbildung der Hand und Arbeit (Z. 41 ff.).
   Stellen Sie die einzelnen Entwicklungsstationen graphisch dar.
7. Inwiefern ist der ›Fleischgenuß‹ ein weiterer ›wesentlicher Schritt zur Menschwerdung‹?
8. Stellen Sie mit eigenen Worten dar, wie Engels den Prozeß der Arbeit entwickelt, wie er die Arbeit umschreibt, definiert und letztlich in ihrer Funktion und Bedeutung herausstellt.
*9. Vergleichen Sie die Aussagen von Hegel, Marx und Engels (und ggf. anderer Autoren, s. o. Löwith) zur ›Arbeit‹.

* Referate über Sartre und seinen Existentialismus (Existenzphilosophie) und über Schaff und den Marxismus bzw. Vergleich beider Positionen und ihrer Kritik aneinander unter besonderer Berücksichtigung anthropologischer Probleme.

Zu 7.1 (Herder)

(Zur Biographie und Bibliographie siehe zu Text 2.1)

Eines der Hauptprobleme der Philosophie des 18. Jahrhunderts, jedenfalls *das* anthropologische und sprachphilosophische Thema des Aufklärungszeitalters, war die Frage nach dem Ursprung der Sprache. Aus der Klärung dieses Problems versprach man sich eine Lösung der wichtigsten anthropologischen, metaphysischen, sozialphilosophischen, erkenntnistheoretischen, psychologischen und dichtungstheoretischen Probleme: der Frage nach den Anfängen der Gesellschaftsbildung, den eingeborenen Ideen, der Möglichkeit von Metaphysik und apriorischer Erkenntnis, der Struktur von Lernprozessen, der Konstruierbarkeit einer Universalsprache für die Bedürfnisse des damals aufkommenden Welthandels und der Wissenschaften, der Möglichkeit und Notwendigkeit von Offenbarung und göttlicher Anleitung, der sozialen oder a-sozialen Natur des Menschen, dem Verhältnis von Vernunft und sinnlichem Bezeichnungsvermögen, der Ablösbarkeit einer autonomen Kultur und Zivilisation von der Tradition der christlichen Heilsgeschichte, ja, man erwartete eine Entscheidung des nunmehr seit über zweihundert Jahren anstehenden kontroverstheologischen Problems, welche der beiden christlichen Konfessionen mit ihrer Konzeption der menschlichen Natur im Recht sei (vgl. Günther Bien: Zum Thema des Naturstands im 17. und 18. Jahrhundert. Bochumer Antrittsvorlesung unter dem Titel ››Robinson, Waldmenschen, Commerzkinder‹‹, in: Archiv für Begriffsgeschichte 15 (1971) S. 275—298). An dieser Diskussion beteiligten sich in Frankreich unter anderem Rousseau, Condillac, d'Alembert, Diderot, Maupertuis. Um den auch in den Reihen der preußischen Akademie der Wissenschaften ausgebrochenen Streit ein für allemal zu entscheiden, schrieb die Akademie im Jahre 1769 für 1771 eine Preisfrage aus, mit welcher die gelehrte Welt aufgefordert wurde, eine Hypothese zu liefern, mit der in klarer Weise sämtliche Schwierigkeiten des folgenden Problems gelöst werden könnten: ››Vorausgesetzt, die Menschen seien ihrer natürlichen Fähigkeiten überlassen, sind sie dann imstande, die Sprache zu erfinden? Und mit welchen Mitteln werden sie zu dieser Erfindung gelangen?‹‹ (Man sieht leicht, daß mit der Formulierung der zweiten Teilfrage ein deutlicher Hinweis darauf gegeben wird, in welcher Weise man die erste beantwortet wissen wollte.) Diese Ausschreibung stieß auch in Deutschland auf ein lebhaftes Interesse. Von denen, die teils sich selbst mit einer Arbeit beteiligten, teils auf von anderen eingereichte Arbeiten sowie die Preisaufgabe überhaupt direkt oder indirekt antworteten, seien (außer Herder) genannt: Tetens, Hamann, Tiedemann, Lessing, Mendelssohn, Jerusalem, Fichte, Vorberg, Matthias Claudius, in der Mitte des 19. Jahrhunderts noch Schelling und J. Grimm. Die in der Diskussion befindlichen alternativen Lösungsmöglichkeiten waren, aufs Grundsätzliche gebracht, erstens eine göttlich-übernatürliche Ursprungserklärung: Gott hat im Paradies die Sprache an Adam und Eva, indem er mit ihnen redete, so übermittelt, wie auch heute noch Eltern durch sprachbegleiteten Umgang mit ihren Kindern diese in der Muttersprache unterrichten. (Dazu Herder: ››Eltern lehren die Kinder nie die Sprache, ohne daß diese nicht immer selbst mit erfänden‹‹; die Analogie für die Menschengattung besagt: ››Gott hat durchaus für die Menschen keine Sprache *erfunden,* sondern diese haben immer noch mit Wirkung eigener Kräfte, nur unter höherer Veranstaltung (— also vielleicht doch nicht ganz ohne den Beistand Gottes? —, G. B.), sich die Sprache *finden* müssen‹‹). Die zweite Erklärungsart nahm einen biologisch-tierischen Ursprung an, während die dritte Alternative eine zureichende Erklärung weder in einem göttlichen noch in einem tierischen Ursprung sah, sondern in den menschlichen Möglichkeiten und Kräften selbst. Dies ist auch die Antwort Herders, der mit ihr zum Begründer der modernen philosophischen Anthropologie wurde (vgl. Gehlens Bemerkung. Einleitung S. 7). Seiner Abhandlung wurde von der Akademie der Preis zuerkannt; sie erschien auf Veranlassung der Akademie 1772 im Druck.

*

128

1. Was versteht Herder unter ››Sphäre der Tiere‹‹ (Z. 11)?
*2. Kann man sagen, daß Herder, indem er Aufklärung über die menschliche Seelenlehre in der allgemeinen Natur der Tiere sucht (Z. 9 f.), sich ganz frei macht von einer biologisch-tierischen Ursprungserklärung?
3. Diskutieren Sie die Definition der Tiersprache in Z. 52 f.
*4. Erläutern Sie Herders Begriff einer ››Sprache‹‹ als ››Lautbarkeit der empfindenden Maschine‹‹ (Z. 50) unter Rückgriff auf die einleitenden Überlegungen der ganzen Abhandlung (hrsg. v. H. D. Irmscher. Reclam UB 8729/30. Stuttgart 1966. S. 5 ff.).
5. Hat der Mensch eine Tiersprache? Wie verstehen Sie den Eingangssatz der Schrift ››Schon als Tier hat der Mensch Sprache‹‹? (Vgl. dazu die vorige Frage.)
6. Was meint die Formel vom Menschen als ››verwaisetsten Kind der Natur‹‹ (Z. 84)?
*7. Diskutieren Sie das Verhältnis von Mensch und Tier zu ihrem Lebenskreis unter Zuhilfenahme der modernen anthropologischen Begriffe ››Welt‹‹ und ››Umwelt‹‹.
8. Fassen Sie Herders ››Hauptgesichtspunkt‹‹ (Z. 8) in eigenen Worten zusammen.
9. Stellen Sie Herders Äußerungen zusammen, in denen er über einen ››Wesensunterschied‹‹ (und nicht nur eine stufenartige Differenz) von Mensch und Tier spricht (vgl. dazu Frage 2).
10. Was versteht Herder 1. unter der ››Haushaltung der Natur‹‹ (Z. 91, vgl. Z. 157), 2. unter der ››Haushaltung seiner (d. h. des Menschen) Natur‹‹ (Z. 139, vgl. Z. 119)?
11. Was ist unter dem Begriff ››Naturgabe‹‹ (Z. 106) zu verstehen?
12. Erläutern Sie Herders Begriff der ››Besonnenheit‹‹. Welche anderen Begriffe entsprechen ihm?
13. Was bedeutet für den Menschen der ››Vorzug der Freiheit‹‹ (Z. 122)?
14. Diskutieren Sie die menschliche Besonderheit, ein ››freistehendes‹‹ Wesen zu sein (Z. 133). Wie verhält sich diese Charakterisierung zu der traditionellen Bestimmung des menschlichen Wesensvorzuges ››aufrechter Gang‹‹?

Zu 7.2 (Kant)
(Biographisches siehe 5.4)

1. Charakterisieren Sie den Kantischen Naturbegriff. Ziehen Sie zum Vergleich entsprechende Äußerungen in dem unter 5.4 bereits abgedruckten Text von Kant heran sowie in den Texten von Aristoteles (1.1 − 1.3), Herder (2.1) und Fichte (2.3). − Mit welchem anderen Ausdruck bezeichnet unser Text noch die Natur?
2. Hängt die Definition eines ››organisierten Wesens‹‹ am Schöpfungsgedanken?
3. Bestimmen Sie das Verhältnis von Instinkt und Vernunft.
4. Entwickeln Sie aus den Andeutungen unseres Textes die Kantische Philosophie der tierischen Lebewesen und der tierischen Existenz.
5. Was versteht Kant unter der ››praktischen Bestimmung‹‹ (Z. 73) der Vernunft?
6. Wie könnte man eine Theorie nennen, nach welcher die Begründung und Beförderung der irdischen Glückseligkeit der letzte Zweck des Menschen und der menschlichen Vernunft ist?
7. Warum reicht nach Kant die ausschließlich theoretische Definition der Vernunft (››betrachten und bewundern‹‹) nicht aus?

8. Bestimmen Sie das Verhältnis von Vernunft, Wille, Neigung, Begehrungsvermögen, Bedürfnis.
9. Welches ist die Privatabsicht des Menschen? Gegen welche Absicht wird sie abgehoben? Was versteht Kant unter einer bedingten und einer unbedingten Absicht?
10. Inwieweit kann der vorliegende Text als Beitrag zur Theodizee, d. h. zur Rechtfertigung Gottes verstanden werden?
    (Vgl. Frage 10 zu Text 5.4, S. 118).
*11. Inwiefern belegt unser Text die von L. Kolakowski (vgl. Anhang S. 76, Z. 109 u. 139) als kantisch bezeichnete Deutung des Menschen?
*12. Die heutige biologische Wissenschaft kennt durchaus Beispiele von tierischen Organen, für welche Kants Beschreibung der Werkzeuge eines organisierten Lebewesens nicht zutrifft. Nennen Sie entsprechende Beispiele und versuchen Sie solche Theorien des Menschen zu charakterisieren, die in diesem Sinne auch die menschliche Vernunft zu definieren versuchen.

Zu 7. 3 (Gehlen)
(Biographisches siehe 3.3)

1. Stellen Sie die Schlüsselbegriffe des vorstehenden Textes zusammen.
2. Inwiefern handelt es sich bei Gehlens Konzeption insgesamt um eine Theorie des Menschen nicht ››von oben‹‹, sondern von der biologischen Seite her?
3. Inwiefern bedeuten die Aussagen, der Mensch sei ein handelndes, kulturschaffendes und voraussehendes Wesen, dasselbe?
4. Welches sind nach Gehlen die spezifisch menschlichen Leistungen und Eigenschaften?
5. Inwiefern kann man sagen, daß der unmittelbare Bestand der gegebenen Welt ein Resultat der menschlichen Eigentätigkeit ist?
6. Was versteht Gehlen unter dem Gebrauchswert der Dinge?
7. Beschreiben Sie das dialektische Verhältnis von Intimität und Distanz im menschlichen Weltverhältnis.
8. Wie erklärt Gehlen das theoretische Verhältnis des Menschen zu den Dingen?
9. Worin besteht die Weltoffenheit des Menschen?
10. Erörtern Sie den Zusammenhang von Sprache und Entlastung.
11. Inwiefern ist der Mensch nach Gehlen ein gefährdetes und riskiertes Wesen?
12. Wie verhält sich Gehlens Deutung der Funktion der Vernunft und Moral zu der von Kant (im Text 7.2) gegebenen?
13. Gehlen hat in Herders Theorie des Menschen eine Vorwegnahme seiner eigenen Konzeption gesehen. Inwiefern ist dies zutreffend? (Vgl. den Text 7.1, Z. 48 ff.)
14. Mit der Erwähnung des Leviathan (Z. 198) spielt Gehlen auf den Titel von Hobbes' staatsphilosophischer Hauptschrift an. Welche inhaltlichen Bezüge und Übereinstimmungen lassen sich feststellen? (Vgl. Text 5.2.)
*15. Kann man Gehlens Theorie des Menschen als Ausformulierung derjenigen Denkweise ansehen, die L. Kolakowski in dem im Anhang (S. 76, Z. 109) wiedergegebenen Text als darwinistisch kennzeichnet? (Vgl. Frage 2 und Frage 12.)

Zu 8.0 (Buhr)

Manfred Buhr ist einer der führenden Philosophiehistoriker und der marxistischen Gesellschaftswissenschaftler der DDR, stellv. Direktor des Instituts für Philosophie der Deutschen Akademie der Wissenschaften, Berlin, vor allem auch bekannt als einer der Herausgeber des erfolgreichen ››Philosophischen Wörterbuchs‹‹ (inzwischen 2 Bände, hrsg. v. G. Klaus u. M. Buhr. das europäische buch. Berlin 7., berichtigte Ausgabe 1970; Bl. Leipzig ^{12}1976; auch verbreitet als Taschenbuch ››Marxistisch-leninistisches Wörterbuch der Philosophie‹‹ 3 Bände, s. Literaturhinweise).

Buhr ist außerdem als Herausgeber weiterer Reihen und Sammelbände und mit eigenen Werken und Aufsätzen bekannt geworden:

Buhr, M.: Revolution und Philosophie. Die ursprüngliche Philosophie J. G. Fichtes und die Französische Revolution (1965). Hrsg. der Broschürenreihe ››Zur Kritik der bürgerlichen Ideologie‹‹. 1971 ff. Hrsg.: Wissen und Gewissen. Beiträge zum 200. Geburtstag F. G. Fichtes (Sammelband 1962); Mit-Hrsg.: Der Anspruch der Vernunft. Die klassische deutsche Philosophie als theoretische Quelle des Marxismus, Bd. I (1968); Mit-Hrsg.: Revolution der Denkart oder Denkart der Revolution. Beiträge zur Philosophie I. Kants (1976); M. Buhr: Vernunft, Mensch, Geschichte (Studien zur Entwicklung der klassisch-bürgerlichen Philosophie, 1977).

*

*1. Man beziehe über das Motto hinaus den ganzen Lexikon-Artikel mit ein, um die Tendenz der Darstellung herauszuarbeiten (Ausgabe 1970: Band 1, S. 77 – 83).

*2. Vergleichen Sie die Anthropologie-Artikel der unterschiedlichen Lexika und Handbücher. In welchem Umfang werden sachliche Informationen geliefert, inwieweit werden Weltanschauung und Ideologie vertreten bzw. politische und weltanschauliche Vorstellungen vorgetragen oder als Tendenz deutlich?

Vgl. z. B. Artikel ››Anthropologie‹‹ und ››Mensch‹‹ von Johann Georg Walch. In: Philosophisches Lexicon. 4. Auflage in 2 Teilen. Leipzig 1775 (1. A. 1726). Verlag Olms. Hildesheim 1968, und die Artikel von H. Fahrenbach, O. Marquard, J. Habermas, H. Plessner u. a. (s. Literaturhinweise und Hinweise auf Leroy in der Einleitung).

3. Wie ist bei Buhr die philosophische Anthropologie katalogisiert? Wie ist der Zusammenhang mit dem Kapitalismus zu verstehen?

Wie wird sie abgegrenzt von historischen Versuchen zur Anthropologie?

4. Welche hauptsächlichen Vorwürfe werden gegen die philosophische Anthropologie erhoben?

Setzen Sie sich mit den Standpunkten auseinander, das Wesen des Menschen sei ewig gleichbleibend, es sei stetig in Entwicklung bzw. Veränderung begriffen.

5. Welche gesellschaftliche Funktion erfüllt die philosophische Anthropologie nicht, welche soll sie erfüllen?

*6. Erläutern und erörtern Sie, die philosophische Anthropologie sei subjektiv-idealistisch, agnostizistisch, theologisch (dazu vgl. auch die Artikel ››Anthropologie‹‹ (theologisch) in den einschlägigen Lexika, z. B. ››Religion in Geschichte und Gegenwart‹‹, ››Lexikon für Theologie und Kirche‹‹).

*7. Inwiefern soll die ››philosophische Anthropologie‹‹ unfähig, Dia- und Histomat dagegen allein fähig sein, die Frage nach dem Wesen des Menschen zu beantworten?

*8. Setzen Sie sich mit dem Vorwurf auseinander, die philosophische Anthropologie lenke von der ››Problematik des konkreten Menschen in dieser Gesellschaft‹‹ (a. a. O. S. 77) ab.

9. Mit welchem Anspruch tritt der Marxismus-Leninismus gegenüber der philosophischen Anthropologie auf?

10. Welches sind für ihn die primären, welches die sekundären Merkmale des Menschen?

11. Welcher grundlegende Vorwurf steckt in der Bezeichnung bzw. Charakteristik der ››philosophischen Anthropologie‹‹ als ››apologetisch‹‹?

Zu 8.1 (Kosík)

Karel Kosík (geb. 1926 in Prag) ist Marxist und Professor der Philosophie in Prag. Er wird zu den tschechoslowakischen Strukturalisten gerechnet.
Im Westen ist er vor allem durch sein Buch ››Die Dialektik des Konkreten. Eine Studie zur Problematik des Menschen und der Welt‹‹ (deutsche Übersetzung 1967) bekannt geworden; darin setzt er sich mit Interpretationsversuchen der Praxis durch den historisch-dialektischen Materialismus auseinander.

*

*1. Diskutieren Sie Kosíks Definition des Menschen. Vergleichen Sie Kants 4 Fragen, dann Kosíks erweiterte Definition.

2. In welchem Wechselverhältnis stehen Mensch und Welt?

3. Welche Einschränkung der Anthropologie nimmt Kosík vor? (Vergleichen Sie Habermas' Definition der Anthropologie als ›reaktive Wissenschaft‹.)

*4. Was bedeutet Anthropologie als ››programmatische Disziplin‹‹ (Z. 15 f.) mit umfassendem, weitem Arbeitsfeld und als ››unerläßliche Ergänzung‹‹ (Z. 19 f.)?
Welchen hohen Rang hat dann Anthropologie (Z. 20 f.)? (Vgl. auch zur Information den Artikel ››Mensch‹‹ von H. Fahrenbach (bes. S. 909 – 911) und seinen Aufsatz ››Ein programmatischer Aufriß der Problemlage und der systematischen Ansatzmöglichkeiten praktischer Philosophie‹‹ (bes. S. 16 und 24 – 41; s. Literaturhinweise).

*5. Ziehen Sie ggf. außer Habermas und Fahrenbach weitere Autoren (z. B. Jaspers) und auch Lexikon-Artikel heran (s. Aufgabe 4 und Aufgabe 2 bei Text 8.0).

*6. Darüber hinaus könnte man noch folgende Kant-Texte heranziehen:
››Logik, ein Handbuch zu Vorlesungen‹‹ (I. Kant: Werke in 6 Bänden. Hrsg. v. W. Weischedel. Band III: Schriften zur Metaphysik und Logik. Wiesbaden 1958. S. 447 f.) und ››Anthropologie in pragmatischer Hinsicht‹‹ (Band VI: Schriften zur Anthropologie, Geschichtsphilosophie, Politik und Pädagogik. Wiesbaden 1964. S. 399 f. und 678; s. außerdem Einleitung S. 5 ff.).

132

Zu 8.2 (Habermas)

Jürgen Habermas (geb. 1929) lehrt von 1961—1964 Philosophie in Heidelberg, ist dann von 1964—1971 Professor für Philosophie und Soziologie an der Universität Frankfurt und von 1971—1981 Direktor am Starnberger Max-Planck-Institut zur Erforschung der Lebensbedingungen der wissenschaftlich-technischen Welt.
Habermas wird meist mit Horkheimer, Adorno und H. Marcuse zu den Vertretern der »Frankfurter Schule« gezählt — gegen seine eigene Auffassung —, die Ansätze von Marx und ebenso von Freud verarbeitet und eine »Kritische Theorie« der Gesellschaft entwickelt hat.
Habermas nennt sein Interesse an Marx und Engels »nicht dogmatisch und auch nicht historisch-philologisch«. (Zur Rekonstruktion des Historischen Materialismus (Frankfurt/M. 1976. S. 9).

Schriften u. a.:
Theorie und Praxis. Sozialphilosophische Studien (1963); Technik und Wissenschaft als ›Ideologie‹ (1968); Erkenntnis und Interesse (1960); Philosophisch-politische Profile (1971); Theorie der Gesellschaft oder Sozialtechnologie. Was leistet die Systemforschung? (1971, zusammen mit N. Luhmann); Legitimationsprobleme im Spätkapitalismus (1973); Kultur und Kritik. Verstreute Aufsätze (1973); Zur Rekonstruktion des Historischen Materialismus (1976).
Der Text stammt aus Habermas' Artikel »Anthropologie«, der 1958 im Fischer-Lexikon »Philosophie« erschien, später aber zurückgezogen wurde und jetzt wieder (1973) in »Kultur und Kritik«, darin auch »Aus einem Brief an Helmuth Plessner« (1972. S. 232—235), veröffentlicht ist. Auch in »Legitimationsprobleme im Spätkapitalismus« geht es ihm um die Frage, wer (nicht was) der Mensch sei. Wichtig sind in unserem Zusammenhang: speziell zum Kapitel »Arbeit«: »Arbeit und Interaktion. Bemerkungen zu Hegels Jenenser ›Philosophie des Geistes‹« (in: Technik und Wissenschaft als Ideologie‹) und »Erkenntnis und Interesse« (ibid): ›Erkenntnis-Interesse‹ als ›Wesenszug‹ des Menschen.
Vgl. auch Habermas' Einleitung zu »Stichworte zur ›Geistigen Situation der Zeit‹«. Hrsg. v. J. Habermas: 1. Band: Nation und Republik (S. 7—35: Einl.), 2. Band: Politik und Kultur. edition suhrkamp 1000. Frankfurt/M. 1979.
Dazu vgl. wiederum Karl Jaspers: Wie heute das Menschsein begriffen wird (In: Karl Jaspers: Die geistige Situation der Zeit (1931); s. Literaturhinweise).

Weitere Informationen:
Bahr, Hans Dieter: Kritik der politischen Technologie. Eine Auseinandersetzung mit Herbert Marcuse und Jürgen Habermas. Wien 1970.
Theunissen, Michael: Gesellschaft und Geschichte. Zur Kritik der kritischen Theorie. Berlin 1969.
Die Linke antwortet Jürgen Habermas. Hrsg. v. O. Negt. Frankfurt/M. 1969.
Rohrmoser, Günther: Das Elend der kritischen Theorie. Th. W. Adono, Herbert Marcuse, Jürgen Habermas. Freiburg/Br. 1970.
Grossner, Claus: Verfall der Philosophie. Politik deutscher Philosophen. Chr. Wegner Verlag. Reinbek 1971. S. 15—30, 165—182.

Zimmerli, Walther Ch.: Jürgen Habermas. In: Grundprobleme der großen Philosophen. Philosophie der Gegenwart IV. Hrsg. v. J. Speck. UTB 1108. Verlag Vandenhoeck u. Ruprecht. Göttingen 1981. S. 223–266.

*

1. In welchem Verhältnis steht die »philosophische Anthropologie« zu anderen Anthropologien und Wissenschaften?
2. Wieso ist die »philosophische Anthropologie« (noch) keine eigene Wissenschaft?
3. Welche Bedeutung hat das Verhältnis von menschlichem Sein und Sinn und Wesen (Z. 19 f.)?
4. Welche Bedeutung haben »Sprechen, Handeln, Gestalten«?
5. Inwiefern »Hat der Mensch viele Wesen« (Z. 28), inwiefern kann man von dem (einen) Wesen sprechen?
*6. Interpretieren Sie die Äußerungen Nietzsches und Sartres, setzen Sie sich kritisch mit ihnen auseinander.
(Ziehen Sie ggf. andere Texte Nietzsches und Sartres heran. Vgl. Karl Schlechta: Nietzsche-Index zu den Werken in 3 Bänden. München 1965. S. 218–266; J. P. Sartre: L'Existencialisme est un Humanisme, dt.: Ist der Existentialismus ein Humanismus? In: J. P. Sartre: Drei Essays ... Mit einem Nachwort von Walter Schmiele. Ullstein-Taschenbuch 304. S. 7–50, vgl. dazu: W. Pleger u. a.: Das Interesse an Freiheit. Materialien für die Sekundarstufe II/Philosophie. Schroedel. Hannover 1975. S. 23–27; 79 f.)
*7. Die »philosophische Anthropologie« als Reaktion der Philosophie.
Was heißt, die »philosophische Anthropologie« gehöre zu den ›reaktiven‹ philosophischen Disziplinen?
(Vgl. ggf. sog. »Bindestrich-Philosophien«. Vgl. außerdem Kosík, Fahrenbach, Plessner: Die Frage nach der Conditio humana, Homo absconditus, Der Aussagewert einer philosophischen Anthropologie. In: Die Frage nach der Conditio humana, s. o. Immer noch philosophische Anthropologie. In: Diesseits der Utopie, s. o., S. 230–240. Vgl. auch in diesem Band Text 3.5 u. Arbeitsteil dazu und Habermas' Brief an Plessner. Hans Georg Gadamer: Schlußwort. In: Philosophische Anthropologie, 2. Teil. dtv Stuttgart/München 1974. Neue Anthropologie, Band 7) Hrsg. v. H. G. Gadamer u. P. Vogler. S. 374–392. Odo Marquard: Zur Geschichte des philosophischen Begriffs »Anthropologie« seit dem Ende des 18. Jahrhunderts (s. Literaturhinweise). S. 122–144 u. 213–248. Vgl. auch Marquards Artikel »Anthropologie« (s. Literaturhinweise).
*8. Vergleichen Sie den Artikel von Habermas mit dem von Alwin Diemer in der gegenwärtigen Ausgabe des Fischer-Lexikons »Philosophie«. (Was könnte Habermas bewogen haben, seinen Artikel zurückzuziehen?)

Zu 8.3 (Ritter)

Joachim Ritter (1903–1974) erhält 1932 die venia legendi für Philosophie an der Universität Hamburg; 1943 folgt er der Berufung nach Kiel, 1946 wird er Ordinarius für

134

Philosophie in Münster (1953—55 Universität Istanbul). Ritter ist als Bearbeiter des Eisler bzw. als Herausgeber des »Historischen Wörterbuchs der Philosophie«, aber auch durch zahlreiche Veröffentlichungen bekannt geworden, mit denen er für die Erneuerung der praktischen Philosophie in Deutschland eingetreten ist. Er hat die beiden großen Systematiker der Philosophiegeschichte Aristoteles und Hegel interpretiert und die wechselseitigen Beziehungen von Metaphysik als philosophischer Theorie und Politik als Lebenspraxis aufgezeigt.

Schriften u. a.:
Über den Sinn und die Grenze der Lehre vom Menschen (1933); Über das Lachen (1940); Das bürgerliche Leben. Zur aristotelischen Theorie des Glücks (1956); Hegel und die französische Revolution (1957); Zur Grundlegung der praktischen Philosophie bei Aristoteles (1960); Moralität und Sittlichkeit. Zu Hegels Auseinandersetzung mit der kantischen Ethik (1966); ›Politik‹ und ›Ethik‹ in der praktischen Philosophie des Aristoteles (1967); Metaphysik und Politik. Studien zu Aristoteles und Hegel (Frankfurt/M. 1969); Subjektivität. Sechs Aufsätze (Frankfurt/M. 1974, Neudruck mehrerer der vorher genannten Arbeiten).

Ritter setzt sich mit der »Subjektivität« — das Individuum in sich — (Subjektivität, S. 9) »als Möglichkeit und als Gefahr in der Beziehung zur industriellen Gesellschaft« (S. 9), mit der »Entzweiung von Gesellschaft und Subjektivität« (S. 10) auseinander. In »Über das Lachen« (S. 66) heißt es: »im Lachen und mit dem Lachen (wird) der Mensch selbst erkannt«. »Eine alte Weisheit sagt, daß der Gott nicht lacht und daß Tiere nicht lachen; zum menschlichen Dasein aber, das noch in der Tat und im Leiden mit der Welt ist, gehört es wesentlich und ursprünglich.« (S. 67) »Der Clown ist die herausgetretene und ausgefallene Kreatur schlechthin« (S. 82). Hierzu sollte man Plessners Ausführungen über das Lachen und den Schauspieler heranziehen. (In: Philosophische Anthropologie, s. 3.5)
In der Schrift »Über den Sinn und die Grenze der Lehre vom Menschen« übt Ritter einerseits harte umfassende Kritik an der Anthropologie als subjektiver Weltanschauung und als Metaphysik und Nicht-Wissenschaft, andererseits versucht er eine Rettung der Anthropologie als Philosophie und Wissenschaft (vgl. etwa Z. 11 ff., 16—19, 21 f., 32—34). (Vgl. Horkheimer, 8.4)

Weitere Information:
Otfried Höffe: Ethik und Politik. Grundmodelle und -probleme der praktischen Philosophie. Verlag Suhrkamp stw 266. Frankfurt/M. 1979 (bes.: Ethik als praktische Philosophie; Die Begründung durch Aristoteles, S. 38—83, hier S. 54, 77, 79).

*

1. Was heißt, Anthropologie erreiche Autonomie »auf Grund des Übergangs zum Subjektivismus« (Z. 3 ff.)?
2. Was sagt Ritter über das Verhältnis der Anthropologie zu den Einzelwissenschaften?
   Was meint Ritter mit der »arbeitsteiligen Entfremdung der Einzelwissenschaften« (Z. 6)?

3. Wie ist eine Lehre vom Wesen des Menschen möglich und gleichzeitig ohne Bedeutung?
4. In welchem Verhältnis steht die Anthropologie zur Metaphysik und zur Wissenschaft?
5. Wie beurteilt Ritter Schelers philosophische Anthropologie?
6. Stellen Sie Vor- und Nachteile der von Ritter kritisierten ›philosophischen Anthropologie‹ einander gegenüber.
   Welche Forderungen stellt Ritter an die ›philosophische Anthropologie‹ als Wissenschaft?
7. Worin liegt das Problem der ›philosophischen Anthropologie‹?
8. Klären Sie das Verhältnis von Metaphysik und Anthropologie zu Wissenschaft und deren ››Lebensbedeutung‹‹ (Z. 32−34).
9. Welche grundsätzlichen Aussagen macht Ritter über das Verhältnis von Wissenschaft und Metaphysik?
10. Worin sieht Ritter die ››Lebensbedeutung der Philosophie‹‹ (Z. 38)? Was lehnt er ab?
*11. Vergleichen Sie, was Ritter und Plessner über das Lachen als menschliche Besonderheit sagen.
12. Worin sieht Ritter ›Sinn und Grenze‹ der Lehre vom Menschen?
*13. Setzen Sie sich kritisch mit dem Titel auseinander, und erörtern Sie ›Sinn und Grenze‹ der Anthropologie als Wissenschaft.

Zu 8.4 (Horkheimer)

Max Horkheimer (1895−1973) ist mit Theodor W. Adorno einer der führenden Köpfe der Frankfurter Schule (dazu gehören auch Herbert Marcuse und mit Einschränkung Jürgen Habermas); er kann als ihr Begründer und auch als Begründer der Kritischen Theorie in der ››Zeitschrift für Sozialforschung‹‹ gelten. Das ››Institut für Sozialforschung‹‹ in Frankfurt (nach 1931 Zweigstellen bzw. Ersatzgründungen in Genf, London, New York) und die genannte Zeitschrift sind unter seiner Leitung vor allem auf analytische Studien zur Theorie der Gesellschaft programmiert; in der entwickelten Kritischen Theorie zeigt er die Gefahren durch die technisch beherrschte und verwaltete Welt, die Bedrohung des Menschen und der Freiheit auf.
Nach einer Kaufmannslehre (1912−14) studiert Horkheimer 1919−22 und promoviert 1922, ist 1922−25 Assistent in Frankfurt. 1930 wird er Ordinarius für Sozialphilosophie und Direktor des Institut für Sozialforschung. Ab 1932 (bis 1940) gibt er die Zeitschrift für Sozialforschung heraus. 1933 muß Horkheimer vor den Nazis fliehen; der Lehrstuhl wird ihm entzogen. Er emigriert in die USA und errichtet das Institut an der Columbia University; 1940 siedelt er nach Kalifornien über. 1949 ist er Forschungsdirektor und Herausgeber von 5 Bänden ››Studies in Prejudice‹‹, im selben Jahr kehrt er nach Deutschland zurück und übernimmt wieder einen Lehrstuhl in Frankfurt; 1950 wird das Institut wiedererrichtet; 1951−53 ist Horkheimer Rektor der Universität Frankfurt; 1954−59 Gastprofessor in Chicago; 1959 wird er emeritiert.

Schriften u. a.:
Anfänge der bürgerlichen Geschichtsphilosophie (1930); Autorität und Familie (1936).

136

Traditionelle und kritische Theorie (1937); Dialektik der Aufklärung (1947, mit Adorno); Kritische Theorie (1968, hrsg. v. Alfred Schmidt); Zur Kritik der instrumentellen Vernunft (1967, hrsg. v. A. Schmidt); Sozialphilosophische Studien und Gesellschaft im Übergang, 2 Bände. (1972, hrsg. v. Werner Brede). Darin u. a.: S. 93–102: Der Mensch in der Wandlung seit der Jahrhundertwende (1960).

Weitere Informationen:

Frenzel, Ivo: Zur Kritischen Theorie Max Horkheimers. In: Neue Rundschau 4/1969. S. 527–533.

Bubner, Rüdiger: Was ist Kritische Theorie? In: Philosophische Rundschau, 16. Jg., Heft 3–4, S. 213–273.

Schmidt, Alfred: Zur Idee der Kritischen Theorie. Nachwort zu Max Horkheimer: Kritische Theorie, 2. Band. Eine Dokumentation. Frankfurt/M. 1968. S. 333–358.

Max Horkheimer. Die Sehnsucht nach dem ganz Anderen. Ein Interview mit Kommentar von Helmut Gumnior. Stunden-Bücher 97. Furche-Verlag. Hamburg 1970.

Max Horkheimer in Selbstzeugnissen und Bilddokumenten. Dargestellt von Helmut Gumnior und Rudolf Ringguth. Rowohlts Monographien 208. Reinbek 1973. (Bibliographie S. 145 f.)

Post, Werner: Max Horkheimer. In: Grundprobleme der großen Philosophen. Philosophie der Gegenwart IV. Hrsg. v. J. Speck. UTB 1108. Verlag Vandenhoeck u. Ruprecht. Göttingen 1981. S. 106–146.

Skuhra, Anselm: Max Horkheimer. Eine Einführung in sein Denken. Urban-TB 856. Kohlhammer Verlag. Stuttgart 1974.

Grossner, Claus: Verfall der Philosophie. Politik deutscher Philosophen. Wegner Verlag. Reinbek 1971. S. 106–122, 262–277.

In den ››Bemerkungen zur philosophischen Anthropologie‹‹ nimmt er eine kritische Bestandsaufnahme der philosophischen Anthropologie vor, um sich für eine dialektische Anthropologie auszusprechen, die die geschichtlichen Veränderungen, die weiterhin notwendigen Veränderungen der Gesellschaft und die Veränderungen des Menschen sieht und berücksichtigt; es geht Horkheimer immer um humanere Lebensmöglichkeiten.

*

1. Wie definiert Horkheimer die moderne philosophische Anthropologie? (Vgl. Habermas' Aussagen über das Verhältnis von menschlichem Sein und Sinn, Text 8.2 in diesem Band).

2. Erörtern Sie den Vergleich bzw. die Gegenüberstellung von Anthropologie und Utopie.
   Zeigen Sie die Gefahren auf, wenn Anthropologie in die Nähe einer Ideologie rückt oder gerückt wird.
   (Vgl. Buhrs Artikel)

3. Gegen welche Art von Anthropologie wendet sich Horkheimer?
   * Ziehen Sie ggf. Groethuysens Artikel zum Vergleich hinzu (siehe Literaturhinweise).

4. Von welchem philosophischen Standpunkt aus bestreitet Horkheimer die ››Annahme der einheitlichen Bestimmung‹‹ (Z. 35) des Menschen und der Anthropologie?

5. Welche Auffassungen vom Wesen des Menschen und von der Anthropologie stellt Horkheimer einander gegenüber?

6. Horkheimer kritisiert schließlich auch die »freieren philosophischen Anthropologen« (Z. 38). Versuchen Sie nach Horkheimers Kritik positiv zu skizzieren, welche Ansicht Horkheimer denn vom Wesen des Menschen hat und wie er Anthropologie betreiben möchte.

*7. Vergleichen Sie Horkheimers und Ritters Kritik der philosophischen Anthropologie.

Literaturhinweise und Quellenverzeichnis

I. Bibliographien zum Philosophieunterricht

Von den allgemeinen Bibliographien zur Philosophie werden hier nur drei für den Lehrer und den Philosophieunterricht besonders geeignete genannt:
1. Eversberg, Gerd: Bibliographie zum Philosophieunterricht. Verzeichnis deutschsprachiger Veröffentlichungen zum Philosophieunterricht (1946–1978). Didaktische Handreichungen 20. Landesinstitut für Curriculumentwicklung, Lehrerfortbildung und Weiterbildung. Neuss 1979.
2. Renda, Ernst Georg: Philosophie- und Ethikunterricht. Eine Bibliographie. Mainz 1979.
3. Vogel, Peter (Hrsg.): Bibliographisches Handbuch zum Philosophieunterricht. Duisburg 1979.

II. Philosophisches Wörterbuch (Auswahl)

1. Handbuch philosophischer Grundbegriffe. Studienausgabe, 6 Bände. Hrsg. v. H. Krings, H. M. Baumgartner, Ch. Wild. Kösel Verlag. München 1973. (Artikel »Mensch« von Helmut Fahrenbach in Band 4, S. 888–913, enthält: Wortbedeutung, Begriffsproblem, Sachfrage; Systemat. Ort der Frage nach dem Menschen; Leitbegriffe der Fragestellung; Wichtige Interpretationen des Menschen als »Lebewesen« und »Existenz«; Folgen für einen Basisbegriff vom Menschen; Neuansatz der Anthropologie als Reflexion der Selbsterfahrung; Philosophie und die Frage des Menschen nach sich selbst).
2. Historisches Wörterbuch der Philosophie. Hrsg. v. J. Ritter u. a. Verlag Schwabe. Basel 1971 ff. (Bisher sind 5 Bände erschienen, A–Mn.)
   (Artikel »Anthropologie« v. Odo Marquard in Band 1, Sp. 362–374; enthält: Wortbedeutung; Anthropologie als Lebensweltphilosophie; Physiologische Anthropologie; Anthropologie und Geschichtsphilosophie; Gegenwarts-Anthropologie; Kultur-Anthropologie; s. u. O. Marquard).
3. Kleines Philosophisches Wörterbuch. Hrsg. v. M. Müller u. A. Halder. Herderbücherei Bd. 398. Freiburg 1971, ^{8}1980.
4. Marxistisch-leninistisches Wörterbuch der Philosophie. Hrsg. v. G. Klaus u. M. Buhr. rororo 6155–57. Reinbek 1972. 3 Bände.
   (Unter dem Titel »Philosophisches Wörterbuch«, 2 Bände: VEB Verlag Enzyklopädie. Leipzig ^{1}1964, ^{12}1976. Auch: das europäische buch. Berlin ^{7}1970.)
5. Philosophie. Neubearbeitung. Hrsg. v. A. Diemer u. I. Frenzel. Fischer Lexikon Bd. 11. Frankfurt/M. 1967 u. ö. (Neuausgabe; alte Ausgabe 1958–1965).
6. Philosophisches Wörterbuch. Hrsg. v. M. Apel u. P. Ludz. Sammlung Göschen Bd. 1031/1031a. Verlag de Gruyter. Berlin ^{6}1976.
7. Philosophisches Wörterbuch. Begr. v. H. Schmidt, neubearb. v. G. Schischkoff. Kröners Taschenausgabe Bd. 13. Stuttgart ^{20}1978.

8. Wörterbuch der philosophischen Begriffe. Hrsg. v. J. Hoffmeister. Philos. Bibliothek Bd. 225. Meiner Verlag. Hamburg ^{2}1955.

9. Lexikon für Theologie und Kirche. Hrsg. v. J. Höfer u. K. Rahner. Herder Verlag. Freiburg ^{2}1957 ff. (— 1965) (kathol.).
   (Artikel »Anthropologie« Bd. 1, S. 604 — 615 (Bibl.), 615 — 618 (Phil.), 618 — 627 (Theol.).

10. Die Religion in Geschichte und Gegenwart. Hrsg. v. K. Galling. Verlag Mohr, Tübingen ^{3}1957 ff. (protestant.).
    (Artikel »Anthropologie« Bd. 1, Sp. 401 — 424: I Naturwiss.; II Philos. v. H. Plessner (410 — 414); III Theologiegeschichte; IV Dogmatisch.)

III. Philosophiegeschichten (Auswahl)

1. Aster, Ernst von, F. J. Brecht u. G. Schröder: Geschichte der Philosophie. Kröners Taschenausgabe Bd. 108. Stuttgart ^{16}1975.

2. Bärthlein, Karl (Hrsg.): Zur Geschichte der Philosophie. Einführende Darstellung, Kritik, Literaturangaben. 2 Bände. 1. Band: Von der Antike bis zur Aufklärung. Schroedel Verlag. Hannover 1977.

3. Erdmann, J. E.: Grundriß der Geschichte der Philosophie. 2 Bände (1866) in 4. Auflage von B. Erdmann (1896).

4. Erdmann, J. E.: Philosophie der Neuzeit. Der deutsche Idealismus. Geschichte der Philosophie VI und VII. Mit e. Anhang: Quellentexte u. Bibliographie v. B. Gerl. rowohlts deutsche enzyklopädie Bd. 364/65. Reinbek 1971.

5. Heinemann, F. (Hrsg.): Die Philosophie im XX. Jahrhundert. Eine enzyklopädische Darstellung ihrer Geschichte, Disziplinen u. Aufgaben. Klett Verlag. Stuttgart ^{2}1963.
   (Darin u. a.: Philosophische Anthropologie, v. W. Brüning, S. 561 — 577; Zur Philosophie des Lebendigen, v. A. Portmann, S. 410 — 440; Kulturphilosophie, v. M. Landmann, S. 548 — 560.)

6. Hirschberger, J.: Kleine Philosophiegeschichte. Herderbücherei Bd. 103. Freiburg/Br. ^{8}1969, ^{14}1977, ^{15}1979.

7. Löwith, K.: Von Hegel zu Nietzsche. Der revolutionäre Bruch im Denken des 19. Jahrhunderts. Marx und Kierkegaard. Meiner Verlag. Hamburg ^{7}1978.

8. Noack, Hermann: Die Philosophie Westeuropas. Die philosophischen Bemühungen des 20. Jahrhunderts. WBG. Darmstadt 1965.

9. Stegmüller, W.: Hauptströmungen der Gegenwartsphilosophie. 2 Bände. Kröners Taschenausgabe Bde. 308 u. 309. Stuttgart ^{6}1976.

10. Störig, H. J.: Kleine Weltgeschichte der Philosophie. 2 Bände. Fischer Taschenbuch 6135/36. Frankfurt/M. ^{11}1970, 1976 Neuauflage.

11. Ueberweg, F.: Grundriß der Geschichte der Philosophie. 4 Bände. (Seit Ueberwegs Tod [1871] fortgef. u. erw. v. B. Heinze, nach dessen Tod [1909] von Praechter, Baumgartner, Geyer, Frischeisen-Köhler, Moog u. Oesterreich, jetzt z. T. in 12. Auflage, z. Z. Fotomech. Nachdruck.) Verlag Schwabe. Neubearbeitung in Vorbereitung.

12. Vorländer, K.: Geschichte der Philosophie, 5 Bände. I Altertum u. Mittelalter; II Die Philosophie der Neuzeit bis Kant; III 1. Teilband: Die Philosophie in der

ersten Hälfte des 19. Jahrhunderts. Bearb. v. E. Metzke, H. Knittermeyer, L. Geldsetzer. Anhang mit Quellentexten u. Bibliographie v. E. Grassi, E. Keßler. rowohlts deutsche enzyklopädie 183/84, 193/94, 242/43, 261/62, 281/82. Reinbek 1963 ff. (auch: Meiner Verlag. Hamburg ^{9}1949 ff.).

13. Windelband, W.: Lehrbuch der Geschichte der Philosophie. Mit e. Schlußkapitel »Die Philosophie im 20. Jahrhundert« u. e. »Übersicht über den Stand der philosophiegeschichtlichen Forschung«. Hrsg. v. H. Heimsoeth. Verlag Mohr. Tübingen ^{16}1976 (16. Aufl. 1976, unveränd. Nachdruck d. 15., durchges. u. erg.).

14. Geschichte der Philosophie in Text und Darstellung. Reclams Universalbibliothek. Stuttgart 1978 ff.

IV. Einführungen und Bestimmungen der Philosophie (Auswahl)

1. Bloch, Ernst: Tübinger Einleitung in die Philosophie. Bd. 1 und 2. edition suhrkamp Bd. 11 u. 58. Frankfurt/M. 1963 f. — 1. Bd. Neue erweiterte Aufl. suhrkamp taschenbuch wissenschaft 253. Frankfurt/M. 1977.

2. Bocheński, Joseph Maria: Wege zum philosophischen Denken. Einführung in die Grundbegriffe. 10 Vorträge 1958. Herder-Bücherei 62. Freiburg/Br. ^{8}1969.

3. Bocheński, Joseph Maria: Die zeitgenössischen Denkmethoden. UTB 6. Francke Verlag. München/Bern/Stuttgart 1975.

4. Diemer, Alwin: Elementarkurs Philosophie. Verlag Econ. Düsseldorf 1976 ff. (u. a. ein Band: Philosophische Anthropologie).

5. Jaspers, Karl: Einführung in die Philosophie. 12 Radiovorträge. Piper Verlag. München 1959.

6. Leisegang, Hans: Einführung in die Philosophie. Sammlung Göschen 281. Verlag de Gruyter. Berlin/New York ^{8}1973.

7. Lenk, Hans: Philosophie im technologischen Zeitalter. Urban-Taschenbücher 807. Kohlhammer Verlag. Stuttgart 1971.

8. Noack, Hermann: Allgemeine Einführung in die Philosophie. Probleme ihrer gegenwärtigen Selbstauslegung. Wissenschaftliche Buchgesellschaft. Darmstadt ^{2}1976.

9. Willms, Bernard: Philosophie, die uns angeht. Aktuelles Wissen. Hrsg. v. R. Proske. Bertelsmann Lexikon-Verlag. Gütersloh/Berlin/München/Wien 1975.

10. Wuchterl, Kurt: Methoden der Gegenwartsphilosophie. Uni-Taschenbücher 646. Verlag P. Haupt. Bern/Stuttgart 1977.

V. Zum Gesamtthema des Kurses: Anthropologie

Die nachfolgend aufgeführte Literatur ist von den Herausgebern folgenden Einzelaspekten zugeordnet worden:

AA = Allgemeine Darstellung der philosophischen Anthropologie (Einführung, Einleitung, geschichtliche und systematische Zusammenfassung)

A = Spezifische Darstellung der philosophischen Anthropologie (wie z. B. »Arbeit« u. ä.)

B = Anthropologie anderer Einzelwissenschaften (z. B. geschichtliche, theologische, pädagogische Anthropologie)

xx = besonders informativ und wichtig

Q = weiterer (wichtiger) Quellentext

1. Arendt, Hannah: Vita activa oder vom tätigen Leben. Verlag Kohlhammer. Stuttgart 1960. (Zum Problem »Arbeit«, »Theorie : Praxis«.) (xx A)

2. Bien, Günther: Zum Thema des Naturzustands im 17. und 18. Jahrhundert. In: Archiv für Begriffsgeschichte. Bd. XV/Heft 2/1971. S. 275 – 298. (Bochumer Antrittsvorlesung 1969: »Robinson, Waldmenschen, Commerzkinder«. Anmerkungen zu einem anthropologischen Thema des 18. Jahrhunderts.)

3. Bien, Günther (Hrsg.): Die Frage nach dem Glück. problemata. fromman-holzboog 74. Stuttgart 1978.

4. Bloch, Ernst: Gesamtausgabe in 16 Bänden. Verlag Suhrkamp. Frankfurt/M. 1962 – 1977. (Besonders: Geist der Utopie. Bd. 3 u. 16. – Das Prinzip Hoffnung. Bd. 5. – Naturrecht und menschliche Würde. Bd. 6. – Subjekt : Objekt. Erläuterungen zu Hegel. Bd. 8. – Atheismus im Christentum. Bd. 14. Auch: Werkausgabe edition suhrkamp. Frankfurt/M. 1977.) (xx A B Q)

5. Camus, Albert: Der Mythos von Sisyphos. Ein Versuch über das Absurde. rowohlt deutsche enzyklopädie 90. Hamburg 1959. (xx Q)

6. Camus, Albert: Der Mensch in der Revolte. Essays. rororo 1216 – 1217. Reinbek 1969. (xx Q)

7. Coreth, Emerich: Was ist der Mensch? Grundzüge einer philosophischen Anthropologie. Verlag Tyrolia. München/Innsbruck ^{2}1976. (AA)

8. Dahrendorf, Ralf: Homo Sociologicus: Versuch zur Geschichte, Bedeutung und Kritik der Kategorie der sozialen Rolle. In: R. Dahrendorf: Pfade aus Utopia. Arbeiten zur Theorie und Methode der Soziologie. Gesammelte Abhandlungen. Serie Piper 101. München ^{3}1974. S. 128 – 194. (B Q)

9. Fahrenbach, Helmut: Ein programmatischer Aufriß der Problemlage und systematische Ansatzmöglichkeiten praktischer Philosophie. In: M. Riedel (Hrsg.): Rehabilitation der praktischen Philosophie. Bd. I: Geschichte, Probleme, Aufgaben. Verlag Rombach. Freiburg 1972. S. 15 – 56 (besonders 27 – 41). (xx AA)

10. Fahrenbach, Helmut: Heidegger und das Problem einer »philosophischen« Anthropologie. In: Durchblicke. M. Heidegger zum 80. Geburtstag. Frankfurt/M. 1970. S. 97 – 131. (A B)

11. Freud, Sigmund: Gesammelte Werke. 18 Bde. Verlag S. Fischer. Frankfurt/M. 1955 – 1968. (Bes.: Das Unbehagen in der Kultur. Fischer Taschenbuch 6043. Frankfurt/M. 1953.) (xx A B Q)

12. Fromm, Erich: Das Menschliche in uns. Zürich 1967. (Q AA)

13. Fromm, Erich: Haben oder Sein. Die seelischen Grundlagen einer neuen Gesellschaft. dtv. 149. München 1979. (S. 199 – 204: Bibliographie.) (Q AA)

14. Fromm, Erich: Jenseits der Illusionen. Die Bedeutung von Marx und Freud. Rowohlt sachbuch 7388. Reinbek 1981. (Q AA)

15. Gadamer, Hans-Georg u. Vogler, Paul: Neue Anthropologie. 7 Bde. dtv 4069 – 4074 u. 4148. Verlag G. Thieme. Stuttgart 1972 – 1974. (Bd. 1 u. 2: Biologische Anthropologie. – Bd. 3: Sozialanthropologie. – Bd. 4: Kulturanthropolo-

gie. — Bd. 5: Psychologische Anthropologie. — Bde. 6 u. 7: Philosophische Anthropologie. Namhafte Wissenschaftler behandeln vielfältige Fragen und Probleme der genannten Gebiete der Anthropologie, geben den neuesten Wissensstand wieder und nennen die wichtigste Literatur, i. g. umfassendes Kompendium.) (xx AA B Q)

16. Groethuysen, Bernhard: Philosophische Anthropologie. Verlag Oldenbourg. München 1969. Neudruck der Ausgabe 1931 (Handbuch der Philosophie). (xx AA)

17. Haag, Herbert/Mörres, Franz P. (Hrsg.): Ursprung und Wesen des Menschen. Verlag Mohr. Tübingen 1968. (xx A B)

18. Häberlin, Paul: Der Mensch. Eine philosophische Anthropologie. Schweizer Spiegel-Verlag. Zürich ^{2}1969. (AA)

19. Haecker, Theodor: Was ist der Mensch? München 1965. (A B)

20. Heidegger, Martin: Sein und Zeit. Verlag Niemeyer. Tübingen ^{14}1977. (xx A Q)

21. Heidegger, Martin: Über den Humanismus. Verlag Klostermann. Frankfurt/M. 1968. Vgl. auch Gesamtausgabe. Verlag Klostermann. Frankfurt/M. 1975 ff. (xx A)

22. Heberer/Schwidetzky/Walter (Hrsg.): Anthropologie. Fischer Lexikon 15. Frankfurt/M. 1973. (xx A B)

23. Hengstenberg, Hans E.: Philosophische Anthropologie. Verlag Kohlhammer. Stuttgart ^{3}1966. (xx AA)

24. De homine. Der Mensch im Spiegel seines Gedankens. Hrsg. v. Michael Landmann. Verlag Alber. Freiburg/Br. 1962. (Sehr umfassende Darstellung der Anthropologiegeschichte von den Vorsokratikern bis zu Nietzsche mit umfangreicher Bibliographie zur Geschichte der philosophischen Anthropologie (S. 547—578) und zur Systematik der philosophischen Anthropologie (S. 579—614.) (xx AA Q)

25. Holz, Harald: Mensch und Menschheit. Entwürfe zur Grundlegung einer philosophischen Anthropologie. Verlag Bouvier. Bonn 1973. (AA)

26. Humboldt, Wilhelm von: Schriften zur Anthropologie und Geschichte. Bd. I der Studienausgabe. Hrsg. v. A. Flitner und K. Giel. Verlag Klett. Stuttgart ^{2}1969. (xx Q)

27. Illies, Joachim: Nicht Tier, nicht Engel. Der Mensch zwischen Natur und Kultur. Edition Interfrom. Zürich 1975. (A B Q)

28. Illies, Joachim: Zoologie des Menschen. Entwurf einer Anthropologie. dtv. 1227. München 1976. (A B Q)

29. Kamlah, Wilhelm: Der Mensch in der Profanität. Versuch einer Kritik der profanen durch die vernehmende Vernunft. Verlag Kohlhammer. Stuttgart 1949. (B)

30. Kamlah, Wilhelm: Philosophische Anthropologie. Sprachkritische Grundlegung und Ethik. Hochschultaschenbücher Bd. 238. Bibliographisches Institut. Mannheim/Wien/Zürich 1973.
(Im Anhang einige Seiten des Buches von 1949. Nach Bemerkungen zur Aufgabe u. Sprache der Anthropologie und der ››Explikation einiger Erfahrungen von jedermann‹‹ kommt Kamlah zur normativen Ethik (Moralphilosophie) und zur eudämonistischen Ethik (Philosophie als Lebenskunst). Vgl. auch W. Kamlah: Utopie, Eschatologie, Geschichtsteleologie. Kritische Untersuchungen zum Ursprung und zum futuristischen Denken der Neuzeit. Hochschultaschenbücher Bd. 461. Bibliographisches Institut. Mannheim/Wien/Zürich 1969.) (xx A B)

31. Kamper, Dietmar: Geschichte und menschliche Natur. Die Tragweite gegenwärti-

143

ger Anthropologie-Kritik. Reihe Hanser 133. München 1973. (Große Bibliographie!) (xx A B)

32. Kamper, Dietmar/Rittner, Volker: Zur Geschichte des Körpers. Perspektiven der Anthropologie. Reihe Hanser. München 1976. (B)

33. Keller, Wilhelm: Einführung in die philosophische Anthropologie. UTB 87. Verlag Francke. München 1971. (1943 unter dem Titel ››Vom Wesen des Menschen‹‹; Literatur: S. 162—168.) (xx AA)

34. Kulturanthropologie. Hrsg. v. Wilh. E. Mühlmann, Ernst W. Müller. Neue Wissenschaftliche Bibliothek 9. Verlag Kiepenheuer & Witsch. Köln 1966. (B)

35. Landmann, Michael: Philosophische Anthropologie. Menschliche Selbstdeutung in Geschichte und Gegenwart. Sammlung Göschen 156/156a bzw. 2201. Verlag de Gruyter. Berlin ^{3}1969. (xx AA)

36. Landsberg, Paul Ludwig: Einführung in die philosophische Anthropologie. Verlag Klostermann. Frankfurt/M. ^{2}1960. (xx AA)

37. Lepenies, Wolf: Zur Aktualität der Anthropologie. In: M. Gerhardt (Hrsg.): Die Zukunft der Philosophie. Verlag List. München 1975. S. 128—148. (AA)

38. Lepenies, Wolf u. Nolte, Helmut: Kritik der Anthropologie. Marx und Freud; Gehlen und Habermas; Über Aggressionen. Reihe Hanser 61. München 1971. (Skizzen zu einer soziologischen Anthropologie, Verfasser greifen Marquards These auf, ››selbst im Anschluß an die Soziologie bleibe die Anthropologie als Abkehr von der Geschichtsphilosophie latent eine ›Wende zur Natur‹ ‹‹.) (A B)

39. Lévi-Strauss, Claude: Strukturale Anthropologie. 2 Bde. Verlag Suhrkamp. Frankfurt/M. 1967 u. 1975. (A B)

40. Lévi-Strauss, Claude: Das wilde Denken. Verlag Suhrkamp. Frankfurt/M. 1968. (A B)

41. Lévi-Strauss, Claude: Traurige Tropen. Verlag Suhrkamp. Frankfurt/M. 1968. (A B)

42. Löwith, Karl: Das Individuum in der Rolle des Mitmenschen. München 1928. (Ein Beitrag zur anthropologischen Grundlegung der ethischen Probleme.) (A B)

43. Löwith, Karl: Gott, Mensch und Welt in der Metaphysik von Descartes bis zu Nietzsche. Vandenhoeck & Ruprecht Verlag. Göttingen 1967. (A B)

44. Löwith, Karl: Weltgeschichte und Heilsgeschehen. Die theologischen Voraussetzungen der Geschichtsphilosophie. Urban-Bücher 2. Verlag Kohlhammer. Stuttgart 1952, ^{5}1967. (B)

45. Lorenz, Kuno: Einführung in die philosophische Anthropologie. In der Reihe ››Die Philosophie. Einführungen in Gegenstand, Methoden und Ergebnisse ihrer Disziplinen‹‹. Wissenschaftliche Buchgesellschaft. Darmstadt (angekünd.).

46. Marcuse, Herbert: Ideen zu einer kritischen Theorie der Gesellschaft. edition suhrkamp 300. Frankfurt/M. 1969. (A B Q)

47. Marcuse, Herbert: Kultur und Gesellschaft. 2 Bde. edition suhrkamp 101 u. 135. Frankfurt/M. 1965. (A B Q)

48. Marcuse, Herbert: Triebstruktur und Gesellschaft. Ein philosophischer Beitrag zu Sigmund Freud. Bibliothek Suhrkamp 158. Frankfurt/M. 1965. (A B Q)

49. Marcuse, Herbert: Versuch über die Befreiung. edition suhrkamp 329. Frankfurt/M. 1969. (A B Q)

50. Marcuse, Herbert: Der eindimensionale Mensch. Studien zur Ideologie der fortge-

schrittenen Industriegesellschaft. Soziologische Texte 40. Verlag Luchterhand. Neuwied/Berlin ^{2}1967. (xx A B Q)

51. Marcuse, Herbert: Schriften 1: Der deutsche Künstlerroman. Frühe Aufsätze. Verlag Suhrkamp. Frankfurt/M. 1978. (Darin u. a. S. 556–594: Über die philosophischen Grundlagen des wirtschaftswissenschaftlichen Arbeitsbegriffs (1933).) (A)

52. Marquard, Odo: Schwierigkeiten mit der Geschichtsphilosophie. Aufsätze. Reihe Theorie. Verlag Suhrkamp. Frankfurt/M. 1973. (Darin: Vorbereitungen zum Abschied von der Anthropologiekritik (S. 83 ff.); Weltanschauungstypologie, Bemerkungen zu einer anthropologischen Denkform des 19. und 20. Jahrhunderts (S. 107 ff. – Zur Geschichte des philosophischen Begriffs „Anthropologie" seit dem Ende des 18. Jahrhunderts (S. 122 ff.); dazu ausführliche Anmerkungen (S. 145–248) u. Literaturhinweise).) (xx AA)

53. Mühlmann, Wilhelm E.: Geschichte der Anthropologie. Verlag Athenaeum. Frankfurt/M. ^{2}1967. (xx B)

54. Müller, Max: Philosophische Anthropologie. Verlag K. Alber. Freiburg/München 1974. (xx AA)

55. (Müller, Max): Die Frage nach dem Menschen. Aufriß einer philosophischen Anthropologie. Festschrift für Max Müller zum 60. Geburtstag. Hrsg. v. H. Rombach. Verlag K. Alber. Freiburg/Br. 1966. (Zur Systematik und Geschichte.) (xx AA)

56. Pannenberg, Wolfhart: Was ist der Mensch? Die Anthropologie im Lichte der Theologie. Kleine Vandenhoeck-Reihe 139/140. Göttingen ^{3}1968. (xx B)

57. Passmore, John: Der vollkommene Mensch. Eine Idee im Wandel von drei Jahrtausenden. Verlag Reclam. Stuttgart 1975. (Geschichte des Vollkommenheitsgedankens in technischer, moralisch-ethischer, teleologischer, metaphysischer und ästhetischer Hinsicht von Homer bis ››Hair‹‹.) (A B)

58. Philosophische Anthropologie heute. 11 Beiträge von O. F. Bollnow, E. Fromm, A. Gehlen, A. Gosztonyi, H. E. Hengstenberg, H. Plessner, A. Portmann, W. J. Revers u. G. Schiwy. Hrsg. v. R. Roček u. O. Schatz. Beck'sche Schwarze Reihe 89. München 1972. (Wichtig auch das Vorwort (S. 7–18), das Grundsätzliches zur Geschichte und Disziplin sagt, und das Literaturverzeichnis (S. 205–214.) (xx AA)

59. Rothacker, Erich: Philosophische Anthropologie. Verlag Bouvier. Bonn ^{3}1970. (xx AA)

60. Sartre, Jean Paul: L'existentialisme est un humanisme (1946). Dt.: Ist der Existentialismus ein Humanismus? In: Drei Essays. Ullstein Taschenbuch 35 001. Frankfurt/M. / Berlin 1964. (xx Q)

61. Schulz, Walter: Philosophie in der veränderten Welt. Verlag Neske. Pfullingen 1972. (Bes. S. 336–467: zur ›Entwicklung der abendländischen Anthropologie‹ von Platon bis Gehlen, bis zur ›Aufhebung der philosophischen Anthropologie‹.) (xx AA)

62. Sonnemann, Ulrich: Negative Anthropologie. Vorstudien zur Sabotage des Schicksals. Verlag Rowohlt. Reinbek 1969. (xx A B)

63. Ströker, Elisabeth: Zur gegenwärtigen Situation der Anthropologie. In: Kant-Studien 51 (1959/61). S. 461–479. (Literaturbericht.) (xx AA)

64. Weizsäcker, Carl Friedrich: Der Garten des Menschlichen. Beiträge zur geschichtlichen Anthropologie. Verlag Hanser. München [5]1978. Fischer Taschenbuch 6543. Frankfurt/M. 1980. (xx A B)
65. Wiese, Leopold von: Homo sum. Gedanken zu einer zusammenfassenden Anthropologie. Jena 1940. (B)

Quellenverzeichnis

148

Register

Das Register enthält Fremdwörter, Eigennamen, Fachbegriffe, soweit sie nicht aus dem Textzusammenhang erschließbar oder im Informationsteil angegeben sind. Die Angaben dienen lediglich dem unmittelbaren Textverständnis und müssen in Einzelfällen durch Hinzuziehen von Lexika ergänzt werden.

Absolutheit: losgelöst von jeder Bindung, Beziehung, Bedingung; Unbedingtheit, Unabhängigkeit, Uneingeschränktheit

agnostizistisch: Agnostizismus: Lehre von der Unerkennbarkeit des Metaphysischen und des absoluten Seins

Anaxagoras: Etwa 499−428 vor Christus, griechischer Philosoph (Vorsokratiker), bedeutsam wegen seiner Lehre vom Geist (nus) als Prinzip der Welt

anorganisch: nicht von Lebewesen stammend; entwicklungsunfähig

Antagonismus: Widerstreit, Gegensatz

anthropomorph: Anthropomorphismus: Vermenschlichung, Übertragung menschlicher Merkmale auf Dinge oder Sachverhalte

Antinomie: Widerstreit zweier entgegengesetzter Sätze, von denen keiner als unwahr widerlegt werden kann

apologetisch: verteidigend (eine Lehre)

apriori: von vornherein, vorher, vor jeder Erfahrung

Assimilation: Angleichung

Autonomie: Selbstgesetzgebung, Selbstbestimmung

Axiom: Grundsatz, der selbst unbewiesen und des Beweises unbedürftig, seinerseits die Grundlage und Voraussetzung für die Ableitung anderer Sätze bildet

bellum omnium contra omnes: »Krieg aller gegen alle«, nach Thomas Hobbes Naturzustand der Menschen

Bloch, Ernst (1885−1977): marxistischer Philosoph

Camus, Albert (1913−1960): französischer Existenzphilosoph, Dichter

Chassidismus: (vom hebr. chassidim, »die Frommen«), eine um 1750 in der Ukraine und Polen entstandene antirationalistische Glaubensbewegung, die (wie Pietismus) eine Verinnerlichung der jüdischen Religion gegenüber üblicher Gesetzeskasuistik erstrebte.

cölestisch: himmlisch

condition humaine: Lage des Menschen

Corollarium: Von corona oder corolla, Kranz oder Kränzchen, nannte man in der älteren Logik einen Satz, der gleichsam als ein Kränzchen einem anderen anhängt oder die Zugabe zu einem anderen Satze ist, aus welchem er unmittelbar abgeleitet werden kann. So folgt beispielsweise aus dem Satz, daß die drei Winkel eines beliebigen Dreiecks zwei Rechten gleich sind, ohne Vermittlung anderer Sätze, daß sie 180° oder einen halben Kreis groß sind.

Cuvier, Georges Baron von (1969−1832): frz. Naturforscher (Vergleichende Anatomie), entwickelt eine »Katastrophentheorie«

Dualismus: Zwiespalt; Zweiheitslehre; Aufstellung zweier entgegengesetzter Prinzipien

ekstatisch, Ekstase: das Außer-sich-sein, Entrücktsein

Emanzipation, emanzipatorisch: Befreiung aus Bevormundung

153

empirisch, Empirismus: erfahrungsgemäß

emotional: gefühlsmäßig

Epimetheus: der ››Hinterher-Denker‹‹, in der griech. Sage der Bruder des Prometheus, des ››Vorher-Denkers‹‹

ethnologisch (gr.): völkerkundlich

evolutionär: Evolution: Entwicklung

Evolutionisten: Vertreter einer Entwicklungstheorie

existentiell: wirklichkeitsbezogen, das unmittelbare Dasein betreffend

Existenzphilosophie: philosophische Strömung, nach dem 1. Weltkrieg einsetzend, geht vom Menschen, vom menschlichen Dasein aus; Begriffsprägung von F. Heinemann

extra-uterin: außerhalb der Gebärmutter

faktisch: wirklich, tatsächlich

(homo) faber: Handwerker; allg.: Techniker

Fénélon, Francois de Salignac de la Motte (1651 — 1715): Bischof von Cambrai, wegen seiner Lehre von der interessenlosen, reinen Liebe und seines von höchster Menschenfreundlichkeit und Toleranz zeugenden Verhaltens eine der moralischen Idealfiguren der Aufklärung

Fetisch: Gegenstand abergläubischer oder übersteigerter Verehrung

Fiktion: Vorstellung, Einbildung, Erdichtung

foetal: Fötalisierung: Fötus: Embryo vom 3. Monat an

Freud, Sigmund (1856 — 1939): Begründer der Psychoanalyse

Goldene Regel: Bei Konfizius, den Sieben Weisen in Griechenland, im Alten Testament (Tobias 4, 15) und im Neuen Testament (Matthäus 7, 12; Lukas 6, 31) zu lesende und im alltäglichen Argumentieren oft begegnende sittliche Grundregel, daß man anderen das nicht tun dürfe (bzw. tun solle), was man auch für sich selbst nicht wünsche (bzw. was man selbst erwarte). Lateinische Fassung: Quod tibi bis aut non vis fieri, alteri feceres aut ne feceres.

Hegelianer: Schule bzw. Schüler Hegels, die mit seiner Methode arbeiten, in die theistischen Rechts-/Alt-Hegelianer (Rosenkranz (s. o.), Gabler, Erdmann u. a.) und in die radikalen, religionskritischen Links-/Jung-Hegelianer (Ruge, Bauer, Feuerbach, Strauß u. a.) und ein dazwischen stehendes Zentrum sich aufteilend nach ihrer Einstellung zu religiösen und sozialen Fragen. — Verschiedentlich finden sich auch andere Zuordnungen: Alt: Hinrichs, Daub, van Ghert, Göschel; Zentrum: Rosenkranz, Erdmann, Ulrici; Jung: Richter, Ruge, Bauer

Homologie (gr.): Übereinstimmung der Vernunft mit sich selbst, Einstimmigkeit des Handelns mit der Vernunft, mit der Natur (nach den Stoikern); Ähnlichkeit

homo mensura: Satz des Vorsokratikers Protagoras (480 — 410 v. Chr.): ››aller Dinge Maß ist der Mensch‹‹

hypothetisch, Hypothese: bedingt angenommen

idealistisch, Idealismus: philosophische Richtung, die den Geist dem Stoff überordnet; Hingabe an große Werte

idealtypisch: vereinfacht, in den wesentlichen Zügen dargestellt

Ideologie: Ersatz für die ››Idee‹‹, für alles Geistige schlechthin; als gedankliches Mittel zur Fixierung der zwischen Geist und Gesellschaft bestehenden Beziehungen; als Bezeichnung der Unangemessenheit bestimmter Denkformen mit der gesellschaftlich-sozialen Wirklichkeit; wörtliche und ursprüngliche Bedeutung: Lehre von den Gedankeninhalten (Ideen) und ihrem Ursprung

inhärent (lat.): verbunden mit etwas, anhaftend (Eigenschaften an Dingen)

justum pretium: gerechter Preis

Kabbala: (hebr.) Überlieferung, Tradition, die neben dem schriftlichen Gesetz der Juden bestehende Überlieferung religiöser Vorschriften; im Mittelalter dann die aus der älteren Geheimlehre hervorgegangene mystische Religionsphilosophie; im engeren Sinne: Sammlung mystischer Schriften. Kabbala lehrt die Entstehung der Welt aus dem Ureinen (vgl. E. Bloch: Geschichte der Entwicklung der Kabbala, 1894)

Kategorie: Aussagewert, Grundbegriff, fundamentales Begriffs- und Seinsschema

kategorischer Imperativ: un-bedingtes Gebot (im Unterschied zu einem bedingten Gebot, einem hypothetischen Imperativ: »Wenn man a will, muß man b tun«) erklärt die Handlung ohne Bezeichnung eines Zwecks als in sich notwendig. Kant formuliert an einer Stelle den obersten Grundsatz der Moral: »Handle so, daß die Maxime deines Willen jederzeit zugleich als Prinzip einer allgemeinen Gesetzgebung gelten könne.«

kommensurabel: von gleichem Maß

kompensieren: ausgleichen

komplementär: sich gegenseitig ergänzend

konservativ: erhaltend, bewahrend

konstatierbar: feststellbar

konstitutiv: bestimmend

kosmologisch (Idee): Vorstellung von der Weltentstehung, von der Welt als Einheit

kosmopolitisch: weltbürgerlich/-haft

Lamarck, Jean Baptiste Antoine Pierre de Monet de (1744 – 1829): französischer Naturforscher (Meteorologie, Botanik, Zoologie), bestritt die Unveränderlichkeit der Arten

Lamarckismus: Abstammungstheorie: Umwandlung der Arten unter dem Einfluß der Außenwelt

Marcuse, Herbert (1898 – 1979): marxistischer Sozialphilosoph (Vertreter der Kritischen Theorie der Frankfurter Schule)

Maxime: Grundsatz, Prinzip der Wahl unter verschiedenen Zwecken (Kant)

Metaphysik, metaphysisch: Lehre von den jenseits der Erfahrung liegenden Gründen der Dinge

morphologisch: Morphologie: Formen-, Gestaltenlehre

Nestflüchter, (-hocker): Vogel (oder Lebewesen), der gleich nach dem Auskriechen laufen oder schwimmen kann (Ggt.)

Nietzsche, Friedrich (1844 – 1900): Lebens- und Kulturphilosoph

ontologisch, Ontologie: sich auf das Sein beziehend, seinsmäßig, Lehre vom Sein

orgiastisch: Orgie: Ausschweifung

Paläonotologie (gr.): Wissenschaft von den Fossilien

Phänomen: Erscheinung

Pescherei, Pescherähs: Einwohner des Feuerland-Archipels und des südl. Patagonien, galten im 18. Jahrhundert als schmutzig und äußerst ungebildet

Polis: (gr.) bürgerlich-demokratische Verfassung, Stadtstaat, die politische Gemeinschaft und der Kulturverband

positive Wissenschaft: Wissenschaft, die sich mit Feststellungen, Tatsachen beschäftigt

potentiell: möglich

präformiert: vorgestaltet

prähistorisch: vorgeschichtlich

pragmatisch: auf das Handeln bezüglich

Produktionsverhältnisse: gesellschaftliche Bedingungen, unter denen der Produktionsprozeß stattfindet, z. B. Eigentumsverhältnisse

Produktivkräfte: die zur Erhaltung des Produktionsprozesses notwendigen Arbeitskräfte und Maschinen

Progreß: Fortschritt

Prometheus: Titan der griechischen Sage, Freund der Menschen

Proteus: der Vielgestaltige, Meergreis der griechischen Sage mit der Fähigkeit der Verwandlung

Protagoras: s. o. unter ››homo mensura‹‹

reaktiv: rückwirkend

Retardation (lat., franz.): Verzögerung, Verlängerung der Entwicklung

relativ: verhältnismäßig

repressiv: unterdrückend

Rudiment (lat.): Anfangsgrund; verkümmerter Rest alter Lebensformen

sensorisch: sensibel: empfindlich, empfänglich für Reize

sensuell: Sinneseindrücke wahrnehmend, empfindend; sinnlich wahrnehmbar

siderisch (lat.): auf die Sterne bezogen

Skepsis: Zweifel (an der Erkenntnis von Wahrheit und Wirklichkeit)

solarisch: Adjektiv zu Sonne

species (lat.): Blick, Gestalt, Art (einer Gattung)

subordiniert: untergeordnet

Sartre, Jean Paul (1905 – 1980): französischer Phänomenologe, Existenzphilosoph, Dichter

Schaff, Adam (geb. 1913): polnischer Marxist (Erkenntnistheorie, Sprachwissenschaft, Anthropologie)

Solger, Karl Wilhelm Ferdinand (1780 – 1819): Phil.-Prof. 1809 in Frankfurt/Oder, ab 1811 in Berlin; von Hegel in einer umfangreichen Rezension ››Solgers nachgelassene Schriften und Briefwechsel‹‹ (1828) nicht nur als Ästhetiker, sondern auch als Staatsphilosoph, Dialektiker, praktischer Philosoph gewürdigt

Teleologie: (gr.: telos = Ziel) Lehre vom Ziel, Zweck; Zweckmäßigkeitsbetrachtung; Lehre von der Ziel- bzw. Zweckgerichtetheit

tellurisch: erdstoffartig

Theismus: Annahme eines persönlichen, überweltlichen Gottes als Schöpfer und Erhalter

Theodizee: Rechtfertigung und Verteidigung Gottes, vor allem angesichts des Übels und des Bösen in der Welt

Utopie (griech.): Nirgendheim, Bezeichnung für Idealbilder sittlich vollkommener staatlicher Zustände

volitiv (lat.): das Willensleben betreffend

Vorsokratiker: griechische Philosophen vor Sokrates (469 – 399 v. Chr.)

Materialien für den Sekundarbereich II Philosophie

In dieser Reihe sind weiterhin erschienen:

Schroedel Schulbuchverlag

24.30/91